人生は廻る輪のように

エリザベス・キューブラー・ロス
上野圭一＝訳

角川文庫
12986

THE WHEEL OF LIFE
by
Dr. Elisabeth Kübler-Ross

Japanese translation rights arranged
with Elisabeth Kübler-Ross
c/o William Morris Agency, Inc., New York
through Tuttle-Mori Agency, Inc., Tokyo

Translated by Keiichi Ueno

Published in Japan by
Kadokawa Shoten Publishing Co. Ltd.

わが子、ケネスとバーバラに捧《ささ》げる

地球に生まれてきて、あたえられた宿題をぜんぶすませたら、
もう、からだをぬぎ捨ててもいいのよ。
からだはそこから蝶《ちょう》が飛び立つさなぎみたいに、
たましいをつつんでいる殻なの。
ときがきたら、からだを手ばなしてもいいわ。そしたら、
痛さからも、怖さや心配からも自由になるの。神さまの
お家に帰っていく、とてもきれいな蝶のように、自由に……。

——がんの子どもへの手紙から

目次

生命の輪

「二十日鼠」――青春
二十日鼠は手当たりしだいに食べては排泄《はいせつ》し、
活発で、悪たれで、いつも先を争っている。

「熊」――朱夏
熊はとてものんびり屋で、冬眠が好き。青春をふり返り、
あたりを駆けまわる二十日鼠をみてクスクス笑っている。

「野牛」――白秋
野牛は平原をぶらつくのが好き。余裕たっぷりに人生を回顧し、
重荷をおろして鷲《わし》になる日を待ち望んでいる。

「鷲」――玄冬
鷲ははるか天空を飛翔《ひしよう》するのが好き。下界の人たちを
みおろすためではなく、天空をみなさいと励ますために。

第1章　偶然はない

こう考えてもらえばいい。わたしはずっと悪評につきまとわれてきた。いまでも、わたしを「死とその過程の女」とみなす人たちに追いまわされている。その人たちは、死と死後のいのちの研究に三〇年以上も費やしてきたわたしを死の専門家だと信じこんでいる。曲解というものだ。

唯一の明白な事実、それはわたしの仕事が生の重要性の研究であるということだ。わたしはいつも、死ほど貴重な経験はめったにないといっている。それは日々をちゃんと生きていれば恐れるものはなにもないということでもある。

まちがいなくわたしの絶筆になるはずの本書によって、そのことがあきらかになるだろう。本書はまた、いくつかの新しい問いを提出し、もしかしたらその問いに解答を添えることにもなるかもしれない。

ここアリゾナ州スコッツデールにある自宅の、花に囲まれたリビングルームに座ってふり返ると、過ぎ去った七〇年がとてつもないもののように思われる。スイスで育った少女時代、いかに破天荒な未来を描いたとしても——かなり破天荒な未来を描いたつもりだったが——、自分が世界的に知られた『死ぬ瞬間』の著者として終わることになろうとは想像だにしなかった。人生の終幕について探究したその本のおかげで、わたしは医学と神学における激しい論争のまっただなかに放りだされることになってしまった。ましてや、あげくのはてに、「死というものはないのだ」ということを説明するためにわずかに残された時間を費やすことになろうとは、それこそ夢にも思ったことはなかった。

両親の推測によると、わたしはまじめに教会に通う、しとやかなスイスの主婦になるはずだった。ところが、いざ蓋《ふた》をあけてみると、なんとアメリカは南西部に居を定め、この世よりははるかにすばらしく荘厳な世界の霊たちと交信する、依怙地《いこじ》な精神科医、物書き、講演者として終わろうとしている。現代医学は人びとに苦痛のない人生を約束する予言者にでもなったつもりらしいが、たわごとも甚だしい。わたしが知るかぎり、人びとを癒《いや》すものは無条件の愛しかないというのにである。

わたしの考えかたは、いくらか型破りなものかもしれない。たとえばわたしは、ここ数年のあいだで脳卒中の発作に六回見舞われた。そのうちの一回は去年、一九九六年のクリスマスの直後だった。主治医からは煙草とコーヒーとチョコレートをやめろと警告され、ついには懇願もされた。でも、わたしはまだそのささやかな快楽を享受している。なにが悪い？　これはわたしの人生なのだ。

わたしはいつもそのようにして生きてきた。頑固に自説を曲げず、独立心が旺盛《おうせい》で、つまずきやすく、多少常軌を逸しているとしても、それがどうしたというのか？　それがわたしなのだ。

人生の個々のできごとは、たがいに嚙《か》みあわないようにみえるかもしれない。だが、わたしは経験をつうじて、人生に偶然などはないということを学んできた。起こったことは、**起こるべくして**起こったのだ。

わたしは死にゆく患者たちと仕事をすべく定められていた。はじめてエイズ患者と出あったとき、わたしにはほかに選択の余地がなかった。生と死のはざまで味わう最大の苦痛に対処する方法をその人たちに伝えるために、毎年、四〇万キロもの旅行をつづけ、各地でワークショップをひらかずにはいられなかった。晩年におよんでは、やむにやまれぬ思いでヴァージニア州の田園地帯に三〇〇エーカーの土地を買い、自営のヒーリングセンターを開設した。エイズに感染した乳幼児たちをそこで養子にむかえる計画を立てた。そして、思いだすのもつらいことだが、その田園から鞭《むち》をもって追われたこともまた、わたしの運命だったのだ。

一九八五年、エイズ感染児を養子にするという意向を発表した直後に、わたしはシェナンドー谷でもっとも忌むべき人間になりさがった。やむをえずその計画を放棄したあとでさえ、脅迫者たちはわたしを追いだすために殺人をも辞さない卑劣な行為をとりつづけた。わが家の窓は銃弾で撃ちぬかれ、家畜たちが撃ち殺された。美しい土地での静かな暮らしは、打ちつづく脅迫によって惨めで危険なものになった。だが、それはわたしの家だった。わたしは頑強に引っ越しを拒んだ。

その一〇年前、わたしはそこヴァージニア州のヘッドウォーターズにある農場に移り住んだ。すべての夢をかなえるに足る農場だった。出版と講演で得た収入をぜんぶそこに注ぎこんだ。自宅を建て、近くに来客用の宿泊施設を建て、農場スタッフの宿舎を建てた。ヒーリングセンターを建て、そこでワークショップをひらいた。消耗する旅行のスケジュールは大幅に楽になった。エイズ感染児たちを養子にするという計画が浮かんだのはそのときだった。たとえ余命がほんのわずかでも、子どもたちはその美しい自然に囲まれた生活をたのしんでくれるはずだった。

農場での簡素な生活はわたしのすべてだった。長い空の旅を終えてわが家にほど近い曲がりくねった道にたどり着くと、からだの芯《しん》からくつろぎがひろがった。どんな睡眠剤にもまして、夜の静けさが神経をやわらげてくれた。朝は動物たちの鳴き声のシンフォニーで目がさめた。牛、馬、鶏、豚、ロバ、ラマたち……。旅から帰ったわたしを全員がにぎやかに歓迎してくれた。みわたすかぎり野原がひろがり、朝露がきらきらと光っていた。太古から生きている樹木たちが沈黙の叡知《えいち》をたたえていた。すべきことはいくらでもあった。泥だらけの両手はいつも大地に、水に、陽光にふれていた。ふたつの手がいのちの材料をこねまわしていた。

わたしの人生。

わたしのたましいがそこにあった。

そして、一九九四年一〇月六日、わが家に火が放たれた。

家は全焼した。資料も原稿も宙に消えた。もてるものすべてが灰燼《かいじん》に帰した。

家が火の海につつまれているという知らせを受けたのは、帰路の飛行機に乗るべくボルティモア空港を小走りで急いでいたときだった。携帯電話の先の友人は、まだ家に帰るなと哀願した。しかし、わたしはそれまでにも両親や知人から「医者になるな」「瀕死《ひんし》の患者と面接するな」「刑務所にエイズ・ホスピスをつくるな」といわれつづけてきた。そして、そのつど、人に期待されることより自分が正しいと感じたことを頑固に実行してきた。そのときも同じだった。

だれだって生きていれば辛苦を経験する。つらい経験をすればするほど、人はそこから学び、成長するのだ。

飛行機は離陸し、着陸した。友人の車の後部座席に乗りこんだ。車は真っ暗な田舎道を猛スピードで走った。もうすぐ夜中の一二時になるところだった。家まで数マイルを残すあたりから、夜空を焦がす紅蓮《ぐれん》の炎と煙がみえた。それは漆黒の闇のなかに恐ろしげな勢いで立ちのぼっていた。大火であることはすぐにわかった。家、いや、家だったものに近づいた。巨大な炎の向こうに残骸《ざんがい》がみえた。地獄の真ん中に立ってみるような光景だった。消防士は口々に、こんな大きな火災はみたことがないといっていた。烈しい熱は夜どおし消防士を寄せつけず、かれらは朝になってはじめて現場に踏みこむことができた。

あけがた近く、わたしは来客用の宿泊施設でやすむことにした。コーヒーをいれ、煙草に火をつけ、焦熱地獄と化したわが家が呑《の》みこんだ宝物について考えはじめた。胸がつぶれる思いだった。父が保存しておいてくれた何冊もの少女時代の日記帳、論文、備忘録、死後の生にかんする研究用の二万件におよぶケースヒストリー、先住アメリカ人美術のコレクション、アルバム、衣類……すべてが消えた。

まる一日、ショックから立ちなおれなかった。どう反応していいのかがわからなかった。泣くべきか、叫ぶべきか、神を呪って拳《こぶし》をつきあげるべきか、それとも非情な運命の狼藉《ろうぜき》に茫然《ぼうぜん》自失すべきなのか。

逆境だけが人を強くする。

人はいつもわたしに死とはなにかとたずねる。死は神々しいものだと、わたしは答える。死ほど安楽なものはないのだ。

生は過酷だ。生は苦闘だ。

生は学校に通うようなものだ。幾多のレッスンを課せられる。学べば学ぶほど、課題はむずかしくなる。

火事はその課題のひとつだった。喪失を否定しても無益である以上、わたしはそれを受容した。ほかになにができただろう？　つまるところ、失ったものはものにすぎない。いかにたいせつなものであれ、あるいはいかに痛ましい感情であれ、いのちの価値にはくらべようもない。わたしはけがひとつ負わなかった。すでに成人しているふたりの子どもたち、ケネスもバーバラも生きている。脅迫者たちはわが家と家財一式の焼き討ちには成功したが、わたしを滅ぼすことはできなかったのだ。

教訓を学んだとき、苦痛は消え失せる。

地球の反対側ではじまったわたしの人生は事件が打ちつづき、けっして楽なものではなかった。それは愚痴ではなく事実である。困苦なくして歓喜はない。それをわたしは学んできた。苦悩なくしてよろこびはないのだ。戦争の悲惨がなければ平和のありがたさがわかるだろうか？　エイズがなければ人類社会が危機におちいっていることに気づくだろうか？　死がなければ生に感謝するだろうか？　憎しみがなければ、究極の目標が愛であることに気づくだろうか？

わたしが気に入っていることわざに「峡谷を暴風からまもるために峡谷をおおってしまえば、自然が刻んだ美をみることはできなくなる」というものがある。

三年前のあの一〇月の夜は、たしかに美がみえなかったときのひとつだった。しかし、それまでの人生でも似たような隘路《あいろ》をまえに、ほとんど闇と化した地平線に目をこらしてなにかを探しつづけたことは何度もあった。そんなとき人にできるのは、拒絶しつづけて責める相手を探すか、傷を癒《いや》して愛しつづけることを選ぶかのいずれかである。存在の唯一の目的は成長することにあると信じているわたしは、後者を選ぶことをためらわなかった。

そして火事から数日後に車で町へ行き、着がえを買って、なんであれ、つぎに起こることにそなえた。

ある意味では、それがわたしらしい人生なのだ。

第Ⅰ部　二十日鼠の巻

第2章　さなぎ

生のどの時点にあっても、人は歩んで行くべき方向を示唆する手掛かりがみつかるものだ。それに気づかない人はへたな選択をして、みじめな人生に終わる。細心の注意を払う人はそこから教訓を学びとり、良き死をふくむ良き生をまっとうする。神が人間にあたえた最高の贈り物は自由意志だ。ありうるかぎり最高の選択をする人の両肩には、自由意志がどっしりと重い責任を乗せてくる。

はじめてたったひとりで決死の選択をしたのは、小学校の六年生のときだった。学期末に、担任の先生から課題がでた。おとなになったらなにになりたいのかを作文にするという、当時のスイスではことさらに重要な課題だった。生徒のその作文を参考にして将来の教育コースがきめられていたのである。職業教育を受けるか大学をめざして厳格な学業をつづけるか、道はふたつにひとつしかなかった。

わたしは勇気を奮いおこしてペンと用紙をにぎりしめた。だが、運命を切りひらくのだといくら自分にいい聞かせてみても、現実はちがっていた。わたしには未来が残されていなかった。

思いはどうしても前夜のできごとにもどっていった。夕食が終わるころ、自分の食器を脇に片づけた父は、子どもたちの顔を順番にみすえると、ある重要な宣告をくだした。エルンスト・キューブラーはがっしりとした偉丈夫で、一徹な男だった。長男のエルンスト・ジュニアにはとくに厳しく接し、そのときも一流大学にすすむように命じた。つぎはわたしたち三つ子の姉妹の将来がきめられる番だった。

わたしは固唾《かたず》をのんでその宣告劇をみまもった。三つ子のなかでいちばん虚弱だったエリカには大学進学への道が命じられた。いちばん鷹揚《おうよう》なエヴァは家政教育を受けるように告げられた。ついに父の目がわたしに向けられた。どうか医者になるという夢をみとめてください、とわたしは祈った。

父がその夢を知っていることはたしかだった。

しかし、生涯忘れられない瞬間がやってきた。

「エリザベス。おまえは父さんの会社で働くんだ」父はいった。「あたまがよくて、仕事ができる秘書が必要なんだ。おまえにちょうどいい」

わたしは落胆した。見分けのつかない三つ子のひとりとして育ったわたしは、ものごころがついたときからアイデンティティーをもとめて苦闘していた。そしてこのときもまた、自己の思いや感情の独自性が否定されようとしていた。父の会社で働いている自分の姿を想像した。尼僧になったほうがまだましだった。一日中デスクに向かって数字を書きつける。グラフ用紙にひかれた直線のように硬直した日々にちがいない。

それはわたしではなかった。ごく幼いころから、わたしはいのちの営みに強く惹《ひ》かれていた。畏《おそ》れと敬いのこころで世界をながめていた。カントリー・ドクターになるのが夢だった。できることなら、尊敬するアルベルト・シュヴァイツァーがアフリカでしたように、インドの貧しい人びとの村で開業したかった。なぜそう考えるようになったのかはわからないが、父の会社で働くことだけは断じてみとめられなかった。

「いやよ！」わたしは素っ気なくいい返した。

その時代、とくにわが家では、子どものそうした反抗的な態度はご法度《はっと》だった。父の顔は怒りで紅潮した。こめかみの血管が怒張していた。怒号が降ってきた。「父さんの会社で働きたくないのなら、一生、メイドで終わるんだな」父はそういい捨てて、乱暴な足どりで書斎へ入っていった。

「かまわないわ」わたしも負けずに応酬した。本気だった。たとえ父親であろうと、他人から簿記係や秘書の人生を送れと命じられるぐらいなら、メイドでも断食でもする気だった。わたしにとって、事務の仕事は牢獄《ろうごく》にもひとしかった。

翌朝、学校で作文を書きはじめたわたしは、前夜の記憶で心臓が破裂しそうになるのを感じながらペンを走らせていた。事務の仕事のことには一語もふれなかった。そのかわりに、シュヴァイツァーを慕って密林に入る夢や、いのちの多様なかたちを研究する夢を情熱的に書きつづった。「わたしはいのちの目的をみつけだしたいと思います」ではじまったその作文には、公然と父に逆らって、医者になるという夢が書きこまれていた。作文を父に読まれて、また叱責《しっせき》されてもかまわなかった。だれにも夢を奪わせるつもりはなかった。「いつかきっと、自分の力でそれをやりとげます」わたしは書きつづけた。「いちばん高い星をめざすべきだと思うのです」

†

小さなころから、わたしには三つの疑問があった。自分らしさがはっきりしない三つ子に生まれたのはなぜか？　父はなぜあれほど頑固なのか？　母はなぜあれほどやさしいのか？

なるべくしてそうなっていたのだ。それは「計画」の一部だった。どんな人にも守護霊または守護天使がついていると、わたしは信じている。霊や天使は人間の生から死への移行に手を貸し、生まれるまえに両親選びを助けてくれているのだ。

わたしの両親はスイスのチューリッヒに住む、典型的なアッパー・ミドルクラスの、保守的な夫婦だった。ふたりとも、とりたてて目立つこともなく旧弊な価値観のなかで生きていた。チューリッヒ最大の事務用品会社の副社長だった父は頑健で、まじめで、責任感の強い、堅実な男だった。その濃褐色の目には、人生におけるふたつの可能性——自分のやりかたとまちがったやりかた——だけが映っていた。

その一方で、父には貪欲《どんよく》なほどの生への熱情があった。家庭ではピアノを囲む家族の合唱を大声で歌いながら指揮し、スイスの壮大な自然美の探索をなによりも好んでいた。信望あるチューリッヒ・スキークラブの会員としての父がいちばん幸福だったのは、アルプスでスキーか登山かハイキングをしているときだった。その資質は子どもたちにも受け継がれていた。

母は父ほど熱心には山歩きをしなかったが、いつも日に焼け、ひきしまったからだで、みるからに健康そうだった。愛くるしく、主婦としての腕も立ち、そのことが自慢でもあった。料理は玄人はだしだった。着る服の多くは自分で縫い、あたたかいセーターを編み、いつも家をきれいに片づけ、ガーデニングに精をだして、近所の人たちからほめられていた。父の仕事を陰でしっかりと支えていたのも母だった。兄が生まれてからは、良き母親であることに献身した。

しかし、母の理想を完成させるためには、もうひとりかわいい娘が必要だった。母はすぐさま一九二六年七月八日、いよいよ出産がはじまるとき、母は巻き毛のマフィンのような女の子の誕生を祈った。人形のようなかわいい服を着せたいと願っていた。陣痛のあいだ、年老いた産科医のB先生がつき添っていた。医師の状態を伝え聞いた父が、期待に胸をふくらませながら会社から駆けつけた。医師の手が赤ん坊をとりあげた。死産のケースを除けば、分娩室《ぶんべん》にいた医療スタッフの全員がはじめてみるようなちっぽけな未熟児だった。

それがわたしの誕生だった。体重は九〇〇グラムしかなかった。医師はわたしの小ささに、というより、外観にショックを受けた。わたしは二十日鼠の赤ん坊のようにみえた。スタッフはだれもわたしが無事に育つとは思わなかった。それでも、父はうぶ声を聞くとすぐに廊下に飛びだしていった。そして、電話で祖母に「また男の子だ」と知らせた。

分娩室にもどった父は、ナースから「キューブラー夫人はお嬢さんをお産みになりましたよ」と告げられ、あまりに小さな未熟児は性別がわかりにくいことがあると教えられた。父は電話機までひき返して、はじめての女の子であることを祖母に伝えた。「名前はエリザベスにするつもりです」父は誇らしげにいった。

母をねぎらうつもりで分娩室にもどった父は、またもや驚かされることになった。ふたり目の女の子が生まれたばかりだったのだ。わたしと同じく、その子も九〇〇グラムのやせっぽちだった。父がその朗報を祖母に知らせてもどってくると、母はまだ産みの苦しみに耐えていた。まだよ、もうひとりいるの、と母は強い口調で訴えた。父は母が疲労のあまりに意識が混濁しているのだと考え、経験豊かな老女医は首をかしげながらも父の意見に同意した。

ところが、母の陣痛がとつぜん頻度をましはじめた。母はいきみだし、やがて三番目の女の子が生まれた。その子は大きく、体重も三キロ弱と、先に生まれたふたりの子の三倍もあった。しかも、その子の頭には巻き毛が生えそろっていた！　母はぐったりとしながらも期待で身ぶるいをしていた。ようやくのことで、九か月間夢みてきた娘が生まれたのだ。

　老女医のB先生は千里眼を自認している人だった。長い職歴ではじめてとりあげた三つ子の顔をしげしげとながめながら、B先生は母にわたしたち三姉妹の将来を告げた。最後に生まれたエヴァはずっと「母親の胸にいちばん近いところ」にいる、二番目に生まれたエリカはいつも「中道を行く」、と告げたあと、B先生はわたしが姉たち*にしてみせた仕草をまねしながらこういった。「この子についてはなんの心配もいらないね」

　翌日、地元の新聞は全紙をあげてキューブラー家の三つ子誕生を華々しく報じた。その見出しを読むまで、祖母は父がばかげた冗談をいっていると思っていた。祝宴は何日もつづいた。浮かれた雰囲気に鼻白んでいたのは兄ひとりだった。かわいい王子様だった日々はとつぜん終わりを告げ、気がつくとおむつの山の下敷きになったまま葬り去られていた。重い乳母車を押して丘をのぼり、三人の妹がおそろいの便器にまたがるのをながめていなければならなかった。後年、兄が家族から距離をとるように

三つ子の姉妹。1928年。左からエリザベス、エヴァ、エリカ。
(エリザベス・キューブラー・ロス・コレクション所蔵。J・ガベレル撮影)

なったのは、そのときの疎外感が原因であることはまちがいない。

わたしにとっても、三つ子であることは悪夢でしかなかった。もっとも憎む敵にさえみせたくないような悪夢だった。姉のふたりと自分とのちがいがわからなかった。三人ともそっくりだった。もらうプレゼントも同じだった。先生も同じ成績をつけた。公園を歩いていると、かならず「どの子がだれ?」と聞かれた。母でさえ区別がつかないときがあるといっていた。

こころの重荷としてはかなりのものだっ

*註 欧米では多胎児の最初に生まれた子を末子、最後に生まれた子を長子とする。

た。わずか九〇〇グラムで生まれ落ち、育つ見込みがほとんどなかったことに加えて、子ども時代のすべての時間が「自分はだれか」を知ろうとする試みに費やされたのである。わたしはいつも、人の一〇倍の努力をして人より一〇倍も価値が……なにかの価値……生きる価値があることを示さなければ、と感じていた。それが毎日の責め苦だった。

いまにしてようやく、それが責め苦ではなく祝福であったことがわかる。そうした苦境は、まだ社会にでるまえに、みずからが選びとっていたものだった。かならずしもよろこばしいものではなかったかもしれない。望んだものではなかったかもしれない。しかし、その経験こそがわたしに、待ち受けるできごとのすべてに立ち向かう勇気と決断力と耐久力をあたえてくれたのだ。

第3章　瀕死《ひんし》の天使

余裕もプライバシーもない窮屈なチューリッヒのアパートで四年間、三つ子を育てた両親は、マイレンにすてきな三階建ての田舎家を借りることにした。チューリッヒから汽車で三〇分ほどの湖畔にある、スイスの伝統が色濃く残る村だった。緑色に塗られていたその家を、わたしたちは「グリーンハウス」と呼ぶようになった。

新しい家は草におおわれた丘の中腹にあり、そこからは村がみわたせた。「旧世界」の面影を残したその家には草の生えた中庭があり、わたしたちはそこで走りまわって遊んだ。家族が食べる野菜は中庭の菜園で自給自足した。戸外にでると活力があふれてくるたちのわたしは、やはり父の子だった。ときには小鳥や小動物を追って、一日中、森や草地を駆けめぐることもあった。

そのころの記憶がふたつある。ごく初期の記憶だが、ふたつともわたしの性格形成には重要なかかわりがあるものだ。

ひとつはアフリカの村の生活を描いた写真集をみつけたことで、生涯つづく異文化にたいする好奇心にそれが火をつけることになったらしい。わたしはたちまち黒い肌の子どもたちの写真に魅了されていった。架空の世界を空想して、そこを探検し、姉妹のあいだだけにつうじる秘密のことばをしゃべることで、その子たちを理解しようとした。両親に黒い顔の人形を買ってくれとせがんだが、スイスではそんなものは手に入らなかった。わたしは黒い顔の人形がくるまでは手もちの人形では遊ばないとさえ宣言した。

チューリッヒの動物園でアフリカ展がひらかれていることを知ったわたしは、ひとりで家をぬけだした。以前、両親につれられていったときのように電車に乗って、かんたんに動物園に着いた。わたしは世にも美しくエキゾチックなリズムで太鼓をたたくアフリカ人たちに目を奪われていた。そのころマイレンでは、村をあげて、家出したキューブラー家のお転婆娘探しがはじまっていた。自分がしでかした騒ぎにも気づかずに、夜になってようやく家に帰ったわたしは、当然のことながら、相応のお仕置きを受けた。

同じころ、父といっしょに競馬場にいったことがある。ふたつ目の記憶である。父は観客をかきわけて、小さなわたしを最前列に押しだしてくれた。わたしは競馬が終わるまで、春の湿った草のうえに座っていた。美しい馬たちのそばにいることがうれしくて、寒けがしていたにもかかわらず、じっと座ったまま飽かずにながめていた。風邪の症状はたちまち悪化し、家に帰ったころには高熱で意識も朦朧《もうろう》としていた。われに返ると、夜中に、譫妄《せんもう》状態のまま自宅の地下室を夢遊病者のように歩いていた。母にみつけられたときには見当識もなく、来客用の寝室に寝かされて、母につき添われた。姉たちと別室で眠ったのはそのときがはじめてだった。高熱はいっこうにひかず、胸膜炎と肺炎の症状が急速に進行していた。そんなときでも厄介な三つ子と幼い息子を残したままスキーにでかけてしまった父にたいする母の怒りを、わたしは理解していた。

午前四時、熱がさらに上昇した。母は近所の人に息子と娘ふたりの世話をたのみ、自動車をもっていた別の隣人、Hさんに病院までの輸送をたのんだ。母は何枚もの毛布でくるんだわたしを胸にしっかりと抱いて車に乗った。Hさんは全速力でチューリッヒの小児病院へと急いだ。

それが病院や医学とのはじめての出あいだった。残念ながら、不快な記憶しか残っていない。診察室は寒かった。だれも声をかけてくれなかった。「ハロー」も「こんばんは」もなにもなかった。医師はふるえているわたしから乱暴に毛布をとりあげ、すばやく裸にした。そして、母に席をはずすように命じた。わたしは体重をはかられ、つつかれ、針を刺され、咳《せき》をしろと指示された。医師はわたしを、病気に打ちひしがれるひとりの少女としてではなく、物体としてあつかっていた。

つぎに覚えているのは、見知らぬ部屋で目がさめたことだった。部屋というよりはガラスの獄舎といったほうがよかった。あるいは金魚鉢。窓がなかった。物音ひとつしなかった。天井の電灯は二四時間つきっぱなしだった。ときおり白衣の人たちが出入りしていたが、数週間というもの、わたしに笑顔をみせるどころか、ひとことも声をかけてくれなかった。

金魚鉢にはもうひとつベッドがあった。そこにはわたしより二歳年長の少女が横たわっていた。いかにもひ弱な感じで肌が青ざめ、透きとおっているようにみえた。翼のない天使、磁器でできた小さな天使を思わせた。その子を見舞う人はいなかった。

その子はいつもうつらうつらしていて、声をだすことはなかった。それでも、わたしたちはとても仲がよく、打ちとけあっていた。いつまでも、たがいの目をじっとみつめあいながらすごした。それがわたしたちの会話だった。ふたりはひとことも発することなく、深く、意味のある会話を交わしつづけた。それは単純な想念のやりとりだった。幼い目をみひらき、思いを相手に送るだけで伝わった。あぁ、話すことはたくさんあった。

ある日、わたしの病状が急に好転する直前のことだったが、うとうとと夢をみていたわたしが目ざめると、その子がじっとこちらをみていた。待っていたのだ。ふたりはそれから、すばらしく感動的で重要な会話を交わした。小さな磁器の友だちは「こんや、出発するわ」といった。わたしは急に心配になった。「だいじょうぶよ」その子がいった。「天使たちが待っていてくれるから」

その日の夜、友だちはいつもより落ちつきがなかった。わたしが注意を惹《ひ》こうとしても、その子の視線はわたしを通過し、わたしの背後をみつめていた。「あなたはしっかりしなきゃだめよ」その子はいった。「あなたは治るわ。退院してみんなといっしょになれるからね」とてもうれしかった。だが、急に不安になった。「あなたはどうなの」そうたずねた。

その子は、パパもママも「あちらがわ」にいるといい、心配はいらないと念を押した。ふたりはほほえみを交わして、またまどろみのなかにもどっていった。新しくできた友だちが出発しようとしている旅に怖さは感じなかった。友だちも恐れていなかった。夜になると太陽が沈んで月と交代するように、それはごく自然なことのように思われた。

翌朝、友だちのベッドが空になっていた。医師もナースもその子の出発のことはなにもいわなかったが、わたしはこころのなかでほほえんでいた。その子が出発まえにたいせつな秘密を打ちあけてくれたことを知っていたからだ。医師やナースが知らないことをわたしは知っていた。孤独のうちに死んだと考えられていたが、じつはちがう世界の人たちにつき添われていた小さな友だちのことを、わたしはけっして忘れなかった。その子がもっといい世界に移っていったことを、わたしは知っていたのだ。

そのわたしはといえば、その子ほどの覚悟はできていなかった。わたしは主治医の女医が大嫌いだった。見舞いにきた両親を戸口に立たせたままなかに入れてくれない主治医を責めたてた。しっかりと抱きしめてほしいのに、両親はガラスの壁の外側からじっとわたしをみつめるだけだった。父と母のあたたかい肌を感じ、兄や姉たちの笑い声が聞きたかった。両親はガラスに顔を押しつけていた。そして、姉たちが描いた絵をひろげてみせ、ほほえみ、手をふった。それが見舞客に許される行為の限界だった。

わたしのたのしみは、水疱《すいほう》ができた唇の皮をむしることだけだった。いい気持ちだったが、それが憎い女医を怒らせることになった。女医は皮をむくわたしの手をぴしゃりと払いのけ、やめないと両腕を縛りつけて動けないようにすると脅した。反抗心と退屈から、わたしは皮をむきつづけた。やめようとしてもやめられなかった。たのしみはそれしかなかったのだ。ある日、両親が帰ったあとにその非情な女医が入ってきて、また唇から血が流れているのをみつけた。わたしは両腕を腰のところで縛られて、唇にさわることができなくなった。

手のかわりに歯を使った。唇の出血は止まらなかった。女医は、頑固で反抗的で、ひねくれたその患者を憎悪していた。でも、それはまったくの誤解だった。病気で孤独にさいなまれ、人恋しさがつのって、ぬくもりを渇望していただけなのだ。わたしは自分の両足と両膝《ひざ》をこすりあわせては、人の肌にふれる安心感をむさぼっていた。それはだれがみても病気の子どもが受ける仕打ちではなかった。わたしより重い病気の子どもたちが病状を悪化させたとしても当然のことだった。

ある日の朝、何人かの医師がわたしのベッドに群がり、輸血の必要性にかんして小声でなにごとかを話しあった。翌日の早朝、索漠とした病室に父が入ってきた。とても大きく、たのもしくみえた。父はきっぱりとした口調で「健康なジプシーの血」をおまえにあげようといった。部屋がパッとあかるくなった。父と並んでストレッチャーに横になり、ふたりの腕がチューブでつながれた。手動で回転させる吸引循環器がコーヒーミルのようだった。父とわたしは深紅色のチューブをみつめていた。クランクが回転するたびに父の腕から血液が吸いあげられ、わたしの腕に送りこまれた。

「これでもうだいじょうぶだ」父が励ますようにいった。「すぐ家に帰れるようになるぞ」

もちろん、わたしはそのことばを信じた。

輸血が終わると、急に寂しくなった。父は部屋をでていき、わたしはまたひとりになった。しかし、四、五日もすると、熱がさがり、咳がとまった。ある朝、ふたたび父が姿をあらわした。そして、ベッドから起きあがって廊下を歩いていき、小さな更衣室までいくようにと命じた。父は「だれかがおまえを待ってるぞ」といった。

立てるかどうかさえ自信がなかったが、天にものぼる心地にせかされ、夢中で更衣室をめざした。わたしを驚かそうとして、母と姉たちが待っているはずだった。でも、更衣室にはだれもいなかった。革製のスーツケースがぽつんと置いてあるだけだった。父が顔をのぞかせ、鞄《かばん》をあけてすぐに着がえをしなさいといった。たおれそうになるのをこらえるのがせいいっぱいで、鞄をあける力も失せていた。しかし、父に逆らいたくなかったし、父といっしょに家に帰るチャンスを逃したくもなかった。力をふりしぼってスーツケースをあけた。思いがけないものが入っていた。鞄のなかにはあきらかに母の手製とわかる子ども服がきちんと折りたたまれ、そのうえには、まるで宙に浮くようにして黒い人形が置かれていた。何か月も夢にみていたとおりの黒い人形だった。わたしは人形を抱きあげ、堰《せき》を切ったように泣きだした。それまでは自分だけの人形をもったことがなかった。おもちゃも、服でさえも、姉妹で共有しないものはなにひとつなかったが、その黒い人形はまちがいなくわたしのものだった。わたしだけのものだった。だれの目にも、エヴァやエリカの白い人形とは区別がついた。脚が弱っていなければ踊りだしたいほどの熱い幸福感がつきあげてきた。

家に帰りつくと、父に抱きかかえられて二階のベッドに運ばれた。それから数週間は、せいぜいバルコニーの安楽椅子まで歩くことしかできなかった。たいせつな黒い人形を胸に抱いてそこで身をやすめ、あたたかい日の光を浴びながら、姉たちが遊んでいる中庭の木々や花々を賛嘆の目でながめていた。家にいられるだけでうれしく、いっしょに遊べなくても不満はなかった。

悲しかったのは、すでに新学期がはじまってしまっていたことだった。ところが、ある快晴の日に、大好きな担任教師のブルクリ夫人がクラスの全員をつれて見舞いにきた。そして、全員でバルコニーのしたに集まり、わたしの気に入りのセレナーデを歌ってくれた。帰り際に先生が、おいしそうなチョコレート・トリュフでできた黒い熊の人形を手わたしてくれた。わたしはそれをむさぼり食べた。

病気はゆっくりと、しかし確実に治っていった。のちに自分も白衣をつけた医師の一員になり、さらにかなりの年月をへてはじめてわかったことだが、その治癒はもっぱら世界最高の医薬のおかげだった。すなわち、家庭で受けた看護、なぐさめ、愛……そしてわずかばかりのチョコレート！

第４章　愛《いと》しのブラッキー

父は家族のスナップ撮影を得意とし、何冊ものアルバムに几帳面《きちょうめん》に整理していた。また、子どもたちのこまごまとした成長記録もつけていた。はじめてことばを発した、這《は》った、歩いた、なにか愉快なことや気のきいたことをしゃべったなど、読みなおすたびに苦笑を誘うようなものばかりだった。その記録も大半は失われてしまったが、ありがたいことに、わたしの記憶のなかにすべてが残されている。

一年でいちばんたのしい季節はクリスマスだった。スイスでは、子どもたちがこころをこめてプレゼントをつくり、家族や近しい親戚《しんせき》に贈るという習慣がある。クリスマスが近づくと、わたしたちは一列に並んで座り、毛糸で洋服ハンガーのカバーを編んだり、ハンカチにきれいな刺繍《ししゅう》をしたり、テーブルクロスやナプキンの新しい縫いかたを考えたりしたものだった。学校の工作室でつくった靴磨きキットをもち帰った兄を、尊敬のまなざしでみあげたこともあった。

母は世界一の料理上手だったが、とりわけクリスマス・シーズン用の新しい献立を自慢にしていた。肉や野菜の入手先にはとくにうるさく、ほかにない一品を手に入れるためには何マイルも歩く苦労を惜しまなかった。

わたしの目には倹約家にみえた父も、クリスマスにはいつも生き生きとしたアネモネ、ラナンキュラス、デージー、ミモザなどをとりあわせた大きな花束を買ってきた。また、ナツメヤシやイチジクなど、キリスト降臨の季節に神秘性を添える異国的なドライフルーツを箱ごともち帰ってきた。母は花びんという花びんに花と樅《もみ》の木の枝を挿し、室内をきれいに飾りつけた。家中に期待と興奮の空気が満ちていた。

一二月二五日になると、父は子どもたちを戸外につれだし、幼な子イエスのしるしを探して歩きまわった。話し上手だった父はわたしたちに、雪のきらめきは幼な子イエスがすぐそばにいることのしるしであると信じさせた。森や丘をめぐっているあいだ、子どもたちが父の話に疑問を抱くことはなかった。わたしたちは自分の目でイエスを目撃したいという期待にあふれていた。ハイキングは太陽が沈むまで四、五時間はつづいた。日が暮れると、父は悔しそうにため息をつき、母さんが心配しているから帰ろうといった。

家の近くまでくると、厚いコートで着ぶくれた母と鉢あわせをした。追加の品を買いにいっていたのだ。家族全員で肩をならべて歩き、打ち揃って家のなかに入ると、幼な子イエスがついさっきまでリビングルームにいたと教えられて胸が高鳴った。美しく飾られた大きなクリスマスツリーのすべての蠟燭《ろうそく》に火をつけたのはイエスその人だと信じた。ツリーのしたには贈り物の包みがならべられていた。蠟燭の炎にゆらめく火影のなかで、わたしたちは豪華なディナーを食べた。

食事が終わると音楽室と書庫を兼ねた客間に移り、家族で美しいむかしのクリスマスソングを歌った。姉のエヴァがピアノを弾き、兄がアコーディオンで伴奏した。迫力のある父のテノールに合わせて全員で合唱した。合唱のあとは、父の朗読の時間だった。子どもたちは父の足元に座りこみ、うっとりとしてクリスマスの物語に聞きほれていた。母がツリーの蠟燭に火をつけなおし、デザートの準備をしているあいだ、子どもたちはツリーのそばに忍び寄り、包みの中身を推測した。デザートがすむと、ようやくプレゼントの包みをあけ、寝るまでゲームをして遊んだ。

父は平日、朝早く家をでて、チューリッヒ行きの汽車に乗る習慣だった。昼食どきには帰宅し、また駅へと急いだ。母はベッドメイキングや掃除もそこそこに昼食の準備にとりかかった。昼食はたいがい四品料理とその日のメインディッシュだった。昼食には家族全員が食卓につくきまりで、子どもたちが余計な物音をたてないか、食べ残しはないかと、マナーに厳しい父の「鷹《たか》の目」がつねに光っていた。子どもなりに注意はしていたので、父が食事中に声を荒らげることはめったになかったが、たまに雷が落ちると、わたしたちは身をすくめて父の指示にしたがった。それでも指示にしたがわないときは書斎に招待され、お仕置きを受けた。

父がエヴァとエリカにたいして癇癪《かんしゃく》を起こした場面は思いだせない。エリカはいつもいい子で、おとなしかった。エヴァは母のお気に入りだった。叱られるのはたいがい兄のエルンストかわたしにきまっていた。父はわたしたちを愛称で呼んでいた。エリカは「まぶたちゃん」。上下の瞼《まぶた》の近さで父とエリカとの距離の近さをあらわす親しみをこめた愛称だったが、いつも半分夢みているように、または眠っているように目を閉じてみえる表情のせいでもあった。わたしはいつも枝から枝へと飛び移っているので「すずめちゃん」と呼ばれ、のちには「はつかねずみ」と呼ばれるようになった。おとなしく座っていることがなかったからだ。エヴァは「ライオンちゃん」と呼ばれた。理由はそのふさふさとした豊かな髪の毛と、旺盛《おうせい》な食欲！　エルンストだけは本名で呼ばれていた。

子どもたちが学校から帰り、父も仕事から帰ってきて夕食をすませ、夜のとばりがおりると、音楽室に集まってはよく歌った。チューリッヒ・スキークラブでも定評のある歌い手だった父のおかげで、わたしたちは何百もの民謡や歌曲を覚えていた。そのうち、エリカとわたしに音楽の才能がないことがはっきりとしてきた。調子はずれの声で美しい合唱曲を台なしにすることがよくあったのだ。父はふたりにキッチンの仕事を命じた。エリカとわたしはほとんど毎日のように皿を洗いながら、みんなの合唱の声に合わせて、ふたりだけで歌っていた。それでも、ふたりはくじけなかった。皿を洗い終わったあとも音楽室にはもどらず、調理台のうえに座って、「アヴェ・マリア」「アルテリート」「オールウェイズ」など、好きな曲をみんなにリクエストしては、ふたりで歌いつづけた。いちばんたのしい時間だった。

三姉妹は寝るときも、翌日に着るお揃いの服をお揃いの椅子の背にかけ、お揃いのベッド、お揃いの寝具で眠った。人形から本まで、すべてがお揃いのものだった。わたしにはそれが無性に腹立たしかった。三姉妹のトイレの時間には、兄が番犬役をおおせつかっていた。あとのふたりが用をすませるまえにわたしが走りだしていかないようにと見張るのが兄の仕事だった。トイレまでいっしょにしなければならないことに怒りを感じた。拘束衣を着せられているような気分だった。そうしたことすべてが、自分らしさにたいする欲求をあおりたてた。

学校では自分らしさが発揮できた。成績がよく、とくに算数と語学ではだれにも負けなかった。だがわたしは、成績よりも弱者の味方をすることでよく知られていた。弱い子や障害のある子をいじめっ子からまもるのがわたしの役目だった。弱い者いじめをしている男の子たちの背中を、拳《こぶし》でしたたかに殴りつけたことがよくあった。母は、放課後、ゴシップ好きの肉屋の息子が「エリザベスは帰りが遅いよ。また、男の子を殴ってるんだ」とご注進にくることに慣れてしまった。両親はそのことではけっして叱《しか》らなかった。わたしが自分では身をまもれない子どもの楯《たて》になっていることを知っていたのだ。

ふたりの姉とはちがって、わたしは動物が大好きだった。幼稚園の終わりのころに、家族が親しくしていた人がアフリカから帰ってきて、わたしに子猿をくれた。わたしはその猿にチキートと名づけた。わたしたちはすぐに特別な友だちになった。わたしはまた、いろんな動物の収集にも夢中になった。地下室にままごとの病院をつくり、

うしろから時計まわりに、エルンスト、エリザベス、エヴァ、エリカ。
（エリザベス・キューブラー・ロス・コレクション所蔵）

けがをした小鳥や蛙、蛇などを相手にお医者さんごっこをした。ほんとうに無事に飛べるようになるまで、傷ついた鳥の世話をしたこともある。動物は信じていい相手を本能的に知っているように思われた。

それは菜園にしつらえた小屋で飼っていた一〇羽あまりの兎にしても同じだった。小屋を清潔にし、欠かさずに餌をあたえ、いっしょに遊ぶのはおもにわたしの仕事だった。数か月に一度、母は兎の肉のシチューをつくっていたが、長いあいだ、わたしはそのことに気づかなかった。わたしが気づいていたのは、家族のだれが帰ってきてもそうしないのに、自分が帰ってくると兎たちが門のところまでむかえにくるということだった。えこひいきをされていることを知って、わたしはますます兎たちをかわいがるようになった。少なくとも兎だけは、姉たちとわたしとのちがいを知っていたのである。

兎が繁殖しはじめると、父は必要最小限の数にへらそうときめた。わたしにはその理由が理解できなかった。タンポポや雑草をやっていたのだから餌代はかからないし、庭にはそれがいくらでも生えていた。しかし、父には父なりの節約の精神があった。ある日の朝、父が母に兎のローストをつくるように命じた。そして、わたしが呼びだされ、「兎を一羽つかまえて、学校へいく途中、肉屋にもっていきなさい」と命じられた。「母さんが夕食用に料理するから、昼休みにもって帰るんだ」

わたしはあまりのことに茫然《ぼうぜん》としながらも、黙って命令にしたがった。その日の夜は、家族が「わたしの」兎を食べるのをみつめていた。一口でいいから食べてごらん、と父にいわれたときは、のどが詰まりそうだった。「これはたぶん、脚だな」と父がいった。わたしは頑強に拒否したが、あとで書斎に「招待」されることはなかった。

何か月にもわたって同じドラマがくり返され、とうとう、いちばんお気に入りのブラッキーだけが残った。大きな雄の兎で、まるまると太り、黒い毛がふわふわしていた。いつも抱いてかわいがり、どんな秘密も打ちあけていた。とても聞き上手な、すばらしい精神科医だった。この世でただひとり、無条件でわたしを愛してくれる生き物だと確信していた。恐れていた日がやってきた。朝食がすむと、父はブラッキーを肉屋にもっていけと命じた。わたしはとり乱し、ふるえながら外にでた。ブラッキーを抱きあげて、父に命じられたとおりのことを告白した。ブラッキーはわたしの目をみつめていた。桃色の鼻がぴくぴく動いていた。

「できないわ」わたしはそういうと、ブラッキーを地面におろした。「逃げるのよ」と促した。「さあ、早く」。兎は身じろぎもしなかった。

時間がなくなった。学校がはじまろうとしていた。わたしはブラッキーを抱きあげ、肉屋に向かって走りだした。涙が頬を伝っていた。哀れなブラッキーは恐ろしい運命が待ち受けていることを感じとっていた。わたしにはそれがわかった。肉屋に手わたすとき、ブラッキーの心臓が、わたしのそれと同じく、早鐘のように打っていた。わたしはさよならもいわずに学校に走った。

その日はブラッキーのことであたまがいっぱいだった。もう殺されているだろうか、わたしが愛していたことを、一生忘れないことを、知っていてくれただろうか。そればかりを考えていた。さよならをいわなかったことが悔やまれた。その日、自分がしたこと、自分に問いかけたことのすべてが、それ以降のわたしの仕事に影を落としている。わたしは自分の行為を憎み、父を責めた。

学校が終わり、わたしはのろのろと歩いて帰った。肉屋は店の戸口で待っていた。ブラッキーの肉の包みを手わたしながら、肉屋がいった。「こいつをつぶしたとは、惜しいことをしたもんだ。あと一日か二日待てば、赤ん坊が生まれたのに」（わたしはブラッキーが雄だとばかり思っていた）。これ以上の悲しみはないと思っていたのに、また新たな悲しみが襲ってきた。わたしはまだあたたかいブラッキーの包みをカウンターに置いたまま逃げだした。夕食のテーブルで、家族がブラッキーを食べるのをみていた。わたしは泣かなかった。わたしにどんなにひどい仕打ちをしたのかを、当の両親に知られたくなかった。

どう考えても、両親がわたしを愛しているとは思えなかった。わたしは強くなることを学ぶ必要があった。だれよりも強くなることを。

父が母の料理をほめているのを聞きながら、わたしは自分にいい聞かせていた。

「これに耐えることができたら、どんなにつらいことでも耐えられるようになるわ」

わたしが一〇歳のとき、家族はさらに大きな家に移った。「ビッグハウス」と呼ばれるようになったその家は、以前の家より丘のうえのほうにあった。寝室は六つあったが、三姉妹は相変わらず同じ部屋で寝かされた。そのころ、わたしがくつろぐことのできた空間は戸外だけだった。その家にはみごとな庭があった。二エーカーもの広さに芝生と花壇と菜園があり、おかげでわたしは生涯、花の咲くものを育てるたのしみを味わうようになった。近くには絵本にでてくるような美しい農園とぶどう園が点在し、そのはるか向こうには雪を頂いた鋭角的な山脈がつらなっていた。

わたしは傷ついた小鳥や猫、蛇や蛙などの小動物を探して、田園地帯を歩きまわった。みつけると、地下室の私設研究所にもち帰った。自慢の「わたしの病院」だった。幸運に見放された患者たちは柳の木のしたの共同墓地に埋葬し、そこに花を植えて日《ひ》除《よ》けをつくってやった。

両親は自然に起こる生と死という現象からわたしを遠ざけなかった。そのせいか、わたしは生と死にたいする反応が人によって異なることを早くから感じとっていた。

小学校の三年生のとき、クラスにスージーという転校生が入ってきた。父親はまだ若い医者で、マイレンに引っ越してきたばかりだった。小さな村で新しく開業するのはむずかしく、父親は患者探しに苦労していた。しかし、スージーとその妹が魅力的な少女であることは、だれもが認めるところだった。

数か月たつと、スージーが学校をやすむようになった。すぐに病気で重体らしいという噂が流れた。村中の人が娘の病気も治せない父親の腕をこきおろした。きっとヤブ医者にちがいないと、きめつけた。しかし、世界一腕のいい医者でもスージーの病気は治せなかった。やがてわかったのだが、スージーは髄膜炎にかかっていた。

スージーがじょじょに衰弱していることは、子どもをふくめて、村の人たち全員が知っていた。スージーはまず麻痺《まひ》にかかり、つぎに耳が聞こえなくなり、ついには視力を失った。小さな町や村の住人がたいがいそうであるように、その村の人たちも、スージーの家族に同情はしながらも、怖い病気が伝染することを恐れた。あたたかい支援の手が必要なときに、スージーの家族は村八分にされ、孤立無援の状態におちいった。

わたしはその家族と交渉を絶っていない同級生の一員ではあったが、自分がなにもできないことに苛立《いらだ》っていた。妹にノートや絵や野の花を託し、「スージーにみんなが心配していると伝えてね」といった。「会えなくて寂しいって」

いまでも忘れられないのは、スージーが死んだときに寝室のカーテンが厚く閉ざされていたことだった。太陽の光からも、小鳥や木々からも、自然の美しい音や景色からもすべて隔離されたまま死んでいくことのつらさが身にしみた。あまりに不当な仕打ちに思われた。友だちの死を悼む悲嘆の感情にもひたりきれなかった。マイレンの住人のほとんどが、疫病神のいなくなったことに安堵《あんど》していることを知っていたからだ。スージーの家族はまもなく引っ越していった。

両親の友人の死はそれよりはるかに好ましい印象を残した。その人は、五〇代ぐらいの果樹園主だった。何年もまえ、母と肺炎のわたしを車に乗せてチューリッヒの病院まで全速力で走ってくれた人だ。果樹園主の死は林檎《りんご》の木から落ちて首の骨を折ったことが原因だったが、即死したわけではなかった。

病院の医師に打つ手がないといわれると、その人は自宅で死にたいといいだした。家族、親戚《しんせき》、友人たちと別れを告げる時間はたっぷりあった。わたしたちが駆けつけたときは、家族と子どもたちに囲まれていた。病室は野の花であふれ返り、ベッドはその人が窓から野原や果樹園をみわたせる位置に置かれていた。果樹園は文字どおりかれの労働の結実であり、その人が生きてきた証《あかし》だった。わたしの目に映った尊厳と愛とやすらぎは、生涯消えることのない印象を残した。

翌日、その人は死んだ。午後になってから弔問におとずれ、その人の遺体をみた。わたしは逡巡《しゅんじゅん》していた。いのちが失われたからだなど、とてもみる気になれなかった。わずか二四時間まえ、その人は自分の子どもたちと同じ学校にいっているわたしの名前を呼んだ。苦しそうに、しかし、誠実に「ペテリーちゃん」と愛称で呼んでくれた。だが、いまや、その瞬間がいかにすばらしいものであったのかが理解できた。遺体をみつめていたわたしは、その人がもうそこにいないことに気づいた。その人にいのちをあたえていた力とエネルギーの本体がなんであれ、わたしたちが悼んでいるものがなんであれ、それはすでに消失していた。

こころのなかで、その人の死とスージーの死をくらべていた。重病だったとはいえ、スージーはあたたかい太陽の光からさえ遠ざけられ、厚いカーテンに閉ざされた薄暗い部屋のなかで最期の瞬間をむかえた。果樹園主は、現在のわたしが「良い死」と呼んでいる死をむかえた。自宅で、愛につつまれながら、尊敬と尊厳と思慕の念をあたえられて息をひきとった。家族は伝えたいことをすべて伝え、未練と後悔のない悲しみに沈んでいた。

ささやかな経験をつうじて、わたしは死がかならずしも思いどおりにならないものであることを学んだ。それでも、ある程度、選ぶことはできる。そんな気がしてならなかった。

第5章　信仰、希望、愛

学校でのわたしはめぐまれていた。算数をはじめとする授業がおもしろくてたまらず、学校にいくのが好きなめずらしい子どもになった。しかし、毎週きまって強要される宗教の時間は大嫌いだった。子どもながらに霊的なものに惹《ひ》かれていたわたしとしては、それが悔しかった。プロテスタントのR牧師が日曜ごとに聖書を教えていたが、それは恐怖と罪の意識を強調する教えかたで、牧師が説く神にはどうしても共感できなかった。

R牧師は冷酷で野卑で単純な男だった。父親がじつはいかにキリストの教えに背いているかを知っている牧師の五人の子どもたちは、からだ中に青黒いあざをつくり、おなかをすかせて学校にきた。五人ともやせ細り、疲れはてていた。わたしたちは五人にこっそりとサンドイッチを手わたし、硬い木の椅子に座っても痛まないように、尻《しり》のしたにセーターやクッションを入れてやった。やがて、牧師の家庭の秘密が学校中にひろがりはじめた。もっとも尊敬すべき父親が、毎朝、そのへんにあるもので子どもたちをこっぴどく殴りつけているというのである。

おとなたちは牧師のひどい虐待行為も知らずに、その雄弁で劇的な説教ぶりを賞賛していたが、尊大な態度と厳格な懲罰を強いられていた子どもたちはよく知っていた。授業中にため息をついたり、首をわずかでも横にふる子は、腕を、あたまを、耳を、もっと危険なところを、木製の定規でぴしゃりと叩《たた》かれたのだ。

姉のエヴァが賛美歌の暗唱を命じられた日、わたしはその牧師と宗教全般をみすてることになった。わたしたちはまえの週から賛美歌を暗記していた。姉も完璧《かんぺき》に覚えていた。姉が暗唱を終える直前に、となりに座っていた子が咳《せき》をした。R牧師はその子が姉に賛美歌を耳打ちしたと思いこんだ。問いただしもせずに、牧師はふたりの三つ編みの髪をつかむと、あたまとあたまを強くぶつけた。頭蓋骨《ずがいこつ》の発する鈍い音が全員を身ぶるいさせた。

あんまりだった。わたしは怒りを爆発させた。手にしていた黒い賛美歌集を牧師の顔めがけて投げつけた。本は牧師の唇に命中した。牧師は茫然《ぼうぜん》とわたしをみていた。恐怖は感じなかった。感覚がなくなっていた。大声で牧師の言行不一致を攻撃した。

「あんたなんか牧師じゃないわ。思いやりも、あわれみも、愛も、理解もなにもないじゃない！」金切り声で毒づいた。「あんたが教える宗教なんか、信じたくもないわ！」いい終えると学校から飛びだしていき、二度ともどらないと誓った。

わたしは気が動転し、おびえていた。まちがったことはしていないつもりだったが、結果が怖かった。放校される自分を想像した。だが、それより問題なのは父だった。どんなお仕置きが待ち受けているかは考えたくもなかった。とつぜん、父もR牧師の崇拝者ではなかったことを思いだした。R牧師はその少しまえ、わが家の近くに住むある家族を「模範的なキリスト教信者の家庭」に選んでいた。その家からは毎夜のように、父親と母親の激しいいさかいの声や子どもを殴る音が聞こえていた。日曜日になると、その家族は教会の最前列に座って祈りを捧《ささ》げていた。父はR牧師の目は節穴だといっていた。

家の近くまでくると、ぶどう園のはずれに立つ大木の木陰でひと息入れた。そこがわたしの教会だった。野原。木立ち。小鳥たち。日の光。母なる自然がかもしだす聖性と畏怖《いふ》にかんしては疑念の片鱗《へんりん》も起こらなかった。母なる自然の光景は時間をこえて信じるに値した。自然がだれかに接するときほど美しく、情け深いものはほかになかった。自然はゆるしていた。そこがわたしの厄介ごとからの避難所、けがらわしいおとなたちのいない安全な港だった。そこでなら、ほんとうに神の御手《みて》とつながることができた。

父は理解してくれるだろう。わたしを長い山歩きにつれだして、どこまでもふところの深い壮大な自然への畏怖心を教えてくれたのは父だった。わたしたちは荒野や川辺の草地を探検し、身を切るような冷たい清流で泳ぎ、道を切りひらきながら深い森を歩いた。春にはたのしいハイキングにつづいて険しい残雪の踏破につれていかれた。父は最高峰にあこがれるこころ、岩陰にひっそりと咲くエーデルワイスなど、貴重な高山植物を愛《め》でるこころを教えてくれた。日没の美しさに没入する精神、危険を恐れない精神も父から学んだものだった。わたしは氷河の深いクレヴァスに落ちて死にそこなったこともあった。あのとき、父の教えどおりにザイルをもっていなければ助からなかっただろう。

踏破したすべての山道はわたしたちのたましいに永久に刻みこまれた。

家がみえるところまできた。わたしがR牧師にはたらいた狼藉《ろうぜき》の知らせは、とっくに両親の耳に入っているにちがいない。わたしは家の裏手の藪《やぶ》にある秘密の場所に這《は》いのぼっていった。世界でいちばん神聖だとみなしていた場所だった。そこだけが残された未開墾地の、わたし以外にはだれも入りこめない深い藪のなかにある大きな岩である。高さが一・五メートルほどあるその岩は苔《こけ》と地衣類におおわれ、とかげや昆虫が這いまわっていた。自然とひとつになれるその場所にいれば、だれもわたしをみつけることはできなかった。

岩の頂上までのぼった。周囲の木立ちをとおして降りそそぐ木漏れ日が教会のステンドグラスの窓のようにみえた。わたしはアメリカ先住民のように空に向かって両手をさしのべ、すべてのいのちをあたえてくれた神に自己流で感謝の祈りを捧げた。R牧師の授業ではけっして感じることがなかった全能者を身近に感じた。

現実世界では、わたしのその神との関係が問題をひきおこしていた。家に帰っても、両親はR牧師との事件についてはなにもいわなかった。わたしはその沈黙を支持の態度だと解釈した。しかし、三日後に、教育委員会がわたしの問題を討議するために緊急会議をひらいた。実際には、いかにわたしを罰するかを論じる会議だった。わたしが悪いということを疑う委員はいなかった。

幸いにも、やさしいウェクマン先生がわたしにも弁明の機会をあたえようと提案し、提案が認められた。わたしはおずおずと部屋に入った。弁明がはじまると、わたしはR牧師の目をまっすぐにみて話した。牧師はうなだれ、両手をくみあわせて、敬虔《けいけん》な信仰者を演じていた。弁明は終わり、帰宅して待つようにいわれた。

それからの数日間は時間がたつのが遅かった。ある日の夜、夕食がすんだころに、ウェクマン先生がやってきた。先生は両親に、わたしがR牧師の授業から正式に免除されたことを伝えた。家族の全員がよろこんだ。その軽い処分はわたしの行為が適切さを欠いたものではなかったことをほのめかしていた。ウェクマン先生はわたしに感想をもとめた。公平な判断だとは思うが、とわたしは答えた。そう認めるまえにもうひとつ条件がある、といい添えた。エヴァもR牧師の授業から免除してほしかった。

「よろしい」とウェクマン先生がいった。

わたしにとって、自然ほど神またはなにか偉大な力にたいする信仰心を鼓舞するものはほかになかった。わたしの幼少期のハイライトは、まちがいなくアムデンにある小さな山小屋ですごした日々だった。最高のガイドだった父が周囲の花や木についてすべてを教えてくれた。冬にはそこでスキーをした。毎年、夏になると、父はわたしたちを二週間の過酷な山歩きにつれだし、厳しい鍛練をつうじて質実剛健な生活のしかたを教えた。みんなで湿原や森林限界近くの草原や森のなかを流れる渓流の探索にも興じた。

しかし、姉のエリカが自然にたいする興味を失いはじめ、わたしたちを心配させた。一二歳をすぎて、エリカは急にハイキングを嫌がるようになった。学校の恒例行事のひとつである三日間のハイキングは、何人かの父兄と先生がつき添う安全なものだったが、エリカは頑として参加を拒んだ。弁当もおやつもなく歩かされる父との長い山行で鍛えられたわたしたちからみれば遊びのようなハイキングを拒むとは、なにか深刻な問題が起こっていることの徴候にちがいなかった。エヴァもわたしもエリカの拒絶が理解できなかった。なんであれ「女々しい」ことに耐えられなかった父は、規則を楯《たて》にとって強引にエリカを送りだした。

それが失敗だった。出発まえから、エリカは脚と腰の痛みを訴えていた。ハイキングの一日目で、ひどく具合が悪くなった。父兄と先生がひとりずつつき添ってマイレンに送り返されたエリカはすぐに入院した。それが何年もつづく医師と病院による虐待のはじまりだった。片側の脚が麻痺《まひ》し、反対側もひきずっているというのに、診断がつけられる人はだれもいなかった。痛みがひどく、エヴァとわたしが学校から帰ってくると、ベッドで泣き叫んでいることがよくあった。家族は室内を爪先立《つまさき》ちでそっと歩き、かわいそうなエリカを思いやり、黙って首をふることしかできなかった。

病名がはっきりしないので、ヒステリーか、嫌いなスポーツから逃避したい一心の仮病《けびょう》ではないかと考える人も多かった。数年後、わたしたちをとりあげた老産科医が親身になって執拗《しつよう》に病因を探ってくれた。そして、寛骨の窩洞《かどう》を発見した。いまにして思えば、エリカは急性灰白《かいはく》髄炎と骨髄炎を併発していた。当時としては診断がむずかしい病気だった。ある整形外科病院では、エリカは痛みをこらえて長時間、階段の昇り降りをするという訓練を強いられた。激しい運動をさせればエリカが「詐病」をやめるだろうと、医師たちは考えたのである。

わたしは姉が受けている不当なあつかいに苛立《いらだ》っていた。しかし、ありがたいことに、診断がつき、適切な治療がはじまると、エリカはチューリッヒの学校にいきはじめ、痛みのない、健康的な生活が送れるようになった。だが、わたしはずっと、有能で思いやりのある医師ならばもっと早く、もっと巧みにエリカを治すことができたはずだと考えていた。エリカが入院していたころ、わたしはきっとそのような医者になるという誓いの手紙を書き送ったことがある。

もちろん世界は癒《いや》しを必要としていた。そして、さらなる癒しを必要とする時代がおとずれようとしていた。一九三九年、ナチスの戦争マシーンがその破壊力の束縛を解きはじめた。スイス陸軍の武官だったウェクマン先生はわたしたちに、戦争の勃発《ぼっぱつ》にそなえるようにいった。家では父が入れかわり立ちかわり、ドイツ人の商人をもてなしていた。ドイツ人たちはヒトラーについて語り、たしかなことはわからないがと前置きして、ユダヤ人がポーランドに集められ、収容所で殺されているらしいと告げた。わたしたちは戦争の話を聞くたびに不安になり、怖くなった。

九月のある朝、倹約家の父が村では贅沢品《ぜいたくひん》のラジオをもって帰ってきた。それはすぐに必需品になった。毎晩、夕食後の七時半、家族は大型の木箱のまわりに集まって、ナチス・ドイツによるポーランド侵攻の報道に耳をすませた。わたしはいのちがけで祖国を守っているポーランド人を応援し、ワルシャワの前線で女や子どもが殺されているというニュースを聞いて泣いた。ナチスがユダヤ人を殺害しているというニュースには怒りがこみあげてきた。男だったら自分も戦列に加わりたいと思った。

だが、わたしはまだ幼い少女だった。おとなになったらポーランドにいって敵に抵抗する勇敢な人たちを助けます、と神に誓った。「そしたらすぐに」わたしは囁《ささや》いた。「そしたらすぐにポーランドに助けにいきます」

その一方で、わたしはナチスを憎んだ。噂だったユダヤ人収容所の存在をスイスの部隊が確認したとき、憎悪はさらに激しいものになった。安全な世界をもとめてライン川を渡ろうとしていたユダヤ人の群れに向けて一斉射撃するナチスの兵士を、父と兄はその目で目撃していた。無事にスイス側まで泳ぎついた人はひとりもいなかった。逮捕され、収容所に送られた人たちもいたが、多くは死体となって川に浮かんでいた。残虐行為はあまりにも数が多く、人びとの目から隠すことはできなかった。周囲のだれもが憤激していた。

戦争のニュースを聞くたびに、モラルが挑戦を受けているように思われた。「いいえ、ぜったいに降伏なんかしないわ」ウィンストン・チャーチルの演説を聞きながら、わたしは大声でいった。「ぜったいに！」

戦況が悪化するにつれて、わたしたちは犠牲というものの意味を学んだ。難民の人波がスイスの国境をこえて入ってきた。食糧を配給する必要があった。母はたまごを一年か二年も保存させる方法を教えてくれた。庭の芝生はじゃがいもと野菜の畑になった。地下室には缶詰が大量にならべられ、現代のスーパーマーケットのようなありさまになった。

庭の畑でとれた野菜を食べ、自分でパンを焼き、果物や野菜の保存食をつくり、以前のような贅沢を捨てた生活に、わたしは誇りをもっていた。それは戦争へのそなえとしてはささやかなものだったが、自給自足で生きることにたいする自信が育《はぐく》まれ、後年の生活に大いに役立つことになった。

近隣の諸国の苦労を思えば、わたしたちははるかにめぐまれていた。個人生活のうえでも、さしたる問題は起こっていなかった。一六歳になった姉たちは、スイスの子どもにとっては重要な儀式である堅信式にそなえていた。ふたりはチューリッヒで、著名なプロテスタント聖職者のツィンメルマン牧師について学んでいた。牧師とは家族ぐるみの長いつきあいがあり、たがいに愛と敬意を交わしあっていた。堅信式の日が近づくと、牧師はわが家の両親に「キューブラー家の三姉妹に揃って堅信を授けるのは、長いあいだ、わたしの夢でした」といった。暗に「エリザベスの信仰心はどうなのか」とたずねたのである。

わたしは教会行事への参加を拒んでいた。牧師はわたしに、教会のなにがそんなに嫌なのかをぜんぶいってごらんと促した。わたしはR牧師のことから、神が人工の建物に納まったり、規則や慣習で規定されたりするはずがないという自分の信念を、ひとつずつ説明した。「だからね」と、わたしは肩をすくめていった。「そんな教会にいく理由はないでしょ?」

ツィンメルマン牧師はわたしを説き伏せようとはせず、たいせつなのはいかに崇拝するかではなくいかに生きるかなのだという主張によって、神と信仰を擁護した。「あなたは日々、神が差しのべてくださるもののなかから最高の選択をしなければなりません」牧師はいった。「その選択によって、ほんとうに神のおそばに生きているかどうかがきめられるのです」

わたしは同意した。かくして数週間後、ツィンメルマン牧師の夢が実現することになった。キューブラー家の三姉妹は簡素な教会で、美しく飾られた舞台に立ち、一段高いところに立った牧師が聖パウロによるコリントの信徒への手紙の一節を読みあげた。「それゆえ、信仰と希望と愛、この三つはいつまでも残る。そのなかでも最も大いなるものは、愛である」ツィンメルマン牧師は三人の顔をじっとみつめ、片手をひとりひとりのあたまにかざしながら、まるでわたしたちのなかでそれが具現化するかのように、それぞれにことばを授けていった。

エヴァは信仰。エリカは希望。わたしは愛だった。

世界中に愛が不足しているように思われたその時期、わたしは贈り物として、名誉として、なによりも責任として、そのことばをしっかりと受けとめた。

第6章　はじめての白衣

一九四二年の春に義務教育を終えるころ、わたしは一人前の思慮深い娘になっていた。ものごとを深く考える習慣がついていた。進路は医学校に定めていた。医師になりたいという欲求はかつてないほど高まり、医学に文字どおり使命を感じていた。病む人を癒し、絶望している人に希望をあたえ、苦しむ人をなぐさめること以上にすばらしい人生があるだろうか？

しかし、家庭では相変わらず父の支配がつづいていた。娘たちの将来にかんする父の思惑は、食堂で大喧嘩《おおげんか》をしたあの夜のそれとなんら変わっていなかった。エヴァには家政教育で学業を終えていいといい、エリカにはチューリッヒの上級学校に進学するように命じた。わたしにたいしては、またもや自分の会社の秘書兼帳簿係になることを所望した。父はその仕事がどんなに将来性のあるものかを説明して、わたしの気を惹《ひ》こうとした。そして、「ドアは大きくひらかれているんだぞ」といった。

わたしは失望を隠そうとせず、刑の宣告のようなそんな命令にはぜったいにしたがわないと言明した。わたしには創造的、思索的な知性があり、不断の変化をもとめる気性があった。毎日帳簿をつけるぐらいなら死んだほうがましだった。

父は激怒した。論争を、とくに子どもとの論争を好まない人だった。子どもになにがわかる？

「父さんのいうことが聞けないのなら、家をでて、メイドになって働くんだな」と父は脅した。

食堂に気まずい沈黙が流れた。父と争いたくはなかったが、からだの筋繊維の一本一本が父のきめた将来像を拒絶していた。家をでることを考えた。なりたいのはメイドではなく、自分の将来を自分できめる人間だった。

「メイドになるわ」そういい終わったとたんに、父は大股《おおまた》で床を蹴《け》って書斎にひきあげ、ドアを乱暴に閉めた。

翌日、母が新聞広告をみつけた。ジュネーブ湖畔にあるロミリーという村の、フランス語を使う富裕な教授の未亡人がメイドを募集していた。仕事は家の掃除と三人の子どもとペットの世話、それに庭の手入れだった。就職はすぐにきまり、一週間後には家をでた。姉たちは動揺のあまり、見送りにもこられなかった。駅で列車を待ちながら、わたしは自分の背丈ほどもある古い革のスーツケースと苦闘していた。出発直前に、ウールのスーツに似合うからといって、母がつばひろの帽子をくれた。そして、もう一度考えなおしてちょうだい、といった。すでにホームシックになりかけていたが、わたしの性分では素直にしたがえなかった。自分できめたことなのだ。

汽車から降りて、新しい主人、ペレ夫人と三人の子どもに声をかけた瞬間から、後悔がはじまった。わたしはスイス・ドイツ語であいさつをした。夫人はやにわに怒りをあらわにして、「フランス語で話してちょうだい」といった。「いま、この場からです」でっぷりとした体格で、癇癪《かんしゃく》もちの女だった。はじめはメイドとして教授に仕えていたが、奥さんが亡くなり、教授の妻の座を獲得したということだった。その教授も亡くなり、善良な性格だけを除いて、教授の遺産すべてを受け継いだらしい。

わが身の悲運をかこつ日々だった。毎日、朝の六時から夜中まで働いた。月に二回、半日ずつの休暇しかもらえなかった。朝は床のワックスがけからはじまり、銀器を磨き、買い物にいき、料理をつくり、給仕をしと、夜までやすむ暇はなかった。夜中の一二時に、夫人はきまってお茶を所望した。それが終わってから、ようやく小さなメイド部屋にさがることをゆるされた。わたしはたいがい、枕にあたまがつくまえに眠りに落ちた。

朝の六時半までに居間からワックスマシーンの音が聞こえてこない日は、夫人がメイド部屋のドアを叩《たた》いた。「仕事の時間よ！」

家族にあてた手紙には、ひもじさや惨めさ、とくに冬の到来とともにつのる一方の寂しさには一言もふれなかった。クリスマスが近づくにつれて、死ぬほど家が恋しくなっていった。ピアノを囲んで家族が歌うクリスマスソングを思いだしては、こころのなかで歌の数々を悲しく反芻《はんすう》した。姉たちと交換した手づくりの作品の逐一を胸に描いた。だが、夫人はもっと働けというだけだった。たえず来客があったが、わたしがクリスマスツリーをながめることはゆるされなかった。「ツリーは家族だけのものです」夫人は嘲笑《ちようしよう》するようにそういった。そのいいかたを、わたしとさほど年がちがわない子どもたちが真似た。

大学で教授と同僚だった人たちを招いてのクリスマスディナーで、わたしは失策を犯した。夫人の指示で前菜にアスパラガスをだしたわたしは、客が食べ終わったことを知らせる夫人のベルを合図に食堂へと急いだ。みると、アスパラガスはまだ全員の皿に残っていた。わたしはキッチンにひき返した。夫人がまたベルを鳴らした。皿にはまだ手がつけられていなかった。三度、同じことがくり返された。自分の気がおかしくなったのではないかと疑っていなければ、きっと笑ってしまったにちがいない。とうとう夫人が血相を変えてキッチンに飛びこんできた。わたしは惚《ほう》けたように立っていた。「食堂へいってお皿を片づけなさい」夫人はいきりたった。「教養のあるおかたはアスパラガスの先っぽしか召しあがらないの。お皿にあるのは残りなのよ！」なるほど、そうかもしれない。だが、皿をひきあげたわたしは「残り」といわれた部分をむさぼるように食べた。みかけどおりにおいしかった。最後の一本を呑《の》みこんだとき、ひとりの客が入ってきた。その教授はわたしになにをしているのかとたずねた。

空腹でお金もない、と訴えた。「ここで一年間がまんしているのは、研究室に入る年齢になるまで待つ必要があるからです」力のない目に涙を浮かべて、わたしはそういった。「研究室で技術者としての訓練を受けてから、医学校に入りたいんです」

教授は同情深げに聞いてくれた。そして名刺をわたしの手ににぎらせ、適当な研究室にあたって仕事をみつけてあげようと約束してくれた。教授はさらに、ローザンヌにある自宅にしばらく下宿してもいい、帰ったら妻に伝えておこうともいった。わたしとしては、この地獄を去りますと約束するほかはなかった。

クリスマスまえに半日の休暇がもらえた。わたしはローザンヌにいき、教授の家のドアをノックした。奥さんが顔をだし、沈んだ声で、教授は数日まえに亡くなったと告げた。わたしはあがりこんで、奥さんと話をした。奥さんによると、教授は実際に研究室を探してくれたらしいが、それがどこかは知らないということだった。わたしは重い足どりで教授の家を辞した。

夫人の家では、いつにもます重労働が待っていた。クリスマスイブにはあふれるほどの客がきた。料理に、掃除に、洗濯にと、わたしはやすみなく働きとおした。客が帰ったあと、わたしは夫人にクリスマスツリーをみせてほしいとたのんだ。たった五分でもよかった。精神の充電が必要だった。「だめよ。まだクリスマスじゃないのに」夫人は狼狽《ろうばい》してそういうと、またあの警告をくり返した。「それに、ツリーは家族のものよ。使用人のものじゃありません」そのとき、わたしはやめることを決心した。だれであれ、クリスマスツリーを他人と分かちあおうとしないような人のために働くのは無意味だった。

ウェヴェにいる女友だちから麦わらのスーツケースを借り、逃亡の計画を練った。クリスマスの朝、床のワックスマシーンの騒がしい音を待ちかねた夫人が、例によってメイド室に顔をだし、仕事を開始するように命じた。わたしは部屋の真ん中に立ちはだかり、傲岸《ごうがん》にも床のワックスがけは二度としないと宣言した。そして荷物を手にとると、夫人を無視して階下に降りた。荷物を橇《そり》に投げ入れ、町をでる一番列車に乗るべく、雪道を駅に急いだ。途中、ジュネーブの友だちの家に一泊した。友だちは泡《あわ》風呂《ぶろ》、紅茶、サンドイッチ、ケーキで歓待してくれ、マイレンまでの旅費を貸してくれた。

家にたどり着いたのはクリスマスの翌日だった。やせ細ったからだで牛乳箱の隙間から入りこみ、まっすぐにキッチンにいった。家族は恒例の休暇旅行で山荘にでかけて留守のはずだったが、意外にも二階から物音が聞こえ、姉のエリカが姿をあらわした。脚が痛くて旅行には参加できなかったのだ。わたしは胸をなでおろした。エリカも物音に驚いて降りてきたのだが、わたしだと知ってよろこびの声をあげた。その晩はエリカのベッドに座って、ふたりで語りあかした。

翌日、両親にも同じ話をくり返した。母はわたしが飢え、不当なあつかいを受けていたことに怒っていた。そして「もっと早く帰ってくればよかったのに」といった。父は最初、娘の身勝手さを責めたが、わたしの苦労を思いやってか、怒りをおさめ、ゆっくりやすんでうまいものを食べるといい、といってくれた。

姉たちの学校がはじまると、わたしはまた進路の問題に直面することになった。父はまたもや会社で働けといいだした。ただし、今回はそれまでのような命令口調ではなく、父にしてはずっとおとなびた口調で、こうつけ加えた。「どうしても嫌なら、おまえの好きな仕事を、おまえが幸福になれるような仕事を探せばいい」それはわたしが青春期に耳にした最高のことばだった。なにかいい仕事がみつかりますように、と祈った。

数日後、生化学の研究所が新しく開設されるという話を母が聞きつけてきた。場所もマイレンから五キロほどしか離れていないフェルトマイラーにあり、申し分ない話だった。早速、所長に面接の約束をとりつけると、年齢よりも老けて知的にみえる服装ででかけていった。しかし、いかにも切れ者といった感じの若い所長、ハンス・ブラウン博士は服装にはまったく無関心だった。そして早口で単刀直入に、あたまがよく、すぐ使いものになる人がほしいといった。急《せ》かすように「いますぐ働けるのか

キューブラー一家。1942年頃。左からエリザベス、母、エヴァ、エルンスト、父、エリカ。（エリザベス・キューブラー・ロス・コレクション所蔵。ヴィルヘルム・プレイヤー撮影）

ね」と博士は聞いた。

「はい」と答えた。

見習いとして採用しようといわれた。

「ひとつ、条件がある」所長がいった。「白衣は自分のを使うように」

白衣などもっているはずもなかった。虚を衝《つ》かれた感じだった。せっかくの機会を逃すのが怖かった。わたしの動揺が所長に伝わった。

「もってないのなら、こっちで用意しよう」ブラウン博士がいった。

うれしくて叫びたい気持ちだった。

月曜の朝八時、研究所に出勤して、割りあてられた部屋のドアに吊《つ》るされた三着の真新しい白衣に自分の名前が刺繍《ししゆう》してあるのをみつけたとき、そのよろこびは頂点に達した。地球上で自分ほど幸福な人間はいないと確信した。

ブラウン博士の研究所業務の半分は、クリーム、化粧品、ローション類の製造にあてられていた。残りの業務のうち、わたしの職場になったのは、植物にたいする発がん物質研究のための大きな温室だった。発がん物質の試験は動物実験よりも植物実験のほうが正確で安あがりだというのが博士の持論だった。博士はその考えにとりつかれ、事実を見誤ってしまったようだった。しばらくして気づいたことだが、博士はときどき憂うつな顔をして出勤してくると、なにも、だれも信じられない、といったきり、自室のドアを閉ざして一日中でてこないことがあった。やがて、博士が躁《そう》うつ病であることに気づいた。しかし、博士の沈痛な気分には影響を受けなかった。ある植物群に栄養分を注射し、別の植物群には発がん物質を注射して、植物が正常に、過剰に、異常に生長するようすや枯れるようすを細かく観察しつづける仕事に、わたしは熱中していた。

最初は人のいのちを救うことにつながる仕事の重大性にただただ圧倒されていたわたしも、自分の旺盛《おうせい》な学習意欲につきあってくれる研究所の先輩技術者たちから、化学の知識を学ぶようになった。そして、数か月後には、週に二回、チューリッヒの専門学校に通って化学、物理学、数学を学びはじめ、三〇人の男子学生を尻目《しりめ》にクラスで一番の成績をおさめた。二番目も女子学生だった。ところが九か月後、夢のような日々は一転して悪夢に変わった。研究所の開設に大金を投じていたブラウン博士が破産したのである。

八月のある朝、いつものように出勤した所員たちは研究所の閉鎖を知らされた。ブラウン博士は行方不明だということだった。躁病の発作で入院したか、刑務所に収監されたにちがいなかった。それ以来、博士に会ったという人はだれもいなかった。研究所を警護していた警官から帰るようにいわれたが、実験室の掃除と必要なデータのもちだしだけは許可された。所員一同との別れの茶会をすませると、虚《むな》しく夢が砕け散り、失業者になったわたしは、傷心のまま帰宅した。

運に見放されたわたしを、ひとつの未来が待ちかまえていた。翌朝、目がさめても、あたまに浮かぶのは父の会社で働いている自分の姿ばかりだった。自分を憐《あわ》れむのはやめにして、新しい仕事を探さなければならなかった。父は職探しのためにまる三週間の猶予をくれた。三週間たっても仕事がみつからなければ帳簿係として働きはじめるという約束をしたが、研究所で幸福な仕事を経験した身には、とうてい受け入れられる話ではなかった。一刻の無駄もできなかった。チューリッヒの電話帳でしらべた研究所、病院、診療所に、切迫した内容の手紙を片っ端から書き送った。学業成績、推薦状、顔写真のほかに、早急な返事をもとめる文章も添えた。

それは夏が終わるころで、求職に適した時期ではなかった。毎日、郵便受けをのぞきにいった。一日が一年のように長く感じられた。最初にきたのは不採用の通知だった。二週目も不採用の返事がつづいた。そのいずれもが、わたしの熱心さ、労働意欲、成績のよさはみとめてくれたものの、見習い採用の枠はないといってきた。来年、再度の志願があれば考慮するという返事ばかりだった。それでは遅すぎた。

三週目も郵便受けのそばで待ちつづけ、配達のたびに失望した。週末に、配達人が待望の手紙を運んできた。チューリッヒにあるカントン病院の皮膚科研究室から届いた、見習いが退職したので早急に代わりを必要としているという内容の手紙だった。その足で病院に駆けつけた。医師やナースが忙しそうに廊下を往来していた。わたしは病院特有の匂いになつかしさを覚えていた。

皮膚科の研究室は病院の地下にあった。室長のカール・ゼーンダー博士の執務室は廊下の隅にある、窓のない部屋だった。博士が仕事熱心な人であることはひと目でわかった。デスクのうえは書類が山積みになり、研究室全体も活気に満ちているようだった。面接はスムーズに進行し、わたしは研究室に雇われることになった。一刻も早く父に知らせたかった。「月曜の朝には自分の白衣をもって出勤します」博士にそう告げながら、思わず会心の笑みをもらしていた。

第7章　約　束

　毎日、病院に足を踏み入れるたびに、わたしは世界一神聖で、清浄で、すばらしい匂いだと独りぎめしていた病院の空気を胸いっぱい吸いこみ、いそいそと窓のない研究室へと降りていった。食糧や医師の供給が不足している戦時下にあって、いつまでも地下室にこもっていることはないだろうと考えていた矢先にチャンスがやってきた。

　仕事をはじめて数週間もしないうちに、ゼーンダー博士から「入院患者の血液標本をとる仕事に興味はないか」といわれたのだ。採血の相手は性病の末期にある売春婦たちだった。ペニシリンが発見される以前のその時代、性病患者は一九八〇年代のエイズ患者と同様に恐れられ、遠ざけられ、見捨てられ、隔離されていた。後日、ゼーンダー博士は、わたしがその申し出を断るものとばかり思っていたと告白したが、そのときのわたしはふたつ返事でひき受け、勇んで暗い病棟に出向いていった。

　癒《いや》しを天職とする者と金銭のためにそれをする者との分岐点はそこにあるのだろう。

患者は悲惨に「超」がつく状態の女性ばかりだった。多くの患者が全身を病毒に冒され、椅子に座ることもベッドで寝ることもできずに、ハンモックで吊《つ》られていた。はじめは病気で衰弱した哀れな動物のようにみえた。しかし、みんな人間だった。話しかけるとすぐに、家族からも社会からも捨てられた患者の大半が、驚くほどあたたかく、やさしく、思いやりのある人たちであることがわかった。たよるべきなにものもない人たちだった。それに気づくと、なんとかしてあげたいという気持ちが一層つのった。

採血をすませたあと、患者のベッドに腰をかけ、かれらの生活について、かれらがみてきたこと、経験してきたことについて、生きること一般について、何時間も話しあった。からだにたいする治療にもまして、なにはともあれ、こころのケアに急を要する人たちであることがわかった。患者たちは友情と共感に飢えていた。わたしはそれを提供し、かれらはお返しに、わたしの目とこころを大きくひらいてくれた。フェアな交換だった。その経験がわたしをさらに強くしてくれたのだ。

一九四四年六月六日、連合軍がノルマンディーに上陸した。Dデーである。戦局が一変し、進攻の効果はすぐに目にみえるかたちであらわれた。難民が波のようにスイスに流れこんできた。一度に何百人もの波が、何日もつづいて押し寄せた。行進する人、脚をひきずる人、這《は》う人、背負われる人がいた。遠くフランスから歩いてきた人たちもいた。負傷した老人たちもいた。ほとんどは女と子どもだった。わたしたちの病院は事実上、一夜にして傷病者でいっぱいになった。

難民はまっすぐに皮膚科病棟にやってきた。わたしたちはかれらを大浴場に案内し、虱《しらみ》を駆除し、消毒をした。わたしは上司の許可をとる暇もなく、子どもたちの世話に専心した。液体石鹸《せっけん》をぬって疥癬《かいせん》の手当てをしてから、やわらかい刷毛《はけ》でからだをこすってやった。洗いざらしの服に着がえた子どもたちには、いちばん必要だと感じた抱擁となぐさめのことばをあたえた。抱きしめて、「もうだいじょうぶよ」と声をかけた。

それがやすむことなく数週間つづいた。わたしは看護に没頭していた。自分よりはるかに悲惨な人たちをまえにして、自身の健康を気づかう余裕はなかった。食事はあと回しにした。睡眠? どこにそんな時間がある? 夜中すぎにふらふらになって家に帰り、夜あけには活動をはじめた。傷つき、おびえている子どもたちの世話に夢中になるあまり、日常生活を忘れ、本来そのために研究室に雇われたはずの仕事も放りだしてしまい、室長がゼーンダー博士からアブラハム・ワイツ博士に代わったという重大な知らせも、四、五日遅れで聞く始末だった。

　看護に忙殺されているうちに、飢えた難民に提供する食糧が間にあわなくなった。別の研究室に所属する、いたずら好きな見習生、ボールドウィンといっしょに、巨大な胃袋を満たすための作戦を練った。毎日、夜になると、病院の厨房《ちゅうぼう》に何百人分もの入院食セットを注文し、翌日、大きな運搬車でそれを運んでは、子どもたちに配給した。残った食糧はおとなに配った。清潔になり、とりあえず衣食の欲求が満たされた難民たちは市内のあちこちの学校に移動し、赤十字の手にひきわたされた。

　貴重な食糧の横流しが管理職に察知され、懲罰の対象になるのは時間の問題だった。ワイツ博士の執務室に呼びだされたとき、わたしは懲罰が軽いものであることを祈りながらも、こころのどこかでは懲戒免職を覚悟していた。食糧の横流しに加えて、新しい上司へのあいさつはおろか、研究室における本来の任務も完全に放棄するという失策をわたしは犯していた。しかし、ワイツ博士はそんなわたしを叱らず、逆にほめてくれた。あんなに献身的に、うれしそうに子どもたちの世話をする人はみたことがない、というのが博士の評価だった。「きみの仕事は難民の子どもの世話だ」博士はいった。「それがきみの運命だよ」

わたしは安堵《あんど》の胸をなでおろし、猛然と意欲がわいてくるのを感じた。すると博士は、戦禍に巻きこまれている祖国ポーランドへの医療援助の緊急性について語りはじめた。身も凍るような惨状、とりわけ強制収容所におけるユダヤ人の子どもたちの話を聞いているうちに胸がつまり、涙があふれてきた。博士の家族も惨劇のさなかにあった。「ポーランドはきみのような人を必要としている」博士はいった。「できることなら、見習いが終わってからの話だが、ポーランドにいって、わたしの救援活動を手伝うと約束してくれないか？」解雇をまぬがれ、逆に鼓舞されたわたしは、即座に博士の申し出をひき受けた。

だが、ことはそれで終わりではなかった。その日の夜、ボールドウィンとわたしは病院の管理主任に呼ばれた。疲れきり、意気消沈していたわたしには、大きなマホガニーのデスクの向こうで葉巻をくゆらせながら、盗人をみるような目つきでふたりの下級技術者を偉そうにみおろしている、太った官僚主義者にたいする軽蔑《けいべつ》の気持ちしかなかった。わたしたちは難民に配給した食糧に相当する全額を現金、または食糧クーポン券で弁償するように要求された。「弁償できなければ」と主任はいった。「おまえたちは即刻解雇だ」

どうしていいかわからなかった。仕事も失いたくなかったし、そんな大金を借りるあてもなかった。地下室におりていくと、わたしのただならぬ様子をみたワイツ博士から詰問された。事情を聞いた博士は不快そうに手をふりあげ、官僚主義など相手にするなといった。翌日、博士はチューリッヒのユダヤ人社会の指導者に援助を依頼し、食糧費は全額クーポン券で支払われた。わたしはあらためて恩人のワイツ博士に、戦争が終わったらポーランド再建のために働くと誓った。その時期が間近にせまっていることは知るよしもなかった。

それまでにもアムデンの山荘に客をむかえる父の手伝いをしたことは数えきれないほどあるが、一九四五年一月はじめにもたれた山荘での接待は特別なものだった。わたし自身、週末の休養を必要としていたということもある。しかし、そのとき父にいわれたのは、今回の客がわたしにあつらえむきな人たちだということだった。そして、そのとおりになった。客人は国際平和義勇軍の人たちだったのだ。ヨーロッパ各国からきた総勢二〇人のそのメンバーは、わたしの目には、理想に燃えた、いずれ劣らぬ優秀な若者にみえた。全員で大いに歌い、笑い、旺盛《おうせい》に食べながら、国際平和義勇軍――第一次世界大戦後に設立され、のちにアメリカ平和部隊のモデルになった――が世界平和の実現をめざして献身しているさまを、わたしはうっとりとして聞いていた。

世界平和？　国と国民同士の協力？　荒廃したヨーロッパの人たちへの支援？　わたしにとっては夢でしかなかったことを、若者たちは現実のものとして語っていた。その体験談のひとつひとつが、たましいをなぐさめる音楽に聞こえた。チューリッヒにも協会の支部があることを知ったとき、わたしは迷わず志願を決意した。そして戦争の終局がいよいよ確実になると、すぐさま志願し、平和なスイスをでてヨーロッパ各国で被災者への支援活動にあたる日を待った。

たましいの音楽といえば、もうひとつ忘れられないことがある。一九四五年五月七日、ヨーロッパで戦争が終わった日に聞いた、チューリッヒの市街に鳴り響く鐘の音だ。それはわたしが耳にした、もっとも感動的なシンフォニーだった。わたしは病院で働いていた。まるで合図でもしたかのように、しかし、じつはごく自然発生的に、スイス中の教会の鐘がいっせいに打ち鳴らされた。と同時に、勝利を、なによりも平和を讃《たた》える歓呼の声が鐘の音と共振して響きわたった。病院の職員たちの手を借りて、わたしはすべての患者を屋上につれだした。自力ではベッドから起きあがれない患者も運びあげ、一同で平和を祝った。

老いた人や衰弱した人から生まれたばかりの赤ん坊まで、だれもがひとしく平和のありがたさを噛《か》みしめた瞬間だった。立ちつくす人、座りこむ人がいた。車椅子の人、担架に横たわる人、痛みに耐えている人がいた。だがその瞬間は、だれもが苦しみを忘れていた。全員が愛と希望、人間本来のありように、しっかりと結びつけられていた。世にも美しい、忘れがたい瞬間だった。しかし、不幸にして、それは幻影にすぎなかった。

ようやく生活が正常にもどったと思うまもなく、国際平和義勇軍からの招集がかかった。新しく開通した国境をこえてフランスに入り、エクルシー村の再建をしようと計画している五〇人ほどの派遣団の団長から声がかかったのだ。絵のように美しかったその小さな村はナチスの手によって根こそぎにされているということだった。休暇がとれるような状況ではなかったが、好機を見逃すことはできなかった。

最大の支援者であるワイツ博士は、病院の仕事が山ほど残っていることを百も承知のうえで、こころよく休暇をだしてくれた。だが、両親の反応は別だった。夕食のテーブルでその話をもちだすと、許可をもとめる暇もなく父の罵声《ばせい》を浴びることになった。父はわたしの軽率さを責め、現地で直面するにちがいない危険にたいするわたしの無知をなじった。母も、わたしが地雷と空腹と疫病が待ち受ける外国などにはいかず、姉たちのように地道に生きることを望んだ。両親にわたしの切迫した気持ちが理解できるはずはなかった。結果がどうであれ、すでにわたしの運命ははるかかなたに、苦しむ人たちが待つ荒野のどこかにあった。

いくべき場所があり、助けるべき人たちがいるかぎり、わたしはまえにすすまなければならなかった。

第8章　大　義

中古の自転車に乗ってエクルシーへの国境をこえるわたしをみた人は、キャンプにいくティーンエイジャーだと思ったにちがいない。生まれてはじめて安全なスイスから出国したわたしは、たちまち戦争が残した悲劇を目撃することになった。戦前は良風美俗を残した村だったというエクルシーは破壊しつくされていた。まともに建っている家は一軒もなかった。負傷した若者が二、三人、うつろな目をしてさまよっていた。生き残りのほとんどは老人と女性と子どもで、校長公舎の地下室にはナチスの捕虜が何人か幽閉されていた。

それでも、わたしたちは大歓迎を受けた。村中の人びとが迎えてくれた。村長が「これ以上ありがたいことはありません」といっていた。

わたしも同じ気持ちだった。助けを必要としている人たちに奉仕できる機会に感謝していた。義勇軍のボランティアは一斉にめざましい活動をはじめた。山で父に教わった基本的なサバイバル技術から病院で学んだ応急手当ての基本まで、身につけた知識のすべてを即時に応用しなければならなかった。やりがいのある仕事だった。道具はつるはしと斧《おの》とシャベルしかなかったが、大義に燃える日々の連続だった。

ボランティアの生活条件は劣悪そのものだったが、わたしはこのうえなく幸福だった。夜は星空を仰ぎながら、壊れた寝棚か地面で眠った。雨が降ったら濡《ぬ》れるだけだった。いちばん年長の女性——六〇代だった——が、第一次大戦後の一九一八年に経験した同じような奉仕活動の話を聞かせてくれた。その人の話を聞いていると、ふつふつと意欲がわいてくるのを感じた。

女性のボランティアで最年少だったわたしは食事係に任命された。厨房《ちゆうぼう》が使えるような家屋はひとつもなかったので、戸外に大きな薪《まき》ストーブをつくった。食糧の調達が問題だった。携帯口糧の大半は村びとたちに配給してしまい、奇蹟《きせき》的に被災をまぬがれた村の食料品店に残っているのは棚のほこりだけだった。ボランティアの数人がまる一日費やして森や農場を歩きまわっても、一食分の食糧をまかなうのが関の山だった。五〇人のメンバーに干した魚一匹という日もあった。

それでもわたしたちは、肉やポテトやバターの不足を旺盛《おうせい》な仲間意識で埋めあわせた。夜になると歓談に興じ、声高に歌った。あとでわかったことだが、その歌は学校の地下室にいたドイツ兵捕虜たちのなぐさめになったらしい。エクルシー村に到着した当初、毎朝、捕虜が地下室からひきだされ、村はずれの野原をくまなく歩かされていることに気づいた。夕暮れ、もどってくる捕虜の数がひとりかふたり、少なくなっていた。捕虜に問いただすと、地雷除去作業に利用されていることがわかった。帰ってこなかった捕虜は、自分たちが仕掛けた地雷で吹き飛ばされたのである。憤慨したわたしたちは、ボランティア・グループが捕虜のまえを歩くと脅して村びとたちにその慣行をやめさせ、かわりに建設の仕事を手伝わせることにした。

ボランティアのメンバーは村びとたちやわたしほどナチスを憎んではいなかった。わたしにとっては、この小さな村でおこなわれた犯罪だけでも敵意をかきたてるにじゅうぶんだったが、故国ポーランドに残した妻子の安否を気づかっているワイツ博士のことを思うにつけ、敵意はなおさらつのる一方だった。しかし、村で何週間か暮らすうちに、狼狽《ろうばい》し、うちひしがれ、飢え、みずからが仕掛けた地雷におびえきっているドイツ兵も人間であったことに気づき、わたしはしだいにこころをひらいていった。ナチスという名札をはずすと、ただの貧窮した、むきだしの人間がそこにいた。夜間、わたしは学校に忍びこみ、地下室の窓におろされた鉄のシャッターのあいだから、小さな石鹸《せっけん》や鉛筆や紙を差し入れた。兵士たちからはあふれる気持ちを家族にあてて書きつづった感動的な手紙が返ってきた。わたしはその手紙をたいせつに保存し、スイスに帰るとすぐに投函《とうかん》した。何年もあとのことだが、無事に生還した兵士の家族から最大限の感謝のことばを書きつらねた手紙を受けとることになった。試練の連続で、ひきあげるときは消耗しきっていたが、エクルシーですごした月日は充実していた。たしかに家もたくさん建てた。だが、わたしたちが村びとに手わたした最良のものは愛と希望だったのだ。

村びとたちからお返しにもらったのは、意義のある仕事をしているのだという信念のさらなる強化だった。出発の日、村長が主催したお別れの会で、ひとりの老人がわたしに握手をもとめてきた。ボランティア全員と親しくなり、「コック嬢ちゃん」と呼んでわたしをかわいがってくれたその病弱な老人は、手をにぎりながらこういった。「きみはじつに立派な博愛精神を発揮してくれた。手紙を書くよ。わしには家族がいないからね。ひとつだけ、いっておきたいことがある。どこにいようと、どこで死のうと、わしらはきみのことをけっして忘れない。どうか、人間から人間への、こころの底からの感謝と愛の気持ちを受けとっておくれ」

自分がなにものであるのか、なにをもとめているのかを探究する道のりで、その老人のことばは大きな励ましになった。ナチス・ドイツの悪は戦時中にも弾劾され、戦後も裁かれつづけていた。しかし、戦争が負わせた深い傷や、ほとんどすべての家庭が経験したその後遺症による苦痛は、こんにちの暴力、ホームレス、エイズなどの問題とまったく同じように、わたしのような人間、国際平和義勇軍に集うような人間が参加と援助の緊急性にたいする気づきを深めないかぎり癒《いや》されることはないのだと、わたしは考える。

エクルシー村での経験をへたわたしは、スイスでの安逸な生活に耐えがたさを感じるようになった。そこにはものがあふれていた。廃墟《はいきょ》と化した他のヨーロッパ諸国のことを思うと、ありとあらゆる食品がならぶ商店や繁栄するビジネスに嫌悪を感じた。だが、わたしは家庭でも必要とされる立場だった。腰骨を痛めて不自由になっていた父は、自宅を売って通勤に便利なチューリッヒのアパートに移ろうとしていた。姉たちはヨーロッパに、兄はインドに留学中であり、引っ越しの作業は一切わたしがしなければならなかった。

こころが引き裂かれていた。少女時代に、胸を高鳴らせてぶどう畑を歩き、藪《やぶ》の奥にある秘密の岩のうえで踊った時代に別れを告げるときがきたと思うと切なかった。と同時に、多少なりとも成長し、つぎのステージに向かって歩きだす準備ができているという自覚もあった。わたしはまもなく、病院の研究室にもどった。六月、見習生試験に合格し、翌月からチューリッヒ大学病院の眼科研究室での多忙な研究生活がはじまった。上司になった高名な医師、マルク・アムスラー教授は、わたしがそこで一年間しか働けないとわかっていながら、手術助手をふくむ責任ある仕事をあたえてくれた。医学校をめざしていたわたしのあたまには、いつも国際平和義勇軍のことがひっかかっていた。

ワイツ博士との約束もあった。そう、ポーランドのことは忘れていなかった。

「あぁ、ツバメはまた飛んでいくんだね」国際平和義勇軍から新たな招集があり、その旨を告げたとき、アムスラー博士はそういった。怒るでも失望するでもなく、おだやかな表情だったが、その目に羨望《せんぼう》の色が浮かんでいたのをわたしは見逃さなかった。国際平和義勇軍への参加についてはなんども話しあっていたので、博士は助手の長期休暇をとっくに覚悟していた。わたしのこころは早くも約束の地に飛んでいた。

季節は春だった。義勇軍の今回の目的は、ベルギーのモンス郊外にある、炭塵《たんじん》が舞い散る炭鉱町の援助にあった。空気がきれいな場所に遊園地をつくるという約束を、その町の人たちとしていたのだ。義勇軍は例によって、現地集合だった。チューリッヒ支部の責任者からは、いけるところまでは汽車でいくように指示された。汽車はベルギーのずっと手前までしか走っていなかった。わたしは「チューリッヒからヒッチハイクでいきますから、だいじょうぶです」と答えた。はじめてみるパリの風景を尻《しり》目《め》に、重いリュックサックを背負い、ユースホステルを泊まりつぎながら、ようやく薄よごれた炭鉱町にたどり着いた。

空気は炭塵でにごり、あらゆるものが黒っぽい灰におおわれている、陰うつなところだった。黒肺塵症などが多く、平均寿命はわずか四〇歳にも満たないという、子どもの未来が閉ざされている町だった。わたしたちの仕事、そして町の人たちの夢は、ボタ山のひとつを崩して別のボタ山に積みあげ、頂上の空気がきれいな高い山をつくって、そのうえに遊園地を建設することにあった。シャベルとつるはしをふるい、筋肉が痛んでそれ以上動けなくなるまで働いた。ところが、町の人たちからは連日、パイやケーキの差し入れがあり、わたしは数週間で三・五キロも太ってしまうことになった。

体重以外にも貴重なものを得た。ある晩、夕食をたらふく食べて、みんなでフォークソングを歌っていたとき、アメリカ人義勇兵と話をする機会があった。何人かいたクエーカー教徒の若者のひとりだった。つたない英語で自己紹介すると、若者はデーヴィッド・リチーと名乗り、「ニュージャージー出身です」といった。だが、わたしは早くからその若者の評判を聞いていた。有名なボランティアで、平和運動家の鑑《かがみ》として知られている人物だった。フィラデルフィアの貧民街をふりだしに、ヨーロッパ各地の戦争被災地を転々とし、最近ではポーランドで働いてきた、とリチーは自己紹介し、またポーランドにもどるつもりだといった。

なんという幸運！　世の中に偶然はないという証拠だった。

ポーランド。

その機会を逃す手はなかった。わたしはリチーにワイツ博士との約束について報告し、いっしょに連れていってくれるようにたのんだ。ポーランドが緊急に援助を必要としていることは認めたが、わたしをつれていくのはひじょうにむずかしいといわれた。安全で信頼できる交通手段がなく、あっても高価につきすぎるというのだ。わたしは背が低く、とうてい二〇歳にはみえない幼な顔で、ポケットには一五ドルしかなかったが、そんなことは問題ではなかった。「ヒッチハイクでいくわ！」わたしは思わず叫んでいた。リチーは目をまるくし、つぎにニヤッと笑うと、うなずきながら「なんとかしてみよう」といった。

約束ではなかった。「してみよう」といっただけだった。

しかし、それどころではない事態が生じた。つぎの赴任地、スウェーデンに向けて出発する前夜、わたしは夕食の準備中に大やけどを負った。おんぼろの鋳物の鍋《なべ》が割れて、片脚に熱した油を浴びたのだ。やけどの程度は第三度で、大きな水疱《すいほう》ができた。包帯を何重にも巻き、清潔な下着と野営用の毛布をもって、とにかく出発した。ハンブルクに着くころには、脚がずきずきと痛んできた。包帯をほどいてみると、ひどく化膿《かのう》していた。いちばん嫌っていたドイツで足止めになることを懸念して、医師を探した。医師の簡単な手当てを受け、また旅をつづけた。

つらい旅だった。だが、ありがたいことに、列車のなかで苦悶《くもん》しているわたしをみかねた赤十字ボランティアの助力で、脚をひきずりながらも病院にいくことができた。

デンマークのその病院は設備がととのっていた。迅速な治療とおいしい食事のおかげで、五、六日も入院すると、ストックホルムで待っている義勇軍の仲間にすぐにも追いつけるだけの体力が回復した。ところが、いいことばかりはつづかなかった。いざ元気がいっぱいになると、割りあてられた任務がもの足りなくなってきた。わたしはドイツの若者グループを訓練して、国際平和義勇軍に参加させるという任務を課せられていた。地味な仕事だった。しかも、わたしはたいがいのドイツ人を苦手としていた。かれらはヒトラーのナチスに抵抗することなく、むしろ支持していたと公言してはばからず、よくわたしと論争になった。スウェーデンで三食にありつけることだけが目的のご都合主義者ではないかという気がしてならなかった。

とはいえ、すばらしい人たちもいなかったわけではない。九三歳のロシア移民の老人がわたしに恋をした。老人はホームシックになっているわたしをなぐさめ、ロシアやポーランドの民話を語っては笑わせてくれた。二一歳の誕生日がきた日、老人はわたしの日記帳にこう書き入れてくれた。「きみの輝く目は太陽の光を想わせる。また会いたいものだ。ともに太陽を拝める日がくることを。さようなら」それ以来、景気づけがほしいときは、いつも日記のそのページをめくったものだった。

元気で親切な老人は、強烈な印象を残してとつぜん姿を消してしまった。人生は大いなる気まぐれに支配されている。だから、その意味するところにたいしてこころをひらいておく必要がある。なにがあの老人をあれほど元気にしていたのか？　それとも、二度とわたしに会えないことを知っていたからなのか？　老人が去った直後に、義勇軍の友人、デーヴィッド・リチーから電報がとどいた。気もそぞろに封をあけたわたしは、全身に電流が走ったようなよろこびを感じた。希望と夢が一気にかなったよろこびだった。「エリザベス、すぐポーランドに来てくれ」とリチーは書いてきた。「どうしてもきみが必要だ」やった、とわたしは思った。それ以上の誕生日プレゼントはなかった。

第9章　祝福の土

　ワルシャワまでの旅も苦難の連続だった。道すがら、農家で干し草を刈ったり、牛の乳を搾ったりして旅費を稼いだ。ストックホルムを発《た》つときには、苦労して稼いだ現金もビザの取得と乗船券の購入でほとんど消えていた。すさまじい船だった。船体は赤く錆《さ》び、たえまなく悲鳴をあげている老朽船で、無事にグダニスクまでいけるのかと不安になった。わたしはもちろん三等の乗客だった。夜はデッキのうえの古ぼけた木のベンチで、あたたかい毛布やふわふわの枕を夢みながら眠った。真っ暗なデッキをうろついている四人の男は無視することにした。不測の事態にそなえるには疲れすぎていた。

　なにごともなく夜がすぎていった。翌朝、四人の男は、それぞれ別の東欧の国からきた医師で、医学会議の帰りであることがわかった。そして幸運にも、ワルシャワまでいっしょにいこうと誘われた。グダニスクの駅にはおおぜいの人がひしめいていた。

列車が入ってくるプラットホームはさらに込みあい、混雑をきわめていた。大量の荷物をもった人たちをはじめ、鶏や鵞鳥《がちょう》をかかえた人、山羊《やぎ》や羊をひく人など、さながらノアの方舟《はこぶね》を思わせる光景だった。

わたしひとりだったら、列車に乗りこむこともできなかったにちがいない。列車が着くと人びとがどっと殺到し、阿鼻叫喚《あびきょうかん》の地獄絵が展開された。長身でやせたハンガリー人の医師が猿のような身軽さで列車の屋根によじのぼり、残りの四人をひきあげてくれた。汽笛が鳴るとわたしは煙突にしがみつき、列車がかろうじて動きだした。どうみても安全な座席とはいえなかった。トンネルに入るたびに腹這《ば》いになり、煙突から渦を巻いて吐きだされる黒煙で呼吸が苦しくなった。やがて乗客の数もへりはじめ、わたしたちはようやく個室を確保することができた。五人で食料を分けあい、身の上ばなしに花を咲かせていると、なにか贅沢《ぜいたく》な旅行をしているような気分になってきた。

ワルシャワまでの旅も楽ではなかったが、着いてからがたいへんだった。四人の医師はワルシャワで列車を乗り換えることになっていた。一方、わたしはなにかが起こりそうなその町でひとりになり、途方に暮れていた。煙突掃除をしてきたように煤《すす》で黒くなった顔のまま、わたしたちは別れのあいさつをした。そしてわたしは、群衆のなかにクエーカー教徒の友人を探しはじめた。到着の日時を知らせることはできなかった。迎えにくることなどできるのだろうか？　どこにいけばいいのか？

だが、運命は信仰とよく似ているものだ。どちらにも神の意思を熱烈に信じるこころがもとめられる。わたしは群衆の一方に視線を投げかけ、つぎに他方に投げかけた。リチーがいる気配はなかった。すると、人波の向こうに掲げられた大きなスイスの国旗が目に入った。つぎにリチーの姿がみえた。たぐいまれな直感で、その日、その時間に、何人かの仲間をつれて迎えにきてくれたのだ。奇蹟《きせき》が起こったような気がした。わたしはリチーの胸に飛びこんだ。仲間が熱い紅茶とスープをごちそうしてくれた。そのときほど、ものがおいしいと感じたことはなかった。快適なベッドで眠りたいだけ眠れたら、と思うまもなくトラックの荷台に乗せられ、トラックは空襲で穴だらけになった道を夜になるまで走りつづけた。行き先は肥沃《ひよく》な農業地帯、ルシマにある国際平和義勇軍のキャンプだった。

走るトラックから周囲をながめただけで、援助の緊急性を痛感させられた。戦争が終わって二年近くたっていたが、ワルシャワはまだ廃墟《はいきょ》のなかにあった。市街の建物はすべて瓦礫《がれき》の山に変わっていた。三〇万人ほどの住人は地下壕《ごう》にかくれ住み、夕食の準備と暖をとるために焚《た》いた焚き火から立ちのぼる煙だけが、かろうじて生活のしるしをとどめていた。その惨状はドイツ軍とロシア軍に破壊された郊外の村々も変わることはなかった。人びとは動物のように穴ぐらを掘って潜伏していた。樹木はなぎ倒され、大地は爆撃で荒れはてていた。

ルシマに着いたとき、わたしは緊急の治療と看護を必要としているおおぜいの人たちに援助の手をさしのべようとするボランティアの一員でいられる幸運にこころから感謝した。神への感謝以外に、どんな感情をもつことができただろうか？　病院も診療所も保健所もない村で、人びとは腸チフスや結核をはじめとする、ありとあらゆる病気で苦しんでいた。爆弾の破片で負傷し、化膿《かのう》した傷口がふさがらない人などは運のいいほうだった。子どもたちは麻疹《はしか》などの感染症で瀕死《ひんし》の状態にあった。にもかかわらず、村びとたちは笑顔を忘れず、他人の心配をするだけの余裕を失っていなかった。

災難救助にあたる人は専門家である必要はない。わたしたちの場合も、惨状をみて、腕まくりをし、ただ動きだすだけだった。義勇軍は三か所に張った大きなテントを拠点にしていた。夜はたいがい野外で、旅のあいだもち歩いていた軍用の毛布にくるまって眠った。そこでもわたしは料理係に任命された。缶詰のドライバナナや差し入れの鶩鳥、小麦粉、卵など、手に入ったものを材料においしい料理をつくり、ただひとつの目的によって結ばれた各国のボランティアたちによろこんでもらう仕事に、わたしは無上の生きがいを感じていた。

わたしが到着したときには、すでにいくつもの住宅が建設され、真新しい校舎の建築工事がすすんでいた。わたしは石工、煉瓦《れんが》職人、屋根葺《ふ》き職人としても働いた。毎朝、川で洗濯をしながら、痛ましいほどにやせ細った白血病末期の娘からポーランド語を教わった。短い生涯を苦痛と悲惨のうちに送ってきたその娘は、なお自分の置かれた状況が最悪だとは考えていなかった。むしろ、その逆のようにも思えた。娘は愚痴ひとつこぼさず、他人を責めることもなく、淡々と運命を受容していた。娘にとっては、それがそのまま人生であり、少なくとも人生の一部であった。いうまでもなく、わたしはその娘から外国語以上のものを学んだ。

毎日、よろず屋の仕事が待っていた。あるときは、村長と村の有力者グループの不満を慰撫《いぶ》する仕事を手伝った。ボランティアが当局の認可をとらずに家を建てたので、村長たちは利ざやがとれずに機嫌をそこねていたのだった。またあるときは農家で牛の出産を手伝った。どんな仕事が待っているかは、だれにもわからなかった。ある日の午後、わたしが校舎の煉瓦を積んでいるときに、男が屋根から落ちて片脚に深い裂傷を負った。ふつうなら縫合を必要とするほどの外傷だった。しかし、あたりにはわたしとポーランド人の婦人しかいなかった。婦人は即座に手で土をすくいとり、傷口になすりこんだ。わたしはショックのあまりに大声をあげた。「だめよ。感染するじゃないの！」

村の女性たちが集まってきた。村にはシャーマンのようなヒーラーが何人もいた。その人たちはホメオパシーをはじめとする民間療法や伝承療法の知識をもち、自信をもってそれを実践していた。

止血のために脚を布で縛るわたしを、女性たちはふしぎそうにながめていた。それ以来、わたしは「パニ・ドクトル」（女医さん）と呼ばれるようになった。まだ医師ではないと説明したが、わたしをふくめて、村びとに医師とヒーラーのちがいを説明できる人はだれもいなかった。

そのときまで、医療の仕事はハンカとダンカというふたりの女性が担当していた。

ふたりとも気さくであかるく、「軍医」と呼ばれていた。ロシア軍が侵攻してきたときにポーランド抵抗軍に志願し、そこであらゆる種類の傷病者の世話をしながら野戦医学の基礎を身につけた人たちだった。もちろん、血をみてひるむような人たちではなかった。

わたしが出血を止めたという噂を聞きつけて、ふたりがやってきた。経歴を聞かれたので答えた。「病院」ということばを聞いたとたんに、ふたりはわたしに抱きつき、仲間ができたとよろこんでくれた。それ以来、建設現場にいるわたしのところに病人やけが人が運ばれ、診断をもとめられるようになった。単純な感染から四肢の切断をようする状態まで、いろんな患者が運びこまれてきた。できることはなんでもしたが、しっかりと抱いてあげることしかできない患者も少なくなかった。

そしてある日、ふたりからすばらしい贈り物をもらうことになった。二部屋つきの丸太小屋である。きれいに掃除された内部には暖炉と棚がしつらえてあった。これを診療所にして、三人で患者の治療にあたろうといわれた。わたしはその場で建設の仕事を卒業することにきめた。

翌日からわたしがしたことがはたして医療の実践なのか、それともただ奇蹟を祈っただけなのかはわからない。診療所には毎朝、二五人から三〇人の行列ができていた。何日間も歩いてきた人もいた。患者は何時間も外で待っていた。雨が降ってきたら控え室に入ってもらった。控え室はふだん、鵞鳥《がちょう》、鶏、山羊《やぎ》など、村びとからの差し入れの家畜を飼っておくために使っていた。手術はもうひとつの部屋でおこなった。医療器具も治療薬も麻酔薬もなかった。にもかかわらず、驚異的なことだが、わたしたちはそこで大胆かつ細心な手術を数多く成功させた。手足の切断をした。爆弾の破片を摘出した。赤ん坊をとりあげた。あるとき、グレープフルーツ大の腫瘍《しゅよう》ができている妊婦がやってきた。開腹して膿汁《のうじゅう》を排出し、無我夢中で腫瘍を摘出した。胎児の無事を告げると、妊婦は起きあがり、歩いて家に帰った。

村びとたちの回復力は無限とも思われるものだった。かれらの勇気と生への意志は、わたしに強烈な印象をあたえた。回復率を高くしているものは生への強い決意だけだと思わざるをえないことが何度もあった。人間存在の本質、生きとし生けるものの本質はただ生きること、生存することにあるのだと気づいた。かつて「目標はいのちの意味の解明にある」と書いた覚えがある者にとって、それは生きるうえでもっとも深遠な教訓となった。

ある晩、最大の試練がおとずれた。急患の往診でハンカとダンカが遠くの村にでかけ、クリニックにはわたしひとりしかいない日だった。単独飛行はそのときがはじめてだった。時期も最悪だった。消毒液も薬もなにひとつなかった。なにが起こっても即席で対応しなければならなかった。幸いなことに、その日は無事にすぎ、夜も静かに更けていった。わたしは毛布にくるまり、こうつぶやいた。「あぁ、だれにも起こされませんように。今夜だけはぐっすり眠れますように」

しかし、その独白は不運をまねくジンクスでしかなかった。真夜中に赤ん坊の泣き声のような音が聞こえた。わたしはあえて目をあけなかった。夢をみていたのかもしれない。夢ではないとしても、どうしろというのだ？　患者は毎晩、おかまいなしにやってくる。それにいちいち対応していたらこっちの眠る時間がなくなってしまう。というわけで、わたしは狸寝入りをきめこんだ。

そのとき、また物音が聞こえた。赤ん坊がむずかる声だった。力のない、すがりつくような泣き声がいつまでも聞こえていた。やがて呼吸が荒くなり、苦しそうなあえぎに変わった。

軟弱な自分の態度を嫌悪しながら、わたしは目をあけた。恐れていたとおり、それは夢ではなかった。扉をあけると、満月の淡い光に照らされて、農家の女性がうずくまっていた。女性は毛布で全身をくるんでいた。あの泣き声が女性のものであるはずはなかった。そのとき、また泣き声が聞こえ、毛布の隙間から赤ん坊の顔がみえた。目を覚ませと自分を叱りながら、赤ん坊を観察した。男の子らしいとわかってから、母親の顔をみた。母親は夜中に起こしたことを詫《わ》び、評判の高い女医さんたちがいると聞いて遠くの村から歩いてきたといった。

赤ん坊の額に手をあててみた。三歳ほどにみえる男の子は燃えるような高熱だった。唇と舌に水疱《すいほう》ができ、脱水症状を呈していることもわかった。診断はすぐついた。麻《は》疹《しか》だった。残念ながら、わたしにできることはなにもなかった。「薬がないんです」といって、肩をすくめた。「なにもないの」わたしはつづけた。「なかに入ってもらっても、熱い紅茶をいれて差しあげることしかできません」。母親は礼をいいながら入ってきた。赤ん坊が苦しそうな息をしはじめると、その人は母親だけができる目つきでわたしをじっとみつめた。静かで、悲しそうなまなざしだった。訴えるような黒い瞳《ひとみ》には想像を絶した悲しみが宿っていた。「この子を助けてください」母親は冷静な口調でそういった。

わたしはあきらめて首を横にふった。

「いいえ、あなたはこの最後の子どもを助けるのです」母親がきっぱりといった。そして、臆《おく》することなくこうつづけた。「わたしの一三人の子どもの末っ子なんです。この子以外はみんな、マイダネックの強制収容所で死にました。でも、この子は収容所で生まれたんです。やっと逃げてこられたというのに、ここで死なせるわけにはいきません」

たとえその小屋が設備のととのった病院だったとしても、赤ん坊が助かる見こみはまずなかった。とはいえ、手をこまねいている自分が情けなかった。その人はもう、じゅうぶんすぎるほどの苦しみを味わいつくしていた。家族を残らずガス室で殺されながらも、その人がなお一縷《いちる》の望みを捨てていない以上、わたしもなんとかして勇気をふるい起こせるはずだった。必死になって考え、ひとつの案が浮かんだ。ルブリンの町までいけば病院がある。キャンプには車がないから、歩いていけばいい。病院に着くまでこの子が生きていたら、なんとしてでも入院させてやろう。

危険な賭《か》けだった。しかし、それしか方法がないと知った母親は赤ん坊を抱きあげると、「いいわ。いきましょう」といった。

しだいに弱っていく赤ん坊を交代で抱きかかえながら、わたしたちは夜どおし歩きつづけた。石造りの大病院の高い鉄の門まできたとき、太陽がのぼりはじめた。門は閉ざされ、守衛から患者は受けつけていないといわれた。三〇キロも歩いてきたというのに？　わたしはぐったりとして意識を失いかけている赤ん坊の顔をみた。まさか、このまま死なせてなるものか。そのとき、医師らしい人が通りかかった。わたしはその人の袖《そで》をつかんで訴えた。医師は不承不承、赤ん坊の額に手をあて、脈をとった。そして、もう望みはないといった。

「浴室にまで患者を収容しているんだ」医師はつづけた。「助からないものを診る余裕はない」

にわかに怒りがこみあげてきた。「わたしはスイスからきました」医師につめ寄り、まっすぐにその鼻先をみあげて怒りをぶつけた。「ポーランドの人たちを援助するために、歩きとヒッチハイクでようやくやってきたのよ。ルシマのちっぽけな診療所で、一日五〇人の患者を診てるわ。たったひとりで。けさも、この赤ん坊を助けたくて、ずっと歩いてきたの。あなたがこの子を診てくれないというなら、スイスに帰ってみんなにいってやるわ。ポーランド人は冷たい連中だって。愛も慈悲もない連中だってね。一二人の子どもを強制収容所で殺され、生き残った最後の子どもが死にかけている母親を、ポーランド人の医者が見殺しにしたってね」

変化が起こった。医師はいかにも不本意という表情ながら子どものほうに手をのばし、「入院させよう。ただし、ひとつだけ条件がある」といった。母親とわたしはつき添えないこと、三週間後にまたもどってくることという条件だった。「三週間たてば、この子が葬られているか、元気に退院できるかがわかる」医師はそういった。母親はためらうことなく子どもに祝福をあたえ、その子を医師に手わたした。病院のなかに消えていく医師と赤ん坊をみおくる母親には、人間としてやるべきことはすべてやったという、安堵《あんど》の表情が浮かんでいた。もう二度と会うことはないかもしれない母親に、わたしはこうたずねた。「あなたはどうするつもりなの？」

「いっしょにいって、先生の手伝いをします」母親が答えた。

その人はすばらしい助手になった。三本しかない貴重な注射器を、使うたびに小さなやかんで消毒し、包帯を洗っては太陽のしたで干し、診療所の床をまめに掃除し、食事の用意をし、切開手術のときは患者を押さえつける仕事もしてくれた。通訳からナースから料理人まで、その人にできないことはなにもなかった。

そしてある朝、目がさめるとその人は姿を消していた。伝言も残さず、別れのあいさつもなしに、夜のうちにそっとでていったのだ。疑問と落胆が残った。数日たって、ようやく出奔の理由がわかった。息子をルブリンの病院に入院させてから、正確に三週間がたっていたのだ。わたしは日々の仕事に追われて忘れていたが、母親は毎日、指折り数えていたにちがいない。

一週間後、星空のしたで眠り、朝になって目がさめると、あたまのそばの地面にハンカチの包みが置いてあった。さわってみると、土が入っていることがわかった。いたるところでお目にかかる迷信のひとつだと考え、包みを診療所の棚の隅に置いて、それきり忘れていた。あるとき、患者の女性から「包みをほどいて、なかをみてごらん」といわれた。あけてみると、土のなかから小さな紙片がでてきた。「パニ・ドクトル」紙片の文字はこう読めた。「一三番目の子どもを先生に救っていただいたWより。ポーランドの土に祝福あれ」

あぁ、あの子は助かったのだ。

あたりが急にあかるくなったような気がした。

紙片の最後の文字を読みなおした。「ポーランドの土に祝福あれ」一瞬にして謎が解けた。あの人は夜中にそっと起きだし、三〇キロの道のりを歩いて病院にいき、助かった息子をひきとった。ルブリンから自分の村に帰って近くの土を掘りだし、司祭をみつけてその土を祝福してもらったのだ。聖職者のほとんどはナチスに殺されていたので、司祭を探してずいぶん歩きまわったことだろう。でも、その土は神の祝福を受けた、特別な土になった。土をわたしのあたまのそばに置いて、その人はまた村に帰っていった。そう考えたとき、土くれの入った小さな包みは極上の贈り物に変わった。

そのときは知るよしもなかったが、やがて、包みの土くれがわたしのいのちを救ってくれることになった。

第10章　蝶《ちょう》の謎

人に愛と慈悲を語るわたしがいのちの意味にかんして最大の教訓を学んだのは、人間性にたいする最悪の暴虐がおこなわれたある場所をおとずれたときのことだった。ボランティアが建てた校舎の落成式に出席したあと、わたしはルシマを発《た》った。そして、ヒトラーが各地につくった悪名高い死の工場のひとつ、マイダネックに向かった。どうしても強制収容所を自分の目に焼きつけておきたかったのだ。この目でみればなにかが理解できるかもしれないという気がしていた。

マイダネックの悪評は知っていた。そこはあの母親が夫と一二人の子どもを失ったところだった。そう、マイダネックのことは知りすぎるほど知っているつもりだった。

しかし、実際にいってみると、なにかがちがっていた。

その広大な敷地の門という門は破壊され、出入りは自由になっていた。だが、三〇万人以上が殺された陰惨な過去は、身も凍るような姿でその痕跡《こんせき》をはっきりととどめていた。鉄条網、監視塔、それに、男たち、女たち、子どもたち、家族たちが最後の時間をすごした殺風景な収容棟がそのまま残っていた。貨物列車が打ち捨てられていた。貨車の内部をのぞいてみた。ぞっとするような光景だった。ある貨車にはドイツに輸送され、冬季用の布地になるはずだった女性の毛髪が山と積まれていた。別の貨車には人びとがそれぞれの思いで肌身離さずもち歩いていた眼鏡、宝石、結婚指輪、装身具などが山積していた。子ども服、赤ん坊の靴、おもちゃが積まれている貨車もあった。

貨車から降りると、身ぶるいが起こった。いのちとはこれほどまでに残酷になれるものなのか？

まだ空中に漂うガス室の死臭、あのたとえようのない臭いが答えだった。

でも、なぜ？

どうやってそんなことが？

想像もつかなかった。不信感で胸をつまらせながら、収容所を歩きまわった。そして自問した。「男も女も、どうしてこんなことができたのだろう？」建物に近づいていった。「確実におとずれる死をまえに、人はどのようにして、とくに母親と子どもたちはどんな心境で、最後の日々を生きていたのだろうか？」建物の内部には五段になった木製の狭い寝棚がぎっしりと並んでいた。壁には名前やイニシャル、いろいろな絵が彫りつけられていた。どんな道具を使ったのだろう？　石片か？　爪か？　近づいて子細にながめた。あちこちに同じイメージがくり返し描かれていることに気づいた。

蝶だった。

みると、いたるところに蝶が描かれていた。稚拙な絵もあった。細密に描かれたものもあった。マイダネック、ブーヘンヴァルト、ダッハウのようなおぞましい場所と蝶のイメージがそぐわないように思われた。しかし、建物は蝶だらけだった。別の建物に入った。やはり蝶がいた。「なぜなの？」わたしはつぶやいた。「なぜ蝶なの？」なにか特別な意味があることはたしかだった。なんだろう？　それから二五年間、わたしはその問いを問いつづけ、答えがみいだせない自分を憎んだものだった。

建物から外にでた。のしかかるマイダネックの重みにつぶされそうだった。そこへの訪問が、じつは自分のライフワークへの準備であったことなど、気づくはずもなかった。そのときはただ、人間が他の人間にたいして、とりわけ無邪気な子どもたちにたいして、かくも残虐になれることの理由を理解したかっただけだった。

そのとき、ひとり思いにふけっていた静寂が破られた。わたしの胸中の問いに答える、おだやかで自信に満ちた、若い女性の透きとおった声がすぐそばから聞こえた。近づいてきた声のもちぬしはゴルダという名前だった。

「あなたも、いざとなれば残虐になれるわ」ゴルダがいった。

反論したかった。だが、衝撃のあまり、声にならなかった。「ナチス・ドイツで育てられたらね」ゴルダが追い打ちをかけてきた。

大声で否認したかった。「わたしはちがうわ！」わたしは平和主義者だった。平和な国家で、良心的な家庭に生まれ育った。貧困も飢えも差別もなく育ってきた。ゴルダはわたしの目からそのすべてを読みとり、説き伏せるようにいった。「自分がどんなに残虐になれるものかがわかったら、きっとあなたは驚くでしょうね。ナチス・ドイツで育ったら、あなたも平気でこんなことをする人になれるのよ。ヒトラーはわたしたち全員のなかにいるの」

議論する気はなかった。ただ理解したかった。ちょうど昼食どきだったので、ゴルダとサンドイッチを分けあって食べた。目もさめるような美しい女性で、年齢はわたじと同じぐらいにみえた。学校や職場で会っていたら、すぐにも友だちになっていたような人だった。昼食を食べながら、ゴルダはそれまでのいきさつを語ってくれた。

ドイツで生まれたゴルダが一二歳のとき、会社にいた父親がゲシュタポに拉致《らち》された。それが父親との永遠の別れだった。戦争が勃発《ぼっぱつ》するとすぐに、残された家族全員と祖父母がマイダネックに強制連行された。ある日、衛兵から行列にならぶように命令された。死出の旅へとつづく行列だった。ゴルダ一家は全裸にされ、ガス室に追いやられた。一家は悲鳴をあげ、嘆願し、叫び、祈った。しかし、一家には希望も尊厳も、生存へのチャンスもあたえられなかった。

ガス室の扉が閉まり、ガスが噴射される直前に、衛兵は一家をむりやり扉の隙間からなかに押し入れた。ゴルダは一家の最後尾にならんでいた。奇蹟《きせき》か、神の配慮か、扉はゴルダの目のまえで閉められた。扉のまえは全裸の人たちであふれていた。衛兵はその日の割り当てを早くこなすために、じゃまなゴルダを外につき飛ばした。ゴルダは死亡者リストに記載され、その名前を呼ぶ人はだれもいなくなった。めったにない見落としのおかげで、ゴルダのいのちは救われた。

嘆いている暇はなかった。すべてのエネルギーが生存のために費やされた。ポーランドの冬の寒さに耐え、食べ物をみつけ、麻疹《はしか》どころか風邪にもかからないように警戒しなければならなかった。ガス室への連行を避けるために、地面や雪に穴を掘って、そこに隠れた。収容所が解放される場面を想像しては勇気をふるい起こした。生き残って、目撃してきた野蛮を未来の世代に伝えるために、神が自分を選んだのだと考えることにした。

「二度とできないわ」とゴルダはいった。筆舌につくしがたい冬の厳しさを、ゴルダは驚異的な忍耐力で生きぬいた。力がつきそうになると、目を閉じて、仲間だった少女たちの絶叫を呼び起こした。収容所の医師から実験用のモルモットにされた仲間、衛兵や医師に凌辱《りょうじょく》された仲間を思い返しては、自分にいい聞かせた。「生きて、世界中に伝えるのよ。あの人たちがやった非道をみんなに伝えるためには、どうしても生きのびなければならないの」連合軍が到着する日まで、ゴルダは憎悪をかきたてながら、生き残る決意を新たにしていた。

収容所が解放され、門があけられたとき、ゴルダは怒りと悲しみのきわみで麻痺《まひ》状態におちいっていた。せっかくの貴重な人生を憎しみの血へどを吐きながらすごすことが虚《むな》しく思えてきた。「ヒトラーと同じだわ」とゴルダがいった。「せっかく救われたいのちを、憎しみのたねをまきちらすことだけに使ったとしたら、わたしもヒトラーと変わらなくなる。憎しみの輪をひろげようとする哀れな犠牲者のひとりになるだけ。平和への道を探すためには、過去は過去に返すしかないのよ」

マイダネックであたまに浮かんだ疑問のすべてにたいして、ゴルダはゴルダの流儀で答えてくれた。わたしはマイダネックにくるまで、人間の潜在的な凶暴性について、ほんとうにはわかっていなかった。だが、貨車に山積みされた赤ん坊の靴をながめ、微《かす》かなとばりのように空中に漂う死の異臭を嗅《か》ぎさえすれば、人間がどれほど残虐になれるものかは容易にみてとれた。それにしても、あれほどの悲惨な経験をしながら憎しみを捨て、ゆるしと愛を選んだゴルダのことは、なんと説明すればいいのだろうか？

ゴルダはその疑問にこういって答えてくれた。「たったひとりでもいいから、憎しみと復讐《ふくしゅう》に生きている人を愛と慈悲に生きる人に変えることができたら、わたしも生き残った甲斐《かい》があるというものよ」

わたしは了解し、来たときとは別人になってマイダネックをあとにした。人生を最初から生きなおすような気分だった。

医学校に入りたいという気持ちは変わらなかった。しかし、人生の目的はすでにきまっていた。未来の世代がもうひとりのヒトラーをつくりださないようにすること、それが目的だった。

もちろん、まずは家に帰らなくてはならなかった。


スイスへの帰途もそれまでの旅におとらず冒険の連続だった。帰るまえにロシアをのぞいてみたかった。毛布と着がえを二、三枚、それにポーランドの土の包みをリュックに詰めただけの、お金もビザもないひとり旅で、ビァウィストックをめざして歩きだした。人里離れた田舎道で日が暮れた。唯一の心配だった恐ろしいロシア軍がいる気配もなかったので、道端の草地で野営をすることにきめた。そのときほど深い孤独を感じたことはなかった。満天に輝く星のしたで、自分がひと粒の砂になったように感じた。

だが、それもつかのまのことだった。毛布をひろげようとしていると、どこからともなく、色あざやかな服を何枚も重ねて着ぶくれた老女がぬっとあらわれた。ありったけのスカーフや宝石類を身にまとっているようにみえ、なんとも場ちがいな感じがした。なるほどそこは、暗闇と神秘に満ちたロシアの田園地帯だった。わたしにはほとんど理解できないロシア語で、老女は「トランプ占いをしてやろう」といっているようだった。物乞《ものご》いにちがいないと思った。占いの申し出を辞退して、かたことのポーランド語とロシア語、それに手まねで、必要なのは味方になってくれる人と安全に夜をすごせる場所であることを伝えた。この人は味方になってくれるだろうか？

老女はほほえみながら、当然のことのようにいった。「それならジプシーのキャンプしかないさ」

それからの四日間は歌と踊りと友情に満ちた、忘れがたい日々になった。出発するまえに、わたしはジプシーたちにスイスのフォークソングを教えた。リュックサックを背負い、ポーランドへとつづく道を歩きだすと、ジプシーたちは陽気にその曲を演奏して見送ってくれた。夜の闇のなかで出あった、まったく見知らぬ者同士が、ことばはつうじなくても愛と音楽でつながりあい、ごく短期間にこころを通わせあって、兄弟姉妹のように深い関係になれたのだと思うと、自然に涙がにじんできた。戦争が終われば世界はおのずから傷を癒《いや》す。前途に一条の光が差しこんだような気がした。

ワルシャワにもどると、ＶＩＰをベルリンまで乗せていくアメリカ軍用機の座席を、クエーカー教徒たちが確保してくれた。ベルリンからは汽車でチューリッヒに帰るつもりだった。家族にあてて帰宅を告げる電報を打った。「夕食にまにあうように」と書きながら、母のおいしい手料理とふわふわのベッドで眠ることを考えて胸がときめいた。

しかし、ベルリンは予想に反して危険なところだった。ロシア軍が、正式な証明書をもたない者にたいして市街の占領地——のちに東ベルリンとなった地区——から西側のイギリス占領地にいくことを禁じていたのである。夜になると、市街から人影が消えた。ほんの短期間でも脱出したいと願う人たちが物陰に息をひそめ、おびえながらチャンスをうかがっていた。見知らぬ人に助けられて、わたしも国境の検問所までたどり着いた。そこで何時間も立ちつづけた。疲れきり、空腹で胃が痛くなった。独力では脱出できないとわかると、こんどはイギリス人将校の説得にかかった。その将校は縦横が六〇センチと九〇センチの小さな木箱にわたしを隠し入れ、トラックでヒルデスハイムにほど近い安全地帯まで運んでくれるといった。

八時間というもの、わたしは胎児のような姿勢に身を縮めたまま、木箱の蓋《ふた》に釘《くぎ》を打つまえに将校からあたえられた思わせぶりな警告だけを反芻《はんすう》していた。「お願いだ。

音を立てないでくれ。咳《せき》もしてはいかん。この蓋をあけるまでは、ため息ひとつ、ついちゃいかんぞ」トラックがとまるたびに、わたしは息をとめた。指一本でも動かしたらおしまいだという気がしていた。ついに蓋がはずされたとき、まぶしさで目がくらんだのを覚えている。あれほどまぶしい光はみたことがなかった。安堵《あんど》とよろこびが一度に襲ってきた。手を貸して箱からぬけださせてくれた将校の顔をみたとき、急に吐き気をもよおし、全身の力がぬけてへなへなと崩れ落ちた。

おんぶに抱っこで、将校クラブ酒保での豪華な食事にありついたあと、家に向かってヒッチハイクの旅をはじめた。夜になり、共同墓地に毛布をひろげて眠った。翌朝、目がさめると病状が悪化していた。食料も薬もなかった。横になったままリュックサックをまさぐった。ポーランドの土が入った包みがでてきた。毛布をのぞけば、それが盗まれなかった唯一のものだった。これさえあればだいじょうぶだという気がしてきた。

立ちあがろうとした。耐えがたい痛みに襲われ、思わず座りこんだ。なんとか起きあがり、四、五時間も歩いたが、とうとう深い森のそばの草原でたおれてしまった。病状がひじょうに悪いことはわかっていたが、祈る以外にできることはなにもなかった。高熱で発汗し、胃も完全にからっぽだった。意識がぼんやりしてきた。譫妄《せんもう》状態のなかで、最近経験したルシマの診療所やマイダネックの蝶《ちょう》やゴルダという娘の顔が切れ切れによぎった。

あぁ、ゴルダ。なんて高貴な。なんて強い……。

目をあけると、ひとりの少女が自転車に乗って走りながらサンドイッチを食べているのがみえたような気がした。空腹で胃がきりきりと痛んだ。一瞬、あの子の手からサンドイッチを奪おうと考えた。少女が現実なのか幻覚なのかはわからなかった。だが、その瞬間、わたしはたしかにそう考えた。ゴルダのことばが聞こえた。「ヒトラーはわたしたち全員のなかにいるの」ようやくわかった。人は状況しだいで変わるのだ。

そのときは、状況がわたしに味方してくれた。薪を拾いにきた貧しい女性が、泥のように眠りこんでいるわたしをみつけてくれたのだ。わたしは荷車でヒルデスハイムの近くにあるドイツの病院に運ばれた。一週間ほど、意識と無意識のあいだを漂っていた。意識があるときに、腸チフスの流行でたくさんの女性が死んでいるという会話が聞こえてきた。自分もその疫病にかかっているらしいと悟り、鉛筆と紙をもってきてくれるように頼んだ。二度と会えないかもしれない家族に手紙を書いておきたかった。

だが、鉛筆をもつだけの力がなかった。同室の患者やナースに代筆をたのんだが、断られた。連中はわたしをポーランド人だと思っていた。それは四〇年後に目撃するはめになった、エイズ患者にたいする偏見と同じ種類のものだった。「ポーランドの豚は死ねばいいのさ」連中は吐き捨てるようにそういった。

そうした偏見がわたしを死の淵《ふち》まで追いやった。その日の夜中に心臓痙攣《けいれん》が起こったが、「ポーランド娘」を助けようという人はいなかった。三三キロにまでやせ細ったわたしのからだにはたたかう力が残っていなかった。ベッドのうえで折れ曲がった姿勢のまま、わたしは意識を失った。幸いなことに、当直の医師がヒポクラテスの誓いをまもってくれた。手遅れになるまえに、強心剤のストロファンチンを注射してくれたのだ。翌朝は、ルシマを発って以来の爽快《そうかい》さを感じた。頬《ほお》に赤みがもどってきた。上半身を起こして朝食を食べた。回診にきた医師があいさつをした。「きょうはどうかね、スイスのお嬢ちゃん？」スイスだって？　ナースと同室の患者たちは、わたしがポーランド人ではなくスイス人だとわかると態度を一変させた。とつぜん、うんざりするほど親切になったのだ。

　そんな連中に用はなかった。それから数週間、休養と栄養を満たして退院した。だが、もちろんそのまえに、差別主義者の患者とナースたちにポーランドの土をみせ、わたしがそれをたいせつにしている理由をいって聞かせた。「わかる？」とわたしは説明した。「ポーランドの子どもの母親もドイツの子どもの母親も、ちがいなんかあるもんですか！」

　チューリッヒに向かう列車のなかで、わたしはこの八か月間に受けた信じがたい教育について考えていた。出発したときよりも賢く、おとなになって家に帰り着くことは確実だった。列車のゆれる音を聞きながら、わたしは早くも自分が家族に報告している声を聞いていた。壁に刻まれた蝶、内なるヒトラーについて教えてくれたポーランド系ユダヤ人の娘、ことばや国籍をこえた愛と友情について教えてくれたロシアのジプシーたち、病院に運んでくれた、名前も知らない薪拾いの貧しい女性……。

　その夜、夕食のテーブルで、わたしはみてきた悲惨のすべてについて、それより多くの希望をもつべき理由について、母と父に話をした。

第II部　熊の巻

第11章 一族再会

アムスラー教授のような上司にめぐまれることほどありがたいものはない。教授は眼科外科の名医だったが、そのふところの深さ、ものわかりのよさにくらべると卓越した技量も色あせるほどだった。大学病院で働きはじめてから一年もたっていなかった時期にこころよくボランティア休暇をくれた教授は、病院に舞いもどってきたわたしを歓迎して、こういった。「もう冬なんだね。かわいいツバメが帰ってきた」

以前と少しも変わらない地下の検査室はまるで天国のようだった。わたしはすぐに検査と研究の仕事を開始した。だが、アムスラー教授の炯眼《けいがん》はわたしが成長し、もっと責任のある仕事ができるようになったことをすぐにみぬいた。小児病棟に配属され、交感性眼炎や腫瘍《しゅよう》などで視力を失いかけている子どもたちの検査をすることになった。わたしのやりかたは医師や両親たちのそれとはちがっていた。子どもに直接話しかけ、視力が失われていく子どもの不安な心情に耳をかたむけ、その反応がいかに率直なものであるかに気づいた。そこでもまたわたしは、のちに役立つことになる技法を、そうとは知らずに身につけていたのである。

わたしは視力障害の患者を検査する、暗室での仕事が好きだった。それは測定と検査を延々とくり返す、何時間もかかる仕事だった。必然的に、患者とふたりだけで長い時間を暗闇ですごすことになり、そこは格好の対話の場になった。どんなに口が重く、用心深い患者でも、暗闇のなかでならこころをひらいた。わたしはまだ二三歳の検査技師でしかなかったが、老練な精神科医なみの「聞く技術」を、その暗室で身につけたのだった。

熱心に仕事をすればするほど、医師になりたいという願望が強くなっていった。難関といわれた医学校の入学資格試験「マトゥラ」に合格するために、夜間の予備校に通いはじめた。学業がおろそかになっていたので、ドイツ語、フランス語、英文学、幾何、三角法、そして苦手なラテン語の猛勉強をした。

ところが、夏のおとずれとともに、南風に乗って国際平和義勇軍からの便りがとどいた。ボランティアの仲間はイタリアのレッコに集まり、ある病院へとつうじる道路を建設していた。仲間は料理係を必要としていたが、わたしに「きてくれ」とたのむ必要はなかった。というのも、わたしは数日後にはつるはしをふるい、夜にはリビエラの星空のもとでキャンプファイアーを囲んで歌っていたからだった。すべてがうまくいっていた。仕事は愛すべきアムスラー教授が保証してくれていたし、両親も義勇軍への参加をみとめてくれていた。そのころには、両親もわたしのやりかたにすっかり慣れていたのである。

ただし、ひとつだけ制約があった。出発まえに、父から「鉄のカーテン」の向こう側にいくことを禁じられていた。向こう側にいけば殺されることになるかもしれないと、父は考えていた。

「鉄のカーテンをこえたら勘当だぞ」父はいちばん厳しい罰則をちらつかせて、わたしに釘《くぎ》を刺した。

「わかりました」わたしは答えた。

ばかなことを、と内心では考えていた。イタリアで夏をすごすというのに、なぜそんなことを心配するの？

父の心配は当たっていた。道路工事が予定より早く終わり、国際平和義勇軍から、ふたりの子どもをポーランドにいる両親のもとに送りとどけるという任務が課せられた。その子たちの母親はスイス人、新しい義父はポーランド人で、ふたりとも国外にでることができなかった。そこで、ポーランドで働いたことのあるスイス人のわたしに白羽の矢が立てられたのである。ポーランド語を解し、現地の地理にあかるく、子づれでも怪しまれないわたしにぴったりの任務だった。すでにヒッチハイクでイタリアのおもな都市をまわりつくし、美術館もおおかたは見学していた。夏が終わるまえにもうひとつ冒険をしておくのも悪くない。ポーランドももう一度みてみたい。天からの贈り物のような任務だった。

八歳の男の子と六歳の女の子の兄妹とはチューリッヒで落ちあうことになっていた。子どもたちに会うまえに、着がえをとりに自宅に立ち寄った。そのとき母が家にいれば、災難は回避できたかもしれない。しかし、アパートは留守だった。父の忠告をすっかり忘れていたわたしは、「元気にしています」というメモに旅行計画の走り書きをつけ加えて置いてきた。

国際平和義勇軍チューリッヒ支部の責任者と駅で落ちあい、追加の任務を命じられた。チェコスロバキアのプラハにいって孤児院の現状を調査してくるという任務だった。危険は承知のうえで、任務をひき受けた。ワルシャワまでの行程はなにごともなく、危険な目にあうかもしれないという恐怖感はすっかり消えていた。ワルシャワで無事に子どもたちをひきわたすと、共産主義者の目を盗んで市街を歩きまわった。人びとの笑顔や市場にならぶ美しい花、二年まえよりもはるかに豊かになった食糧事情をみて、わたしは安心した。

プラハはワルシャワとはまったくちがっていた。市街区の外にでる検問所では、まるで犯罪者のようにあつかわれ、全裸にされてしらべられるという屈辱を受けた。野卑な顔つきの歩哨《ほしょう》からは傘などの携帯品を盗まれた。旅をしていてそれほど怖いと思ったことはなかった。いく先々に否定と不信の空気が漂っていたことを覚えている。店はからっぽで、人びとの表情は卑しく、花はどこにもなかった。精神が窒息しているようだった。

孤児院は悪夢そのものだった。収容されている子どもたちをみて胸がはり裂けそうになった。むかつきを覚えた。不潔で、食べ物もなく、なによりも愛がなかった。自分になにもできないことが悔しかった。しつこくつきまとう秘密警察から、招かれざる客であることをあからさまに告げられた。

怒りがこみあげたが、ばかな真似はできなかった。圧倒的なチェコ軍を相手にたたかって勝てるはずもなかった。だが、尻尾《しっぽ》を巻いて逃げるわけにはいかなかった。孤児院を去るとき、わたしはリュックサックの中身をあけた。そして、衣服、靴、毛布など、もっているものを残らず子どもたちに置いてきた。チューリッヒへと帰る途中、わたしはプラハでなにもできなかったことを悔いていた。もちものをすべて置いてきたことが、せめても、ワルシャワに残されていたような希望の微光になることを願った。

「イェジェ・ポルスク・ニェ・ギネヴァ」わたしは小声で歌った。「ポーランドはまだ負けない。そう、ポーランドはまだ負けてはいない」

すべての子どもがそうであるように、わたしも旅から帰ってくるたびによろこびに胸をふくらませた。そのときの旅の帰りは、とくにうれしかった。アパートの入り口に立つと、母の手料理のおいしそうな匂いが漂ってきた。皿やスプーンがたてる音といっしょに、たのしそうな話し声が聞こえた。ひときわ大きな声を耳にしたわたしは、心臓が高鳴った。長く会っていない兄の声だった。エルンストは何年もまえからパキスタンとインドで暮らしていた。手紙でとおりいっぺんのあいさつを交わしていただけだったので、直接会えるとは思ってもいなかった。むかしのように家族全員が顔を揃えて、こころゆくまで積もる話に花を咲かせることができそうだった。

しかし、その期待は甘かった。立派になったエルンストを想像しながらノックをしようとしたとき、とつぜんドアがあいた。父が仁王立ちになって、わたしの前進を阻止しようとしていた。目が怒っていた。「どなたですかな」仮借のない声で父がたずねた。「存じあげないお顔ですが」

にやっと笑って「冗談だよ」というのを期待した。だが、バタンと音がしてドアが閉められた。父はわたしがどこにいったのかを知っているにちがいない。走り書きのメモになんと書いたのかは忘れていた。しかし、約束を破ったわたしを父が処罰しようとしていることはわかった。木の床を踏む父の足音が遠ざかっていった。しばらく沈黙がつづいた。さっきよりは沈んだ声で会話がはじまったが、母も姉たちも助けにきてはくれなかった。父に禁じられたにきまっていた。

人にそうしろといわれたことより自分が正しいと思ったことをした者が払う代償がこれだというのなら、父と同じぐらい、いや父よりもタフになる道を選ぶしかなかった。しばらくドアのまえで逡巡《しゅんじゅん》したあと、わたしはゆっくりと歩きだした。足は繁華街に向かった。トロリーバスの停留所近くの小さなコーヒーショップのまえで立ちどまった。そこなら食べ物とトイレがあった。夜は地下の検査室で眠ればいいと考えた。着がえだけが問題だった。もちものはすべてプラハに置いてきてしまっていた。

コーヒーショップに入り、軽い食事を注文した。母が父のとった行為に不服であることはわかっていたが、母に父を説得する力などあるはずもなかった。姉たちもわたしの味方をしたかったにちがいないが、姉には姉の生活があった。エリカは結婚し、エヴァはスキーのチャンピオンで詩人でもあるセップリ・ブッヒェルと婚約していた。わたしだけがまだひとりで、収拾がつかない状態におちいっていた。だが、後悔はなかった。そのとき、なぜかある詩を思いだした。祖母が客間のベッドの、あたまのほうにあたる壁に掲げていた詩だった。子どものころは、わたしもよくそのベッドで眠ったものだった。うろ覚えだが、こんな詩だった。

もうだめだと
思ったときはいつも
どこからともなく

小さな光がさしてくる
その小さな光をみると
また勇気がわいてくる
そして、もう一歩まえに進む
力がわいてくる

疲れきっていたわたしは、テーブルに伏して眠りはじめた。とつぜん名前を呼ばれて目がさめた。あたりをみまわすと、友だちのシリー・ホフマイヤーが手をふりながら近づいてくるのがみえた。わたしが検査技師の資格をとったとき、同じカントン病院で言語療法士の資格をとった、いわば同期生だった。それ以来、会ってはいなかったが、社交的で人好きのする女性であることは覚えていた。シリーは話しはじめるとすぐに、母親とのいざこざについて語り、「家をでて自活したいのよ」といった。聞いてみると、すでに数週間まえからアパート探しをしていて、ひとつだけ適当な物件をみつけてあるということだった。屋根裏部屋のアパートで、エレベーターはなく、九七段もの階段をのぼらなければならないが、チューリッヒ湖のながめがすばらしく、水道つきで、交通にも便利だという。だが、問題がひとつあった。それは廊下の反対側にあるワンルームの小部屋もいっしょに借りなければならないということだった。

シリーは落胆していた。完璧《かんぺき》だ、とわたしは思った。

「それ、借りましょう」自分の事情を話すまえに、わたしは思わず叫んでいた。

翌日、ふたりは契約書に署名をして、すぐに移り住んだ。そなえつけの大きなアンティーク机をのぞいて、わたしの家財道具はすべて救世軍で調達した。有能な音楽家でもあるシリーは小ぶりのグランドピアノを運びこんだ。その日の午後、父の留守中に家に帰り、母に居場所を伝えた。小さな窓からみえる風景についても報告した。衣類をリュックサックにつめながら、母と姉たちにきてくれるようにたのんだ。

カーテンは古いベッドカバーだったが、ワンルームは居心地のいい巣になった。シリーとわたしは、ほとんど毎晩のように歓談しあった。地元の室内楽団のメンバーがすばらしい音楽を演奏し、わたしの夜学の仲間で、ホームシックになっている外国人学生たちが、会話に知的な色を添えてくれることもあった。トルコ人の建築科の学生が真鍮《しんちゅう》のコーヒーポットをもちこみ、ハルバという、ゴマやナッツが入ったデザートをつくってくれた。姉たちもよく遊びにきた。両親の家にくらべればごく貧相なものだったが、その部屋はなにものにも代えがたい空間になった。

一九五〇年の秋からは受験勉強に本腰を入れはじめた。昼間はアムスラー教授のもとで働き、夜にはマトゥラをめざして予備校で勉強した。三角法からシェイクスピア、地理学から物理学まで、科目は多岐にわたっていた。本来ならば三年かかるところを集中的に勉強して、一年で受験ができるところまでこぎつけた。

準備がととのい、願書を提出したが、問題は五〇〇スイス・フランという入学金の捻出法《ねんしゅつほう》だった。母にはたのめなかった。それほどの大金が父の許可なくして母の自由になるはずがなかった。窮地に追いこまれた。しかし、姉のエリカとその夫のエルンストがキッチンの改築のためにためてあったお金を貸してくれた。ちょうど五〇〇フランだった。

一九五一年の九月初旬、わたしはマトゥラを受験した。試験は論文もふくめて五日間、やすみなくつづいた。合格するには全科目の平均点が一定以上に達する必要があ

エンマとエルンスト・キューブラー夫妻。1951年。（エリザベス・キューブラー・ロス・コレクション所蔵。ホリゲル・リプスタイン撮影）

った。物理学、数学、動物学、植物学はかんたんに片づけた。ラテン語はさんざんだった。ほかの科目がひじょうによくできていたので、受験担当の老教授はわたしのラテン語に落第点をつけなければならないことに悩んだらしい。わたしはそのことを予想して、最初から平均点で稼ぐ戦略を立てていた。合格には自信があった。

　郵便で合格の通知がとどいたのは父の誕生日の前日だった。まだ勘当されたままだったが、わたしは父に特別なプレゼントを贈るつもりだった。日付のその日の欄に「誕生日」と「マトゥラ合格」と書き入れたカレンダーである。誕生日の日の午後、それを家のポストに入れておき、翌朝、父の会社の外で待ち受けて、その表情をうかがった。父は満足しているはずだった。

勘はあたった。はじめは素っ気なかったが、やがて渋面が笑顔に変わった。申しわけ程度の笑顔だったが、一年以上みることのなかった父の好意のしるしだった。それでじゅうぶんだった。氷は溶けつづけた。その夜、検査室からもどると、ふたりの姉が父からのメッセージを伝えにアパートにやってきた。「お父さんが夕食にきてほしいって」

ご馳走《ちそう》をまえにして、父が合格祝いの乾杯をしてくれた。しかし、だれもがわたしの合格よりも、また家族全員が揃ったことをよろこんでいた。

第12章　医学校

死とその過程にかんする研究で、わたしがいちばん影響を受けた精神医学者はC・G・ユングだった。医学校の一年生のころ、チューリッヒの市街を逍遥《しょうよう》しているその伝説的なスイス人の精神医学者を、わたしはよくみかけた。歩道や湖のほとりをゆったりと歩くユングの姿は町の風物詩といってもいいものだった。いつも忘我の状態で深い思索にふけっているようにみえた。わたしはユングとのあいだに不可解なきずなを感じていた。口をきけば、たちまち魔術的に気脈がつうじてしまいそうな、奇妙な親近感を抱いていた。

ところが残念なことに、ついに自分のほうから声をかけることはなかった。というより、その偉大な男との出あいを避けていた。ユングの姿をみとめると、わたしは反射的に道をわたってしまうか、歩く方向を変えてしまったのだ。いまではそのことを後悔している。しかし、当時のわたしは、ユングに声をかけたら自分が精神科医になってしまうと思っていた。精神科はわたしの進路志望リストの最下位に位置していた。

医学校に入学した当初から、わたしは専門医ではなく、全科目を診療するカントリー・ドクターになる決心をしていた。スイスではカントリー・ドクターが推奨され、医師の進路の一部にもなっている。学校を卒業すると、なりたての医師は地方での代診を経験する。徒弟制度のようなもので、外科とか整形外科といった専門科目にすすむまえに、新人の医師に一般診療を学ばせるのである。それが性に合っていると感じた人はカントリー・ドクターにとどまるのだが、わたしは最初からそれを希望していた。とはいえ、それまでには医学校で七年間も勉強しなければならなかった。

カントリー・ドクターを経験させるという制度はすぐれたものだった。その経験によって、まずは患者のことを考え、診療報酬のことはあとまわしという医師が育つのだ。

医学校では好調なスタートを切った。化学、生化学、生理学といった基礎的な自然科学は楽にこなすことができた。しかし、解剖学ではあやうく退学になるところだった。解剖学の最初の授業にでたわたしは、周囲の学生全員が外国語でしゃべっていることに気づいた。教室をまちがえたのだと思い、席を立って教室をでようとした。粗野で規律に厳しい教授が講義を中断し、わたしの不作法をとがめた。そして弁明も聞こうとせず、「うろたえることはない」といい、こうつづけた。「女は医学などやらずに家にいて、料理や裁縫をしていればいいんだ」

屈辱を感じた。あとでわかったことだが、クラスの三分の一はイスラエルとスイスの政府が結んだ協定によって留学していたイスラエル人学生で、わたしが聞いたのはヘブライ語だった。解剖学の教授にはその後もにらまれることになった。一年生の数人が、貧窮して学業がつづけられなくなったイスラエル人留学生のために支援の募金活動をおこなおうとしていることを聞きつけ、教授は活動グループのリーダー格の学生を退学処分にした。そして、その数人のなかに入っていたわたしに、教授はこういったのである。「家に帰ってお針子にでもなるんだな」

退学させられたくはなかった。しかし、教授は医師として基本的なことを忘れていると思った。わたしは退学を覚悟でこういい返した。「わたしたちはただ、困っている仲間を助けようとしているだけですわ。先生も医師になるときに同じ誓いを立てたんじゃありませんか?」

さすがの教授も弁明の余地はないようだった。退学処分を受けた学生は復学し、わたしは留学生にたいする支援活動をつづけた。やがて、何人かのインド人留学生と友だちになった。そのうちのひとりの友人が実験用のラットに片方の目を噛《か》まれて失明しそうになっていた。その人は、わたしが夜勤で働いていたアムスラー教授の眼科に入院していた。ヒマラヤの麓《ふもと》の村からきた留学生で、恐怖のあまりに抑うつ状態におちいり、何日も食事をとっていないということだった。

祖国から遠く離れて病気になることがどんなに不安なものかは痛いほどわかっていた。そこで、わたしは病院の厨房《ちゆうぼう》に無理をいって、その学生にカレー味の食事をだしてもらった。また、インド人の仲間がつき添い、当人が手術を受ける気になるまで同室で寝食をともにすることを病院側にみとめさせた。たったそれだけのことだが、患者の気力はみるみるうちに回復していった。

インドのネルー首相から招待状がきた。留学生を助けたお礼にと、ベルンのインド領事館でおこなわれる公式なレセプションに招かれたのだ。広大な庭園でくりひろげられる、きらびやかな催しだった。わたしはインド人の仲間から贈られた美しいサリーを着ていった。のちに首相になったネルーの娘、インディラ・ガンディーから花束と感謝状を手わたされた。感謝状よりもインディラのこころのこもったもてなしがうれしかった。レセプションのさなか、インディラにすすめられてネルー首相にあいさつし、有名な著書『インドの発見』にサインをお願いした。「いまはだめだ」首相は野太い声でいった。その剣幕に圧倒されて、わたしは飛びあがるようにあとずさり、インディラに抱きかかえられる格好になった。「怖がることはないのよ」インディラがなぐさめてくれた。「わたしがサインをもらってあげる」

二分もたたないうちに、インディラは父親に著書をわたした。首相はサインし、なにごともなかったようにほほえんで、娘に著書を返した。後年、わたしも何千冊という著書にサインをすることになった。ニューヨークのジョン・F・ケネディ空港のトイレで、便器にまたがったままサインしたこともあった。大声で「いまはだめだ」といいたいことは何度もあったが、インドの首相から学んだ教訓を反面教師として、その気持ちを抑制した。自分の著書をもってきてくれた人を傷つけることはできなかった。

学校のほうは大過なくすごしていた。わたしはたいがいの人よりも重労働に慣れているのかもしれない。あるいは要領がいいのか。夜は眼科の検査室ですごし、そこで定期収入を得ていた。生活費は切りつめていた。夕食はほとんどサンドイッチの弁当ですませたが、たまには学生食堂でクラスメイトといっしょに食べることもあった。毎朝、通学のときに乗るトロリーのなかで勉強した記憶をのぞけば、いったいいつ勉強をしたのかはよく覚えていない。

幸い、視覚的な記憶力にめぐまれていたわたしは、実習や講義の内容を忘れることはなかった。しかし、退屈な講義、とくに解剖学は記憶に残らなかった。あるとき、解剖学の講義がおこなわれている大きな階段教室のうえのほうの席で、女友だちとたがいの人生についておしゃべりをしていた。友だちは冗談半分に級友をみまわし、ハンサムなスイス人の学生を指さした。「かれよ」友だちはいった。「あの人が未来の夫になる人」

ふたりは笑った。「こんどはあなたが夫をきめる番よ」友だちがいった。

あたりをみまわした。反対側の席にアメリカ人留学生のグループが座っていた。なにかと評判のよくない連中だった。たえず冗談を飛ばし、解剖用の遺体について、ほかの学生が気分を害するようなことばをささやきあっていた。わたしは連中が嫌いだった。にもかかわらず、ひとりの学生に目がとまった。男っぷりのいい、濃褐色の髪の学生だった。クラスにそんな男がいることにはじめて気がついた。名前も知らなかった。「かれよ」わたしはいった。「かれにするわ」

ふたりの甲高い声が教室に響いた。

しかし、こころの奥底では、ふたりとも自分がいつかはその男と結ばれる運命にあることを疑ってはいなかった。運命がきまるのは時間と「偶然」しだいだった。


解剖学にかんするかぎり、やることなすことが裏目にでた。教授とは講義の初日から衝突したが、基礎課程を終えて病理解剖にすすむころ、事態はますます悪化していた。病理解剖では学生が四つのグループに分けられ、それぞれに一体の遺体があたえられた。割りふられたグループの顔ぶれをみたとき、教授がまた虫の好かないわたしをいじめようとしていると確信した。未来の夫に選んだハンサムな若者をふくむ、三人のアメリカ人がいるグループだったのだ。

死体に接する態度をみて、アメリカ人グループにたいする印象はいっそう悪くなった。死んだ男のからだを冗談のたねにして笑い、腸を乱暴にひきずりだし、睾丸《こうがん》の大きさを話題にしてはわたしをからかった。おもしろくもおかしくもなかった。がさつで無神経なカウボーイにしかみえなかった。それに、未来の夫との対面にしては、お世辞にもロマンティックでキュートな場面設定とはいえなかった。わたしは不快を隠さず、きっぱりといった。「くだらない冗談で死者の名誉を傷つけるようなことをすると除籍になるわよ」第一、血管や神経や筋肉の名称を覚えるじゃまになる、といいながら、わたしはますます腹が立ってきた。

アメリカ人たちはおとなしく聞いていたが、ひとり――わたしのアメリカ人――が反応を示した。わたしが怒りで爆発する寸前、かれは申しわけなさそうな笑顔を浮かべて、手を差しだしてきた。「ハーイ」かれはいった。「ぼくはロス。イマヌエル・ロスだ」

わたしはたちまち武装を解除した。イマヌエル・ロス。肩幅がひろく、筋肉質で、みあげるほど背の高い男だった。ニューヨーク出身だった。しゃべりかたを聞いてすぐにわかった。生まれはどことたずねるまえから「ブルックリン」という返事が聞こえるようなアクセントだった。もうひとこと、ロスがつけ加えた。「マニーと呼ばれている」

病理解剖のパートナーになってから、マニーがわたしを映画や食事に誘いはじめるまでには三か月がかかった。マニーに美人のガールフレンドがたくさんいることは知っていたが、わたしたちのあいだには自然に、なんでも気さくに話せる友情が育っていった。三人姉弟の末っ子だったマニーは過酷な少年期を送っていた。両親はふたりとも聾啞者《ろうあ》だった。マニーが六歳のときに父親が亡くなり、一家は叔父《おじ》の狭いアパートに移り住んだ。とても貧しい生活だった。五歳で扁桃腺《へんとうせん》の手術をしたとき、父親からもらった唯一のプレゼントだった虎のぬいぐるみをナースにとりあげられ、捨てられた。マニーがいまだにそれを惜しんでいることを知って、わたしは兎のブラッキーの話をしてなぐさめた。

マニーは働きながら学校にいき、海軍に徴兵され、ニューヨーク大学の医科予科を卒業していた。退役兵士の競争率が異常に高いアメリカの医学校を避けて、ドイツ語の講義とスイス・ドイツ語のクラス討論に悩まされることを覚悟のうえで、マニーはチューリッヒ大学の医学校を選んだ。わたしの通訳のおかげで勉強ができるとよろこんでいたマニーは、わたしにとってははじめてのデートの相手であり、結婚を意識させた男だった。夏休みのまえに、わたしはマニーにスキーを教えた。新学期がはじまるころには、マニーに憧《あこが》れる女たちをかれから遠ざける方法であたまを悩ませるようになっていた。

左からマニー、エリザベス、アムスラー教授。
（エリザベス・キューブラー・ロス・コレクション所蔵）

二年生になると、実際に患者と接する機会があたえられた。わたしは探偵なみの嗅覚《きゅうかく》で、即座に正しい診断がつけられるようになった。子どものころに重病を経験したことがあるせいか、とりわけ得意な科目は小児科だった。あるいは、姉のエリカが入院していたときの経験によるものかもしれない。幸か不幸か、臨床実習に熱中している暇はなかった。それよりも、父を怒らせずにマニーを家族に紹介するという、当面の大問題を解決することであたまがいっぱいだった。クリスマスがチャンスをくれた。

ふつうならクリスマスは家族水入ら

オーストリア、インスブルックのスキー場で。エリザベスとマニー、1954年。
（エリザベス・キューブラー・ロス・コレクション所蔵）

ずですごすはずだったが、その年は一週間まえに、ご自慢の料理にかこつけて、母から客を招く許可を得ていた。客はこちらの都合で選んだアメリカ人のクラスメイト三人で、そのなかにはもちろんマニーも入っていた。母には、三人が故国を離れてクリスマスディナーにもありつけずに、どんなに寂しい思いをしているかという、聞くも涙の物語——大筋はそのとおりだった——を聞かせ、たっぷりと時間をかけて、アメリカ人がよろこびそうなスイスの伝統料理のフルコースをつくってほしいとたのんだ。その一方で、父をやんわりと説得し、客人を迎えるためのこころの準備をしてもらうことも怠らなかった。

当日の夜、マニーが大きな花束を手わたすと、母の声がいちだんと華やいだ。三人の男が食後のテーブルを片づけ、皿を洗いはじめるのをみながら、母は最大の賛辞を惜しまなかった。スイスの男たちがけっしてしないことだったのだ。父もとっておきのワインとブランデーをあけ、ごく自然にピアノを囲む大合唱になった。合唱はリビングルームをあかるく照らしていた無数の蠟燭《ろうそく》が燃えつきるまでつづいた。一〇時をすぎると、わたしは打ちあわせどおりに客人に合図を送った。「もうすぐ一一時になるわね」不自然にならないように、わたしはつぶやいた。父は客が長居をすると、外が零下一〇度のときでも平気で玄関のドアや窓をあけ放ち、客の不作法を知らせるような人だった。それだけはどうしても避けたかった。

しかし、そのときの父は上機嫌だった。「いい連中じゃないか」後日、父はそういった。「マニーがいちばん優秀だ。マニーはおまえが家に連れてきた青年のなかではいちばんだな」そう、父はわかっていた。でも、マニーについては、まだ父に伝えていない重要な事実があった。爆弾を落とすには絶好の機会だった。「それにあの人、ユダヤ人なの」わたしはいった。沈黙がやってきた。父がチューリッヒのユダヤ人社会を嫌っていることを知っていたわたしは、いずれマニーの側に立ってたたかわなければならないと考えながら、早足でキッチンにいって母の皿洗いを手伝った。

幸いなことに、その夜はたたかいがはじまらなかった。父はなにもいわずに寝室にひきあげた。ひと晩、考えるつもりらしかった。翌日の朝食のとき、父は意外な爆弾を落としてきた。「いつでもマニーを連れてきていいぞ」そういったのだ。それから数か月もたたないうちに、わたしがマニーを招く必要もなくなった。家族の一員として認められたマニーは、わたしの留守中でも夕食を食べにくるようになっていた。

予定どおり、結婚式は一九五五年におこなわれた。いや、わたしのではない。マニーとわたしは親密さを深め、いずれは結婚するつもりではいたが、それは卒業してからの話だった。花嫁のエヴァと花婿のセップリは、何代もまえからわが家の先祖が祈りを捧《ささ》げてきた小さなチャペルで永遠の愛を誓いあった。ふたりが深い仲になって以来、両親はそれとなく、セップリが姉の結婚相手としてはかならずしもふさわしくないという見解をちらつかせていた。医者？　弁護士？　いいだろう。ビジネスマンならなおいい。スキーヤーで詩人？　それが問題だった。

わたしは姉に賛同していた。ことあるごとに、わたしはセップリを弁護した。明晰《めいせき》で感受性にめぐまれ、わたしと同じく、山や花や太陽の光を愛する、やさしい心根をもった人だった。週末には三人でよくアムデンの山荘にいった。スキーをし、ヨーデルを歌い、ギターやバイオリンを弾くとき、セップリはいつも満面にすてきな笑みを浮かべていた。ときにはマニーも参加することがあった。マニーは固いマットレスのうえで眠ることや薪《まき》ストーブのうえで料理することは気にせず、森の動物相や植物相にかんするわたしの説明も感心して聞いてはいたが、いつも都会に帰るとほっとするといっていた。

翌年は山ごもりどころではなかった。七年間の課程の最後の年にあたり、実習に追いまくられた。インターンに相当するスイスの制度にしたがって、わたしはその年を一般診療の実習からはじめた。ニーデルヴェニンゲンで三週間の軍事教練に参加する親切な若い医師の代診をすることになったのだ。近代的な設備がととのった大学付属病院からきたわたしは、その医師が出発直前にあわただしく案内してくれた診療所の貧弱な検査室やレントゲン装置をみてショックを受けた。医師は近隣の七つの農村からきている患者のカルテが収まった、風変わりなファイルをみせてくれた。

エリザベスとマニー。スイスのスキー場にて。1955年。（エリザベス・キューブラー・ロス・コレクション所蔵）

「七つの村ですって？」わたしは問いただした。

「そう。だから、オートバイに乗れなきゃならないんだ」医師はいった。

　オートバイの話はそれきりだった。医師が出発して二、三時間後に、最初の非常呼び出し電話が鳴った。オートバイで一五分ぐらいという村からだった。オートバイの荷台に黒い往診鞄《かばん》を縛りつけて、いかにも不慣れな足つきでスターターを踏んだ。わたしはオートバイはおろか、自動車の操縦もしたことがなかった。

　なんとか走りだした。しかし、三分の一ほどきたあたりの坂道で、往診鞄が荷台からずり落ちる音が聞こえた。ついで、にぎやかにものが割れる音がした。医療器具が鞄から飛びだし、あたりに散らばったのだ。ふりむいて惨状をみたとたんに、大失敗を犯したことに気づいた。道路のくぼみにはまったオートバイが方向を変えて勝手に走りだしたのだ。わたしは鞄のそばにふり落とされ、やがてオートバイもたおれてとまった。

わたしの代診実習はその事件ではじまり、村びとたちはその事件でわたしの人となりを知った。まったく気づかなかったが、村中の人たちが窓からわたしを監視していたのである。女の医者がきたことはだれもが知っていた。オートバイがたおれた音を聞きつけると、人びとはすぐに興味津々という顔つきで集まってきた。立ちあがったわたしは、何か所ものすり傷から流れる血をみていた。男たちが曲がったオートバイをなおしてくれた。ようやく患者の家にたどり着き、心臓神経症の老人を診た。患者は自分よりも具合の悪そうなわたしをみたせい

はじめて往診鞄をもつエリザベス。（エリザベス・キューブラー・ロス・コレクション所蔵）

か、すぐに元気を回復した。

膝《ひざ》の擦過傷からがん患者まで、ありとあらゆる病気を診た片田舎での三週間を終えて、教室にもどった。疲れきってはいたが、自信がついていた。履修科目はあとふたつ残っていたが、産科学・婦人科学も心臓病学も苦手ではなかった。問題はそのあとの国家試験だった。医師になるにはその退屈で重苦しい六か月に耐える必要があった。そして、そのあとは？　マニーは盛んに、卒業したらアメリカにいこうといっていたが、わたしはどうしてもインドでボランティア活動がしたかった。ふたりの意向には埋めがたい差があったものの、わたしは悪いようにはならないと感じる自分の本能を信じていた。

むずかしい時期だった。そして、事態をいっそうむずかしくすることが起こった。

第13章　医学校で教えないこと

資格試験委員会はまる一日をかけ、医学生が七年間で学んだすべての範囲にわたって口頭試問と筆記試験をおこなった。性格テストや臨床知識の試験もおこなわれた。わたしは無難に回答することができたが、自分の点数よりもマニーが卒業できるかどうかのほうが心配だった。

だが、医師が直面する事態のなかには医学校では教わらないことも少なくない。わたしがそうした試練に遭遇したのは、最終試験の直前のことだった。それはエヴァとセップリのアパートではじまった。わたしは受験勉強のプレッシャーから気をそらす必要を感じて、コーヒーと茶菓子をめあてにエヴァのアパートに立ち寄った。そして、セップリの顔色が悪いことに気がついた。疲れているようすで、あきらかにふだんのセップリとはちがっていた。やせているようにもみえた。気分はどうかとたずねてみた。「ちょっと胃が痛んでね」セップリはいった。「医者の話によると、潰瘍《かいよう》があるらしい」

直観的に潰瘍ではないと感じた。この陽気でたくましい山男の義兄はもっと深刻な状態にある。しばらくのあいだ、わたしは迷惑がられながらも毎日、セップリの状態をチェックしにいった。それから、セップリの主治医に会いにいった。主治医は自分の診断にたいする詮索《せんさく》に苛立《いらだ》っていた。「きみたち医学生はみんな同じさ」主治医は嘲笑《ちょうしょう》していった。「なんでも知っていると思いこんでいるんだ」

セップリが深刻な病気だと考えていたのはわたしだけではなかった。エヴァも同じ恐れを抱いていた。夫の状態が尋常ではないことに気づいていたのだ。わたしががんの可能性についてほのめかすと、エヴァは「やっとその話ができる」といって、むしろよろこんだぐらいだった。かねてからわたしが名医だと考えていた人のところにセップリをつれていった。問診と診断の名人という評判が高い老練なカントリー・ドクターで、医科大学の客員教授もつとめている人だった。その医師はかんたんな診察だけでがんの診断をくだし、すぐにも手術をしたほうがいいといった。

試験では何百という問題がだされるが、そのときのわたしが直面していたような問題が問われることはなかった。セップリを大学病院につれていき、担当の外科医にわたしの手術の立ち会いをみとめてもらった。開腹の結果が深刻なものだったら、外で待っているエヴァに「やっぱりそうだった」といわなければならない。そして、あとは運命にまかせることしかできない。まだ二八歳で、結婚をして一年もたっていないセップリは、得意のスラロームのように曲がりくねった運命のねじれに対処しなければならなかった。

手術室に入ったわたしも運命のねじれに立ち向かおうとしていた。みるのはつらかったが、手術のあいだじゅう、セップリのからだから目を離さなかった。胃の切開がはじまるときは、思わず目をそむけそうになるのをこらえた。最初にみえたのは胃の内壁の小さな潰瘍だった。やがて、外科医が首を横にふった。セップリの胃は悪性腫《しゅ》瘍《よう》で厚くおおわれていた。切除できる状態ではなかった。「残念ながら、きみの勘があたったようだね」外科医がいった。

姉に伝えた。姉は顔をひきつらせたまま、なにもいわなかった。「もう打つ手がなかったの」とわたしはいった。姉とわたしが感じていたのは無力感と怒り、とくに最初の医師にたいしてのそれだった。もしかしたら若いいのちをまだ救えたかもしれない時期に、その医師は重大な可能性について一顧だにしなかったのだ。

セップリは回復室で昏睡《こんすい》していた。わたしはその枕元に腰かけながら、なぜかまえの年にセップリとエヴァを家から町はずれのチャペルまで乗せていった、古式ゆかしい馬車のことを思いだしていた。あのころは、なにもかもがうまくいっていた。ふたりの姉は結婚し、みんなが底ぬけに幸福で、わたしもいつかは姉たちのようにチャペルの祭壇のまえに立つことを夢みていた。しかし、力なく横たわるセップリの姿をみながら、わたしは未来はあてにできないと考えていた。人生とは、あくまでも現在にまつわることがらなのだ。

はたして、意識を回復したセップリは、質問ひとつせずに黙って運命を受け入れた。医師は患者に必要なことだけを慎重に告げた。静かに聞いているセップリの手を、わたしは強くにぎっていた。手をにぎれば、自分の力がかれに伝わるような気がしていた。それはごく自然な願望ではあったが、現実的ではなかった。数週間後、セップリは退院した。姉は残された最後の時間を使って、夫に看護となぐさめと愛をあたえた。

一九五七年のある晴れわたった秋の日に、長年の努力が報われた。「合格だよ」大学の主任検査官がいった。「きみは医師になった」

感慨はほろにがいものだった。セップリのことで気落ちしていたうえに、インドへ外科研修にいくという計画が最後の最後で頓挫《とんざ》したところだったのだ。計画頓挫の通知は、冬物の服を残らず人にあげてしまったあとにとどいた。しかし、もしそのときインドにいっていたら、おそらくマニーと結婚することはなかったかもしれない。わたしたちは愛しあっていたが、完璧《かんぺき》なカップルというわけではなかった。マニーはわたしのインド行きに反対していた。卒業したらふたりでアメリカに移る気でいた。あの非礼な医学生たちのおかげで、わたしのアメリカにたいする評価はひじょうに低かった。

だが、インド行きの計画がくずれたとき、わたしは賭《か》ける決心をした。マニーといっしょにアメリカではじまる未来を選んだのだ。

皮肉なことに、わたしのビザ申請がアメリカ大使館に却下された。マッカーシズムに洗脳されていた当局が、ポーランドに旅行するような人間は共産主義者にちがいないと考えたらしい。しかし、一九五八年の二月にマニーと結婚すると、その問題も不問に付されることになった。内輪だけの、仮の結婚式だった。それも、手遅れにならないうちにセップリに新郎のつき添い役をつとめてもらうことがおもな目的だった。

その翌日にセップリは入院した。心配したとおり、六月にマニーが卒業してからおこなった正式な結婚式にセップリは出席できなかった。

六月まで、わたしはランゲンタールで臨時のカントリー・ドクターになった。人びとに尊敬されていたカントリー・ドクターがとつぜん亡くなって、残された妻子が収入の途《みち》を絶たれ、後継者もいない状態だったのだ。そこでわたしが得る収入の大半は遺族に手わたし、必要な額だけをもらうことにした。それでじゅうぶんだった。前任の医師にならって、わたしも患者に一度だけ請求書を送り、支払えない人がいても、そのまま忘れることにした。ほとんどすべての患者がなんらかのもので支払った。現金がない人は籠《かご》に山盛りの果物や野菜をもってきた。わたしにぴったりのドレスを縫ってきてくれた人もいた。母の日にはたくさんの花が集まり、診察室が葬儀場のようににぎやかになった。

ランゲンタール時代にいちばん悲しかった日は、いちばん忙しい日でもあった。朝、ドアをあけたときから、待合室は満員だった。ある女児の脚の裂傷を縫合しているとき、セップリから電話があった。ささやくような、かすれた声だった。縫合のとちゅうだった女児が泣きわめき、話ができる状態ではなかった。セップリは「たのみがあ

キューブラー医師、初の往診にでかける。
（エリザベス・キューブラー・ロス・コレクション所蔵）

る」といった。すぐきてくれというのである。とてもいけそうにはなかった。待合室はいっぱいで、おまけに何件かの往診にもいかなければならなかった。電話がなくても、セップリの病院にはいくつもりでいた。「あさっていくからね」元気づけるように、わたしはいった。「きっといくわ」

悲しいことに、死はわたしの都合を斟酌《しんしやく》するほど寛大ではなかった。だからこそ、セップリは電話をしてきたにちがいない。もう時間がなかったのだ。死の床にあり、無慈悲にもこの世からつれ去られることを覚悟した人がたいがいそうであるように、セップリも別れを告げるための貴重な時間が残っていないことを悟っていた。案の定、翌日の朝早く、セップリは息をひきとった。

セップリの葬儀を終えてもどってくると、わたしはランゲンタールの起伏のある草原をひとりで歩きまわった。澄みきった空気には色とりどりに咲く春の花の香りが漂っていた。セップリがすぐそばにいるような気がしてならなかった。みえないセップリに話しかけていると、しだいに気分が落ちついてきた。それでも、死に目に会えなかった自分をゆるすことはできなかった。

瀕死《ひんし》の患者が抱いている切迫感を無視してはならない、そのことをわたしは学んだ。辺地の医療は助けあいによってなりたっていた。病人のそばには、つねに祖父母、父母、おじ、おば、いとこ、子ども、近所の人たちがいた。患者が重体のときも、臨終のときも同じだった。友人、一族、隣人の全員が駆けつけた。それが当然のことだと考えられていた。実際、新任の医師としていちばんやりがいを感じたのは、診療所での診察や往診のときよりもむしろ、仲間を必要としている孤独な患者を時間外にたずねては励まし、いっしょに数時間をすごしたときだった。

医学校では教えられないことだが、医学にはおのずから限界がある。もうひとつ、医学校で教えられないのは、慈悲のこころがほとんどすべてを癒《いや》すということだ。その診療所での数か月の経験によって、わたしはすぐれた医師であることと解剖や手術や処方とはなんの関係もないということを確信するようになった。医師が患者にあたえうる最大の援助は、自分自身がやさしく、こまやかで、感受性に富み、情のこもった人間でいつづけるということなのだ。

第14章　医師、エリザベス・キューブラー・ロス

娘盛りで、臨床医で、いよいよ結婚しようというわたしを、母はいまだに子どもあつかいしていた。髪形に口をだし、化粧の専門家の指導を受けさせ、いかにも嫁入りまえの娘らしい、ほとんど耐えがたいような格好をさせたがった。母はまた、アメリカ行きに難色を示しているわたしをたしなめた。マニーはどんなすてきな女とも結婚できる、知的でハンサムな男だというのである。「マニーが最終試験に合格するにはあなたの助けが必要なのよ」と母はいった。

それは母なりの不安の表現でもあった。母はわたしに、めぐまれた境遇にあることを自覚させようとしていた。しかし、わたしはすでにじゅうぶん幸福だった。

マニーがわたしの助けなしに資格試験に合格したあと、ふたりは正式に結婚した。盛大な式典になった。興ざめていたのは父だけだった。何か月かまえの腰骨の骨折が治っていなかった父は、いつものように優雅な、王侯然としたダンスができないこと

で不機嫌だった。しかし、父からの結婚祝いはその不調法をおぎなってあまりあるものだった。エヴァのすばらしいピアノ伴奏で歌った得意の歌の録音盤を贈ってくれたのである。

式が終わると、家族全員でブリュッセルにいき、万国博覧会を見学した。マニーとわたし、それに結婚式に参加していた何人かのアメリカ人はそこで大型巡航船「リベルテ号」の船客となり、家族と別れた。豪華な食事、まぶしい太陽、デッキでのダンスも、スイスをあとにして興味のもてない国に移住する味気なさをやわらげてはくれなかった。それでも、わたしは不服をいわず、運命に身をまかせた。当時の日記から察するに、わたしはそれを甘受すべき人生の旅として納得しようとしていたらしい。

結婚式当日のエリザベスとマニー。1958年。
(エリザベス・キューブラー・ロス・コレクション所蔵)

雁《がん》はどのようにして旅立

つときを知るのだろうか？　だれが季節の到来を教えるのだろうか？　人間にも前進するときというものがある。そのときを、どうやって知るのか？　渡り鳥と同じように、人間もたしかに知っている。耳をかたむけさえすれば、内なる声が聞こえる。未知の世界へと旅立つときを告げる、はっきりとした声が。

合衆国に到着する前夜、馬に乗って荒野を疾駆しているアメリカ先住民の夢をみた。その先住民はわたしだった。夢のなかの日差しは焼けるように熱く、のどの渇きで目がさめた。とつぜん、これからはじまる冒険を自分が渇望しているということに気づいた。アメリカ先住民文化にふれた経験などまったくないにもかかわらず、子どものころから先住民の楯《たて》や独特の模様にひどく惹《ひ》かれていたこと、岩のうえで戦士のように踊ったことをマニーに話した。夢はたんなる偶然だったのだろうか？　そんなはずはない。なぜかはわからないが、その夢をみたことでこころが落ちついた。内なる声のように、夢はわたしに「未知への旅とは、じつは故郷に帰ることなのだ」と告げているようだった。

マニーにとっては文字どおりの帰郷だった。土砂降りの雨のなかで、マニーが自由の女神像を指さした。波止場ではおおぜいの人が船に向かって手をふっていた。そのなかには口と耳が不自由なマニーの母親と勝ち気だという姉がいた。ふたりのことは何年もまえからよく聞かされていた。知りたいことはたくさんあった。どんな人たちなのだろう？　家族に外国人を迎え入れてくれるだろうか？　非ユダヤ人を？

人形のように着飾ったマニーの母親は、医者になった息子をみて、百万言を費やした以上のよろこびをその目にあらわした。姉の反応は母親とは対照的だった。一五個のスーツケース、柳行李《やなぎごうり》、木箱という大量の荷物を探しているときに、わたしたちは姉から声をかけられた。美容院からでてきたばかりのような妖艶《ようえん》な髪形で仕立ておろしの服を身にまとったロングアイランドの女は嬌声《きょうせい》をあげてマニーに抱きついた。つぎに、ずぶぬれの服で髪からしずくを垂らし、泳いできたばかりのようなわたしをしげしげとみまわすと、「こんな女しかものにできなかったの？」という目つきでマニーをみた。

税関ではわたしの往診用鞄《かばん》一式が没収された。ようやく税関を通過したあと、マニーの姉の家に向かった。義姉はロングアイランドのリンブルックに住んでいた。夕食のテーブルで、わたしはうかつにも一杯のミルクを所望するという罪を犯した。皮肉なことに、わたしはふだんミルクなどは飲まず、ブランデーを好むたちだった。ただ、アメリカ人はみんなミルクを飲むものだと思いこんでいた。アメリカは「乳と蜜《みつ》の流れる国」ではなかったのか？　ミルクのかわりに、テーブルのしたで夫からの足《あし》蹴《げ》りが返ってきた。ここはユダヤ教の家だ、とマニーがいった。ユダヤ教の教えにしたがって調理された、コーシャという「清浄な」食べ物しか口にしてはならないといわれた。

「コーシャを守ることを覚えてもらわなくちゃね」義姉が邪険な口調でいった。

夕食が終わり、わたしは息ぬきをするつもりでキッチンにいった。義姉が冷蔵庫のまえに立ったままハムをかじっていた。それをみたとたんに、もちまえの元気がもどってきた。「コーシャを守るつもりはありませんからね」わたしはいった。「それに、あなたも守っているようにはみえないけど」

数週間後、ふたりだけのアパートに移ったころは、わたしも少しずつ新しい生活に慣れはじめていた。小さなアパートだったが、ふたりがインターンとして働くことになったグレンコーヴ・コミュニティ病院に近くて便利だった。病院は殺人的なスケジュールで、月末には食料も買えなくなるほどの給料しかもらえなかったが、仕事がはじまるとわたしは急に生き生きとしてきた。白衣を着て、すべての思いとエネルギーを患者に注ぎこむことに、なんともいえないよろこびを感じていた。

朝は早く起きてマニーに朝食を食べさせ、いっしょに出勤して夜遅くまで働いた。帰りもいっしょだったが、疲れきってベッドにたおれこむような日がつづいた。一週おきの週末には、マニーとわたしだけで二五〇床の病院の入院患者をすべて診ることになっていた。わたしたちはたがいの弱点をおぎないあいながら働いた。マニーはあくまでも細心で論理的な診断にすぐれ、病理学と組織学が得意だった。わたしは直感的でものに動じず、救急治療室で必要とされるとっさの判断力にたけていた。

仕事以外のプライベートな時間はほとんどなかった。空き時間ができても、お金がなかった。しかし、たまには例外もあった。あるとき、マニーの上司がボリショイ・バレエ団の切符を二枚くれた。思いがけないプレゼントだった。ふたりとも一張羅を着込んで、電車でマンハッタンに向かった。ところが、会場の照明が落ちると同時にわたしは眠りこみ、目がさめたのはカーテンコールのさなかだった。

いちばん苦労したのは新しい文化に順応することだった。深刻な耳の病気で救急治療室に運びこまれた青年がいた。救急車できた患者がたいがいそうであるように、青年もストレッチャーにベルトで固定されていた。耳鼻咽喉《いんこう》科の専門医の到着を待っているとき、青年がわたしに「レストルームにいかせてほしい」といった。すぐにも専門医がくることを知っていたわたしには、患者をどこかにいかせて多忙な医師の時間を無駄にすることはできなかった。

それに、「レストルーム」（手洗い所）ということばを聞いたのは、そのときがはじめてだった。回診で現場を離れるまえに、わたしは青年にこういった。「そこで思う存分、レスト（休息）してちょうだいね」

回診からもどってくると、ナースが青年のベルトをはずし、トイレにいかせたところだった。「先生ったら、膀胱《ぼうこう》が破裂するところでしたわ」とナースはいった。

手術の助手をしたときは、もっと悲惨な失敗を犯した。定型的な手術で余裕たっぷりの外科医は、必要な器具を手わたしているわたしなど眼中になく、大胆にも手術中にナースといちゃついていた。とつぜん、患者が大量出血をはじめた。ナースに夢中になっていた外科医が「シット！」（くそ！）と怒鳴った。それもはじめて聞いたことばだった。器具がならんでいる盆のまえでうろたえたわたしは、弁解がましくこういった。「すみません。シットはどれでしょうか」

あとでマニーに説明されるまで、みんなに笑われた理由もわからなかった。だがマニー自身も、みんなにおとらず、わたしのそうした失敗をたのしんでいた。最悪の事件は、マニーの上司夫妻から高級レストランに招かれた夜に起こった。わたしはカクテルにスクリュードライバーを注文した。メイン料理がだされたとき、ウエイターから「お替わりはいかがですか」とたずねられた。なにも知らないわたしは、ジョークのつもりで「けっこうです。もうたっぷりとスクリュー（性交）されましたわ」と答えた。すねに加えられたマニーの一撃の強さで、自分のひとことがユーモアでもなければ知性の証明でもなかったことを知らされた。

そうした失敗が不可避であることはわかっていた。それは合衆国に順応していく過程の一部だった。しかし、いちばんつらかったのは家族といっしょにクリスマスが祝えないことだった。病院の図書館員をしている北欧出身の女性からホームパーティーに招かれなかったら、わたしはニューイヤーまえにスイスに帰っていたかもしれない。図書館員のクリスマスツリーはほんものの樅《もみ》の木で、スイスのわが家のそれと同じように、ほんものの蠟燭《ろうそく》がたくさん灯《とも》っていた。両親にあてた手紙にも書いたことだが、それは「真っ暗闇でみつけた小さな灯火」だった。

その夜のことは神に感謝したが、それで多少なりとも住み心地がよくなったというわけではなかった。アパートの裏庭の垣根ごしに、かかりつけの精神分析医についてあけすけにしゃべりあうロングアイランドの女たちの無神経さには耐えられなかった。だが、小児科病棟の目にあまる光景にくらべれば、それはまだましなほうだった。舞台に立つファッションモデルのように着飾った母親たちは、高価なおもちゃをもってきては、病気のわが子への思いの深さを誇示していた。おもちゃが大きければ大きいほど子どもへの愛情も大きいと思いこんでいるのである。女たちが精神分析医を必要としているのは無理からぬことだった。

ある日、小児科病棟で、わがままな子どもがおもちゃを忘れた母親にたいして盛大な怒りの発作を起こすところを目撃した。「ママ、きてくれてありがとう」などというどころか、子どもはいきなり「おみやげは？」とわめき、うろたえた母親があわてて売店に走っていったのである。わたしは愕然《がくぜん》とした。アメリカの子どもと母親どもはいったいなにを考えているのか？　なにに価値を置いているのか？　病気の子どもの手をにぎり、いのちにたいしてオープンに、正直に語りあうことが必要なときに、いったいなんというざまなのだろうか？

アメリカ人の親子に辟易《へきえき》しているさなか、インターンが専門教育のコースを選択してレジデント（研修医）になる時期がおとずれた。マニーはブロンクスにあるモンテフィオール病院で病理学のレジデントとして専門教育を受けることにきめ、わたしはあえて、自分で「堕落したマイノリティー」と呼んでいる小児科に登録した。二〇人以上ものライバルを押しのけて、有名な小児病院であるコロンビア・プレスビテリアン・メディカルセンターにもぐりこむのは、とくに外国人にとっては至難のわざだった。面接を担当したベテランのメディカル・ディレクター、パトリック・オニール博士は、わたしが小児科への志望理由を説明しているあいだ、目を白黒させていた。

「あの子どもたちには我慢ができません」わたしはいった。「それに、あの母親たちも」

困惑と驚きで、オニール博士は椅子からころげ落ちそうになった。その目が理由を問いただしていた。「そこで働けば、あの人たちがもっと理解できるようになるかもしれません」わたしは答えた。そして「できれば忍耐力も養成したいと思って」とつけ加えた。

型破りの面接はうまくいっているようだった。面接の最終段階で、一日おきに二四時間勤務というスケジュールは妊娠中のレジデントにはとても無理だと説明しながら、オニール博士はわたしの返答をもとめた。質問の意味を了解したわたしは、当分のあいだ子どもをもうけるつもりはないと答えた。二か月後、コロンビア・プレスビテリアンから封書がとどいた。夏からはじまる勤務の準備をしていたマニーに、わたしは抱きついた。権威ある病院の、初の外国人小児科レジデントとして受け入れられたのだ。

わたしたちはお祝いに青緑色に輝くシボレー・インパラの新車を買った。マニーは無邪気にそれを自慢していた。まるで豊かな未来が約束されたかのようなよろこびようだった。もっといい知らせが追い打ちをかけてきた。何日間か、朝の目ざめに悪心を感じていたわたしは、自分が妊娠していることに気づいたのだ。ようやく母親になれることに、わたしは胸を躍らせた。だが、やっと手に入れたレジデントの地位が危うくなった。オニール博士は病院の規則について言明していた。妊娠中のレジデントには無理。そう、たしかにそういっていた。

しばらくのあいだ、妊娠のことは秘密にしておこうと決心した。あと三、四か月は目立たないはずだった。それまでのあいだ懸命に働いて信用を得ればいい。オニール博士も努力を認めて例外をつくってくれるだろうと考えた。しかし、嘘をつきとおすことはできなかった。オニール博士は除籍にするにはしのびないといってくれたが、規則に例外は認めなかった。それでも、翌年にはまた採用すると約束してくれた。

ありがたかった。でも、その好意が当座の助けになるわけではなかった。仕事を探さなければならなかった。モンテフィオール病院がマニーに支払うのは月に一〇五ドルで、赤ん坊の養育はおろか、ふたりの生活もやっていけそうになかった。わたしは途方に暮れた。時期が遅すぎて、まともなレジデントの就職口などあるはずもなかった。

ある晩、マニーがマンハッタン州立病院にレジデントの口があることを聞きこんできた。あまりうれしい話ではなかった。マンハッタン州立病院は精神病院で、もっとも手に負えない患者を収容するための公共施設だった。院長はあたまのおかしいスイス人の精神科医で、すぐレジデントを馘《くび》にすることで有名な人だった。院長のために働きたいという人はだれもいなかった。それよりなにより、わたしは精神科が嫌いだった。それは希望専門科目の最下位に位置していた。

しかし、家賃を払い、食卓に料理をならべる必要があった。それに、なにかをせずにはいられなかった。

そこで、D博士の面接を受けることにした。母国語で世間話をしたあと、研究員の地位と四〇〇ドルの月給が約束されることになった。とつぜん、景気がよくなったような気がした。マニーとわたしはマンハッタンの東九六丁目に小綺麗《こぎれい》なワンベッドルームのアパートを借りた。アパートには小さな裏庭があり、わたしはその手入れをはじめた。ロングアイランドから表土を運びこみ、週末に花や野菜を植えた。その日の夜、軽い出血があったが、気にするほどのものではなかった。二日後、わたしは手術室で失神した。意識を回復するとそこはグレンコーヴ病院の病室で、自分が流産したことを知った。

マニーはわたしをなぐさめようとしてアパートに花をたくさん飾ってくれたが、真のなぐさめは高次の力を信じる自分のこころにしかなかった。すべてのことには理由があった。偶然というものはなかった。家主の親切な夫人がわたしの好物のフィレミニオンの夕食をつくってくれた。皮肉なことに、わたしがひとりで虚《むな》しく退院したその日、夫人の娘は生まれたばかりの元気な女の子を抱いて同じ病院を退院していた。夜になると、アパートの壁の向こうから新生児の泣き声が聞こえてきた。それを聞いたとき、わたしははじめて自分の悲しみの深さに気づいた。

しかし、そこにもまた重要な教訓があった。望むものがあたえられるとはかぎらないが、神はつねにその人が必要としているものをおあたえになるのだ。

第15章　マンハッタン州立病院

　マニーとわたしが新しい仕事をはじめる数週間まえに、スイスの父から一通の手紙がとどいた。その深刻な手紙を読みながら、運命の皮肉なめぐりあわせを感じた。父は肺塞栓《そくせん》を患っていて、本人によるともう末期であり、生きているあいだに一度だけ、わたしたちに会いたいといってきた。そして、ただひとり信頼できる医師、つまりわたしに診てほしいというのである。医者になりたいというわたしの願望をめぐって、父とどんなに激しくたたかってきたことか！

　流産と引っ越しで、マニーもわたしも疲れきっていた。とてもスイスへの旅行などできる状態ではなかった。だが、セップリの最後の要求に応《こた》えられなかったときの経験から、わたしは死の床にある患者を無視してはならないということを学んでいた。瀕死《ひんし》の患者が会いたいというとき、それはあしたのことではない。いますぐに会いたいのだ。マニーは真新しいインパラを売り払い、ふたりぶんの航空券を買った。三日後には父の病室に着いていた。父は死の床どころか、ベッドに横にすらなっていなかった。顔色もとてもよかった。翌日、わたしたちは父を退院させた。

手紙の大仰なものいいは父らしくなかった。車を売り払ったことが無駄になって文句ひとついわなかったマニーも、いつものかれらしくなかった。なにかがおかしかった。あとになって気づいたことだが、入院中の父は、手遅れにならないうちに父娘の関係を修復しておく必要があると感じたにちがいない。父の予感は的中した。それから何日間か、父は人生について、はじめて聞くような思索的な口調で語りつづけた。それがおかげで、わたしたちはかつてないほど深くこころを通わせることができた。それがどんな高級車にも代えがたい貴重な時間であることをマニーは知っていたのだろう。

ニューヨークにもどると、わたしはいのちの価値が極端におとしめられているマンハッタン州立病院で働きはじめた。一九五九年七月の、蒸し蒸しする暑い日のことだった。暗うつな気分で病院に足を踏み入れた。その薄気味悪い煉瓦《れんが》づくりの建物群は、何百人という重度精神障害者が住む家だった。治る見込みのないといわれる人たちばかりで、二〇年以上暮らしている人も少なくなかった。

内部の光景をみて目を疑った。定員をはるかにこえる人数の見捨てられた人たちが、顔をゆがめ、手足を痙攣《けいれん》させ、苦悶《くもん》の叫びをあげているさまは、さながら生き地獄をみている思いだった。その日の夜遅く、わたしは日記に「狂った悪夢」と書いたが、その表現ではもの足りなかったかもしれない。

わたしの職場は慢性統合失調症の女性患者四〇人が住む平屋の建物だった。その全員が絶望的だといわれていた。わたしがみたところ、絶望的だといえるのは婦長だけだった。院長と情をつうじていた婦長は独自の規則をつくり、その規則には病棟で自分の愛猫を好き勝手に走りまわらせてもいいという条項もふくまれていた。何匹もの猫の排泄《はいせつ》物で、部屋の隅という隅が悪臭を放っていた。鉄格子つきの窓が閉められたままだったので、室内にはむかつくような空気がよどんでいた。レジデントのフィリップ・トゥロチュー医師と黒人のソーシャルワーカー、グレース・ミラーというふたりの同僚が気の毒になった。ふたりとも教養が高く、思いやりのある人たちだった。

ふたりがその苦痛に耐えていることも驚きだったが、それも患者の苦しみにくらべればものの数ではなかった。棒で殴られ、電気ショック療法で罰せられ、ときには熱い湯を満たした浴槽に首までつけられ、そのまま二四時間放置されていた。多くの患者がLSD、サイロシビン、メスカリンなど幻覚剤実験用の人間モルモットにされていた。抵抗する患者――全員が抵抗した――には、さらに非人間的な処罰が待っていた。

わたしは研究員として、そんな最悪の精神病院の暗い渦のただなかに放りこまれた。あたえられた仕事は幻覚剤実験の結果を記録することにあったが、二、三人の患者から幻覚剤による恐怖体験を聞きだしたころには、その実験をやめさせ、病院の運営方法を変えさせようと決意していた。

病院または患者たちの慣例を破ることはむずかしくなさそうだった。ほとんどの患者が刺激も気晴らしも仕事もなく、病室か娯楽室をただ徘徊《はいかい》していた。朝になると、薬をもらうために行列をつくった。患者をおとなしくさせ、恐ろしい副作用をもたらすだけの薬だった。夕方もまた同じ行列にならんだ。ソラジンのような精神病用の鎮静剤にもそれなりの意味があることはわかっていたが、たいがいの患者が過量摂取で無気力になりすぎていた。患者に必要なのは薬ではなく思いやりとなぐさめだった。

ふたりの同僚の協力を得て、わたしは患者が自分のことは自分でするような方向に病院の慣習を変えていった。コーラ飲料や煙草がほしい人は、新しい慣習にしたがえば収入が得られるようにした。つまり、時間どおりにベッドから起き、自分で着がえ、自分で髪をととのえ、時間どおりに行列にならばなければならないのだ。そんな単純な課題が実行できない人――または、したくない人――には、その日の収入が得られないという結果が待っていた。一週間後、全員が行列にならんだ。金曜の夜、わたしはひとりひとりに給料を手わたした。その夜のうちにコーラ飲料や煙草で給料を使いきってしまった人もいたが、それなりの前進ではあった。

当時のわたしに精神病にかんする知識がどれほどあったのか？　なにもなかった。だが、人間のいのちについては知っていた。そして、患者が感じている悲惨、孤独、恐怖に正面から向きあった。患者がなにか話しかけてきたらかならず応えた。訴えにはよく耳をかたむけ、自分なりの返答をした。気持ちがつうじるようになった。患者はもうひとりではなく、怖がらなくてもいいのだと感じはじめていた。

院長とのたたかいは患者とのそれの比ではなかった。慣習を改善して、些細《ささい》ではあったがそれなりの成果を得ていたにもかかわらず、院長は薬の投与量削減に反対していた。患者がマスカラペンシルを箱いっぱいに貯めたところでどうなるものでもなかったが、それでも薬漬けでぼうっとしているよりはましだと思った。たたかいのほとぼりが冷めたころ、わたしは行儀のいい患者を野外のピクニックにつれだした。患者に地下鉄の乗りかたや乗車券の買いかたを教え、なにか祝いごとがあった日には、メイシー百貨店での買い物にもつれだした。ケアされていることを知った患者は症状が軽くなっていった。

家に帰ると、患者のあれこれについてマニーに報告した。レイチェルという若い娘の話もした。不治といわれていた緊張性統合失調症の患者だった。別の病棟の患者だったレイチェルは何年もまえから、日中を中庭の同じ場所にじっと立ったままですごしていた。レイチェルが最後にしゃべったのがいつかを覚えている人はだれもいなかった。ことばどころか、声もださなかった。てこでも動こうとしないレイチェルを自分の病棟につれていこうとしたわたしは、みんなから「気が狂った」といわれた。

それでもわたしは、自分の管理下に入ったレイチェルをほかの患者と同じようにあつかった。課題を実行させ、クリスマスやユダヤ教のハヌカー祭、レイチェル自身の誕生日などの行事に参加させた。そうしてこころを配りはじめてからほぼ一年後に、レイチェルがついに口をひらいた。アートセラピーで絵を描いているときのことだった。レイチェルの絵をみていた医師に、「いいでしょ？」といったのだ。

それからまもなく、レイチェルは退院して住む場所をみつけ、シルクスクリーンのアーティストになった。

壁に向かって動かなかった人がふり向いて仲間のほうをみたなど、ささやかな成功もふくめて、わたしは大小の成功によろこびを感じていた。そのうちに、むずかしい選択をせまられる時期がやってきた。五月になって、コロンビア・プレスビテリアンの小児科から再志願をすすめる通知がとどいたのだ。自分の夢を追うか、それとも患者とともにとどまるか、悩みに悩んだ。迷いぬいていたその週の週末、また妊娠していることがわかった。それが問題を解決してくれた。

ところが、六月の末に、わたしはまたもや流産をしてしまった。妊娠がわかっても素直によろこべなかったのは流産を恐れていたからだった。流産は不可抗力とはいえ、二度とあの悲しみと憂うつを味わいたくはなかった。担当の産科医は、わたしが流産しやすい体質だといった。信じたくはなかった。子供をあきらめる気はなかった。その流産は運命だと考えることにした。

子どもをもつかわりに、わたしはもう一年をマンハッタン州立病院ですごすことにした。ひとりでも多くの患者を退院させることに目標を定めた。症状が安定している患者には病院の外で仕事をさせることにした。患者は朝、病院をでて、夜には帰って

きた。そして、コーラ飲料や煙草ではなく、生活必需品を買うことができるようにな
った。上司たちはわたしのやりかたをみて、どんな学派のどんな理論にもとづく治療法なのかとたずねてきた。理論などなにもなかった。

「その患者さんのことがわかったら、いいと思うことをしているだけです」わたしは説明した。「薬物で麻痺《まひ》させておいて治れといっても無理な話ですわ。人間として接する必要があるんです」

「みなさんのような接しかたはとてもできません」わたしはつづけた。『何号室のあの統合失調症が……』なんて、いえないんです。ちゃんと名前で呼んでいます。患者さんの癖もわかっています。そうすれば応《こた》えてくれますわ」

グレース・ミラーとふたりではじめた「一般開放日」プログラムは大成功だった。地域の人たちを病院に招いて、患者と養子縁組をしてもらうための計画である。それは人間関係をもつ糸口がまったくない人たちにその機会を提供するという計画だった。何人かの患者がみごとにその機会をとらえた。その人たちは責任を自覚し、人生の目的をもつようになった。いつかまた病院をたずねるといってくれた人もいた。

いちばん感動的だったのはアリスという名の婦人だった。二〇年の入院ののちに、

ようやく退院することになったアリスが、ある日、意外なことをいいだした。子どもたちに会いたいというのである。子どもたち？　はじめはなにをいっているのか、だれもわからなかった。

しかし、グレースが調査に乗りだし、アリスが子どもをふたり生んでいたことが判明した。ふたりとも、アリスが入院したときはまだ赤ん坊で、母親は死んだといわれていたことがわかった。

グレースは成人したふたりの子どもをみつけだし、病院の「養子縁組」プログラムのことを伝えた。そして代理家族を必要としている「孤独な婦人」がいると告げた。亡き母親をしのんだふたりは養子縁組に同意した。実の母親であることは知らせなかった。見捨てられたとばかり思っていた子どもたちに対面したアリスの、世にもすばらしい笑顔は、いまだに忘れることができない。アリスの退院後しばらくして、子どもたちは母親をふたたび家族として迎え入れた。

家族といえば、マニーとわたしも新しい家族を迎えようとしていた。一九五九年の秋、わたしはまた妊娠したのだ。出産の予定日は六〇年の六月なかばだった。九か月のあいだ、マニーはわたしを壊れもののようにあつかった。わたしも今回は無事に生まれそうだという気がしていた。流産のことはあたまから追い払い、男の子か女の子が生まれてくることだけを考えた。つい甘やかして、わがままな子にしてしまいそうだった。赤ん坊のことを考えると、先ゆきが案じられた。毎日が新しい挑戦の連続だった。あるときは、もうひとつのいのちを生み落としたいなどと望むのは正気の沙汰《さた》ではないと感じた。つぎの瞬間には、世界一美しい赤ん坊の笑顔を思い浮かべていた。とにかく生むしかなかった。

マニーとわたしはブロンクスのアパートに移った。それまででいちばん大きなアパートだった。予定日の一週間前にスイスから母が手伝いにきてくれた。予定日がすぎても陣痛は起こりそうになかったが、母は心配していなかった。メイシーをはじめとする百貨店めぐりで忙しかったのである。

予定日から三週間後、マニーとわたしは車でブロンクス名物の石畳の道を走りはじめた。でこぼこを避けて走るのがたいへんだった。皮肉なことに、ようやく陣痛がはじまったのは、雷雨のなかでロングアイランド鉄道の踏切があがるのを待っている、大渋滞のさなかだった。わたしたちはかねての予定どおり、グレンコーヴ病院に向かっていた。陣痛は断続的に一五時間つづき、いよいよというときに、待ちきれなくなった医師団が鉗子《かんし》分娩《ぶんべん》の決断をした。手荒な方法には反対だったが、わたしには抵抗するだけの力が残っていなかった。ただ元気な赤ん坊を抱くことだけを考えていた。あとは自分の叫び声しか覚えていない。を両腕に抱いていた。早くも目をみひらき、まっさらな世界をみつめていた。そんなに美しい赤ん坊はみたことがなかった。入念に全身を点検した。男の子。わが息子。体重は三・五キロもあり、濃褐色の髪が渦巻いていて、赤ん坊とは思えないほど長い、絶妙なかたちのまつ毛が生えていた。マニーがケネスと名づけた。母もわたしも「ス」(th)の発音がうまくできなかったが、そんなことはどうでもよかった。誕生がうれしくて小躍りしたいほどだった。

宗教については息子が判断できる年齢に達したら自分できめればいいということで合意していたが、それでもマニーは割礼だけはさせたいと主張した。「ロス家のためだ」というのである。まもなくラビが病院にくるという知らせを聞いたとき、わたしはユダヤ教の割礼やバルミツバー(少年の成人式)のことを想像してうんざりしていた。

ところが、ケネスの小児科医が報告しにきたある医学的な問題によって、わたしの不満は解消してしまった。ケネスは包皮が閉鎖していて排尿が困難なので、すぐにも環状切除の手術をしなければならないというのである。疲れてふらふらだったわたしはベッドから飛び起き、猛烈なスピードで走っていって手術を手伝った。

育児がそれほど幸福な経験だとは想像もしていなかった。たしかに疲れたが、それ以上の幸福はなかった。母が四人もの

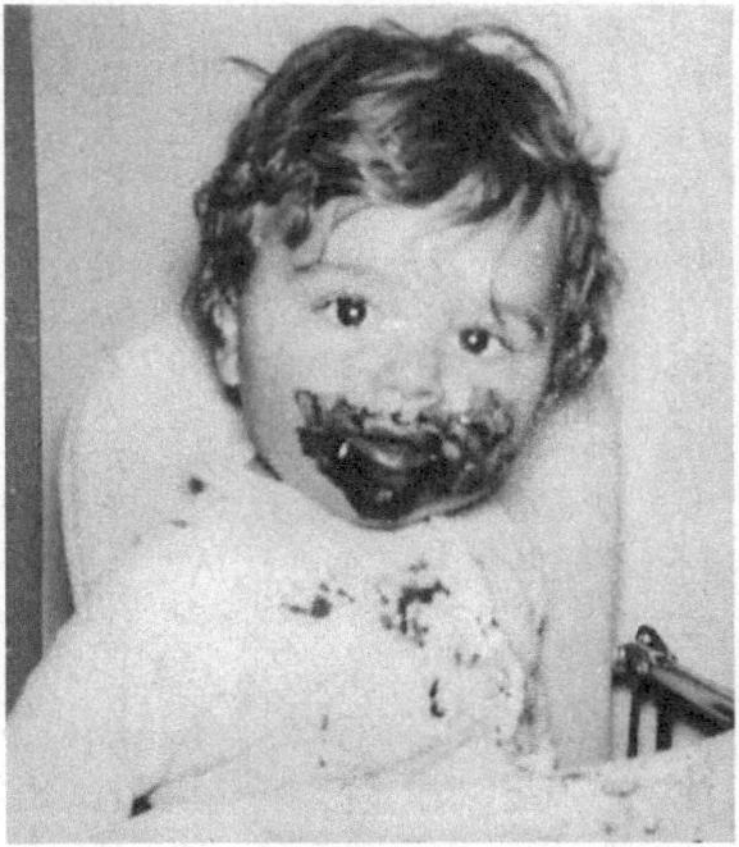

はじめてチョコレートを食べたケネス・ロス。1961年。（エリザベス・キューブラー・ロス・コレクション所蔵）

——そのうちの三人は一度に生まれてきた——子どもを育てたことに、いまさらながら感心した。だが、ほかの母親と同じように、わたしの母も「あたりまえのことよ」というだけだった。母には仕事に復帰しようとしているわたしの気持ちが理解できなかった。子育てをしながら仕事をつづける女がまれな時代だった。迷わず両方を選んだ

わたしもそのひとりだったらじい。たしかに家族はなによりもたいせつだったが、自分をもとめている人たちの期待に応じないわけにはいかなかった。

自宅で一か月静養してからマンハッタン州立病院に復帰し、そこでレジデント期間の二年目を終えた。サディスティックな処罰のほとんどを廃止させ、「絶望的」な統合失調症患者の九四パーセントを退院させて、社会のなかでの自立した生活にみちびいたこと、それがわたしの実績だった。だが、一人前の精神科医になるには、あと一年レジデントをつづける必要があった。精神科という専門職にはいまだに納得していなかったが、一からやりなおすには遅すぎるというマニーの意見ももっともだった。

わたしは州立病院よりははるかにまともで、知的な刺激が受けられそうなモンテフィオール病院に願書を提出し、面接を受けることになった。面接は惨憺《さんたん》たるものだった。冷血で高慢な面接官の医師は、わたしに恥をかかせることだけをこころがけているように思われた。精神病、アルコール依存症、性的障害など非精神病の治療について、わたしの知識と関心の欠如を露呈させるような質問ばかりを浴びせかけ、自分がいかにその分野に造詣《ぞうけい》が深いかを誇示した。だが、その医師はただの偏差値秀才でしかなかった。

その医師が書物から学んだ知識と自分がマンハッタン州立病院で経験したことの差は、わたしにとっては決定的だった。モンテフィオールへの就職を棒にふる覚悟で、そのことをいってやろうと思った。「知識は助けにはなりますが、知識だけで人を助けることはできないと思います」わたしはいった。「あたまと、こころと、たましいを総動員しなければ、たったひとりの人間も助けることはできないでしょう」質問にたいする答えにはなっていなかったが、気分はずっとよくなった。

第16章　死ぬまで生きる

モンテフィオール病院では精神薬理学のクリニックを担当し、同時に神経科をふくむ他の診療科目の患者のためのリエゾン・コンサルタントに就任した。就任直後、ひとりの神経科医から患者のチェックを依頼された。その患者と会ってみた。二〇代なかばの男性で、心因性の麻痺《まひ》と抑うつだと考えられていた。わたしは難治の変性疾患であるALS（筋萎縮《いしゅく》性側索硬化症）の末期という診断をくだした。

「あの患者は死ぬ覚悟をきめています」とわたしは報告した。

神経科医はその見解に同意しなかったばかりか、わたしの診断をあざ笑った。そして、患者に必要なのは落ちこんだ気分を改善するための鎮静剤だけだといった。

だが、患者は数日後に亡くなった。

わたしの愚直さは病院でおこなわれている定型的な医学の方法とはなじまないようだった。しかし、数か月もすると、多くの医師が死にまつわる一切のことがらへの言及を避けるのがふつうであることに気がつくようになった。瀕死《ひんし》の患者は州立病院の精神病患者にもおとらぬほど冷酷なあつかいを受けていた。隔離され、虐待されていた。だれも正直には接していなかった。がん患者に「わたしは死ぬんですか？」と聞かれると、医師はきまってこう答えた。「なにをばかなことをいってるんだ」わたしにはできないことだった。

でも、モンテフィオールばかりでなく、ほかの病院にもわたしのような医師はほとんどいなかった。わたしのように戦争でひき裂かれたヨーロッパの村々で救援活動をしたことのある医師はもちろん、わたしのように息子のケネスを育てながら働いている母親の医師すらいなかった。さらに、統合失調症の患者とともに働いた経験から、わたしは人間には薬剤や科学をこえて治る力があることを学んでいた。そういう経験をすべて織りまぜて、わたしは毎日、病棟での仕事をつづけていた。

コンサルテーションの仕事をするとき、わたしは患者のベッドに腰かけ、手をにぎって、何時間でも話しあった。瀕死の患者で愛やふれあいや交流を渇望していない人はひとりもいないという事実を、わたしは学んだ。死の床にある患者は医師との「安全な距離」など望んではいなかった。ただ正直であることだけをもとめていた。自殺するほどにひどい抑うつ状態にある患者のなかにも、例外はあったが、人生にはまだ意味があることを確信している人たちがいた。「どんなことを感じているか、教えて」とわたしはいう。「そうすれば、なにかできるかもしれないから」

だが、忌まわしいことに、最悪の症例——末期の人たちや死の過程にある人たち——には最悪の治療がほどこされていた。ナースステーションからいちばん遠い部屋に閉じこめられ、煌々《こうこう》と灯《とも》るあかるい電灯に照らされたままで、あかりを消すこともできない状態にあった。投薬の時間を除いては見舞客の入室もゆるされなかった。まるで死が伝染するものでもあるかのように、ひとりで死にゆくべく放置されていた。

わたしはそうした慣習になじむことを拒絶した。どう考えても納得できなかった。わたしは何時間でも瀕死の患者につき添い、声をかけつづけた。

わたしの仕事場は病院内のすべての病室だったが、足はいつも最悪だと考えられている患者——瀕死の患者のほうに向かっていった。かれらはそれまでに出あった最高の教師だった。わたしはその人たちが運命を受容しようと苦闘する姿をみつめた。その人たちが神を激しく罵倒《ばとう》することばに耳をそばだてた。「なぜこのわたしが？」と泣いて訴えられては、力なく肩をすくめた。その人たちが神と和解していくときのことばを聞いた。そして、こころを配る人間がそばにいれば瀕死の人たちもいずれは受容の段階に到達するということに気づいた。その経験はやがてわたしに死への異なった諸段階にかんする記述を書かせることになるのだが、それは死だけではなく、どんな種類の喪失に対処するときにも応用できる方法である。

ひたすら耳をかたむけることによって、わたしは瀕死の患者はかならず自分の死を知っているものだということに気づくようになった。それは「告げるべきだろうか」とか「もう知っているだろうか」という問題ではなかった。

問うべき問いはただひとつ、「その人から話が聞けるだろうか」なのだ。

地球の向こう側では、父が話を聞いてくれる人をもとめていた。九月、母が電話で父の入院と容体の悪化を知らせてきた。こんどは誤報ではないと、母は語気を強めた。マニーは時間がとれなかったが、わたしはケネスを抱いて翌日の一番機で出発した。

病院に着くと、父が死にかけていた。肘《ひじ》の手術の不手際から致命的な敗血症を起こしていた。父はたくさんのパイプにつながれ、腹部には膿汁《のうじゅう》の吸引器がとりつけられていた。やせ細り、痛がっていた。もう医学にできることはなさそうだった。父はしきりに家に帰りたがっていたが、だれも耳を貸そうとはしていなかった。担当医も病院も父の退院を拒んでいた。

だが、父は自宅でやすらかに死ねないとわかったら自殺をしかねない状態だった。疲れきっていた母もあとを追う恐れがあった。だれも口にはしなかったが、わたしはある事情を知っていた。父の父、つまり祖父は、背骨を折って老人ホームで亡くなった。祖父は家に帰りたがったが、医師に説得された父はそれを拒絶した。父はいま、祖父と同じ立場に置かれていた。

わたしが医師であることを明かしても病院側の態度は変わらなかった。退院するなら一切の責任を問わないという書類に署名しろといってきた。

「とちゅうで死ぬことになりますよ」と医師は警告した。

わたしは病床の父の顔をみた。痛みにゆがみ、絶望し、子どものように家に帰りたがっていた。決断をせまられた。氷河をハイキングしてクレヴァスに落ちたとき、父が助けてくれたことを思いだした。あのとき父がロープの結びかたを教えてくれなかったら、わたしは深淵《しんえん》にはまったまま死んでいたはずだ。こんどはわたしが父を助ける番だった。

わたしは書類に署名した。

頑固な父は、退院できることを知って祝杯をあげようといいだし、自分の元気づけのためにわたしがもちこんだお気に入りのワインを所望した。グラスを支えて父に飲ませていると、からだにつながれたパイプの一本からワインが一滴一滴したたり落ちるのがみえた。父を自由にしてやるときが近づいたことがわかった。

病室にそなえる器具一式を揃えてもらい、父を救急車に乗せた。わたしは父のとなりに座った。家が近づくにつれて、父の表情に生気がよみがえってくるのがわかった。父はときどきわたしの手を強くにぎり、あふれる感謝の気持ちを伝えてきた。救急隊員に寝室まで運ばれる父のからだは、痛々しいほどにしなびて小さくなっていた。しかし、父は自分のベッドに横になるまで、周囲の者にあれこれと命令をしていた。ようやく落ちついた父は「やっと帰れたな」とつぶやいた。

それから二日間、父はやすらかにまどろんでいた。目がさめているときは、お気に入りの山の写真をながめ、スキー競技で獲得したトロフィーをみつめていた。母とわたしは交代で父の病床につき添った。兄と姉たちが駆けつけられなかった理由については思いだせないが、たがいに連絡だけはとりあっていた。ナースをひとり雇ったが、父のからだを拭《ふ》き、排泄《はいせつ》を手伝い、快適にすごしてもらう役目はわたしのものだった。

看護がいかに重労働であるかをあらためて思い知らされた。

いよいよ死期が近づくと、父は食事をとらなくなった。みるのもつらい光景だった。だが、父はワインセラーから別の種類のワインをもってくるように命じた。

死の前日の夜、わたしは痛みにさいなまれながら眠っている父をながめていた。みていられなくなり、一度だけモルヒネの注射を打った。しかし、翌日の午後に、意外なことが起こった。苦しい眠りからさめた父がわたしに「窓をあけてくれ。教会の鐘の音をよく聞きたい」といったのだ。父とわたしはしばしのあいだ、あのなじみ深いクロイツ教会の鐘の音を聞いていた。しばらくすると、父はみえない祖父に向かって話しかけ、みじめな老人ホームで死なせてしまったことをしきりに詫《わ》びはじめた。「きっと、この苦しみで罪を償っているのでしょう」父はそういって、「もうすぐ会いにいきますからね」と約束していた。

祖父との会話のとちゅうで、父はわたしのほうをふり向き、「水をくれ」といった。父にはっきりとした見当識があり、ひとつのリアリティーと別のリアリティーとを意図的に往来できることを知って、わたしは胸を打たれた。もちろん、わたしには祖父の姿をみることも声を聞くこともできなかった。父はあきらかにアンフィニッシュト・ビジネス、つまりやり残した務めの清算をしていた。その日の夜、父はいちじるしく衰弱しはじめた。わたしは父のとなりに置いたカンバスの簡易ベッドでやすんだ。あけがた、父の体位を変え、あたたかい額にキスをして、手をにぎった。それからコーヒーを飲みにキッチンにいった。もどってくると、父の息が絶えていた。

母とふたりで父のベッドに腰をかけ、ゆっくりと時間をかけて別れのあいさつをした。父は偉大な男だった。だが、父はもうそこにはいなかった。エネルギー、霊魂、こころ——なんであれ、父を父たらしめていたものが消えていた。たましいが肉体を離れていた。父が祖父のみちびきでまっすぐに昇天したこと、天国で神の無条件の愛にしっかりと抱かれていることを、わたしは確信した。死後のいのちについての知識はなにもなかったが、父がようやくやすらぎの境地に達したことだけは信じられた。

つぎの仕事が待っていた。わたしは市の保健所に届け出をし、保健所が遺体の処理をひき受け、柩《ひつぎ》と葬儀用のリムジンを無料で提供してくれることになった。雇ったナースはなぜか父の死を知ったとたんに姿を消してしまい、最後に父のからだを清める仕事をわたしに残してくれた。友人のブリジッド・ウィリソー医師が手伝いにきてくれた。ブリジッドとふたりで父の枯れ木のようなからだに付着した膿汁と排泄物を拭《ぬぐ》い清め、上等なスーツを入念に着せた。ふたりとも宗教的な沈黙のなかで作業をおこなった。短い時間ではあったが、父が孫のケネスに会い、ケネスが祖父を知る機会をあたえられたことに、わたしは感謝していた。わたし自身は祖父母を知らずに育ってきていた。

ふたりの保健所職員が柩を運んできたときには、父は整然と片づけられた部屋のベッドに正装して横たわっていた。厳粛に遺体を柩におさめたあと、職員のひとりがわたしのそばにきて、小声で「お庭から花を摘んできて、お父さまの手にもたせてはどうでしょうか」とささやいた。よく気がついてくれた！　わたしとしたことが花を忘れるなんて！　花を愛するこころを教え、自然の美に目をひらかせてくれたのは父だった。わたしはケネスを抱いたまま階段を駆けおり、いちばん立派な菊を何本か摘みとると、父の手に差し入れた。

葬儀は三日後におこなわれた。娘たちが結婚式をあげたチャペルで、父はともに働いた同僚たち、教えた生徒たち、スキークラブの仲間たちの手厚い供養を受けた。兄を除いて家族の全員が集まった葬儀は、父が大好きだった賛美歌でしめくくられた。悲しみはしばらくつづくだろう。しかし、後悔している人はだれもいなかった。その日の夜、わたしは日記にこう書きつけた。「父は死ぬときまで立派に生きた」

第17章　はじめての講義

一九六二年には、すでにアメリカの風土になじんでいた。四年の歳月がわたしを変えていたのである。いつのまにかチューインガムを噛《か》み、ハンバーガーを口にし、朝食に甘いシリアルを食べ、ニクソンよりはケネディを支持するようになっていた。母を何度目かのアメリカ旅行に招く手紙に、「スカートのかわりにズボンをはいて外出することがありますが、ショックを受けないでね」と書いた覚えがある。

しかし、こころのどこかには、なんともいえない寂寞《せきばく》感がわだかまっていた。結婚して母親になっても、まだ腰が定まっていないという思いが消えなかった。なにかが足りなかった。それをつきとめようとして、わたしは日記にこう書いている。「なぜ自分がアメリカにいるのか、まだよくわからない。でも、きっと理由があるはずだ。アメリカにはまだフロンティアがある。それはわかっている。いつか、その未知の領域を旅することになるだろう」

なぜそのように感じたのかはわからないままに、その年の夏、日記に書いたとおりに西部への旅をすることになった。マニーとわたしはコロラド大学に職をみつけたのだ。神経病理学と精神科の両方が揃っている大学は、当時、コロラド大学だけしかなかった。マニーの真新しいコンバーティブルでトレーラーをひきながらデンバーまでドライブをした。ケネスの世話をするために母もいっしょについてきていた。どこまでもひろがる美しい風景が圧巻だった。わたしは無性に母なる自然への憧憬《しょうけい》をかきたてられた。

デンバーに到着すると、住むはずの家の準備ができていないことがわかった。もっけの幸いとばかりに玄関につづく私道にトレーラーを置いて、わたしたちは観光旅行にでかけた。ロサンゼルスに住むマニーの兄をたずね、つぎに、地図に不慣れな母が「メキシコはすぐそばよ」といい張ったおかげで、ティファナにいくことになった。帰途はわたしの提案で有名な「四つ辻《つじ》」まで足をのばした。アリゾナ、ユタ、コロラド、ニューメキシコの四州が接しあう合流点である。

ちょっとした思いつきのおかげで、巨大なメサ（頂上が平らな岩石丘）やビュート（独立峰）、モニュメントバレーの奇岩を目撃することができた。そして、気味の悪いほどの懐かしさを感じた。とくに、はるかかなたを馬でいく先住民の女性の姿をみたときは、懐かしさで胸がしめつけられるような気がするほどだった。この風景はどこかでみたことがある。たしか以前にみているような気がする。そう思うと戦慄《せんりつ》が走った。アメリカ到着前夜の船でみた夢を思いだした。マニーにも母にもいわなかったが、その夜、わたしはベッドに座って、ふだんなら突飛と思われるような思いに沈みこんでいた。そして、そのことを忘れないために、日記にこう書きつけた。

輪廻《りんね》転生についてはなにも知らない。輪廻転生など、お香の匂いがたちこめる部屋で前世について議論している風変わりな人たちのものだとばかり思いこんでいた。わたしの気風にはなじまなかった。わたしは検査室にいるときがいちばん安心しているような人間だった。でも、いまではわかっている。こころや精神には顕微鏡や化学反応では突きとめられない謎がある。いつかはそれを知りたい。いつかは理解できるようになりたい。

デンバーにもどると現実が待ち受けていた。そこが人生の目的を探究する場だった。

病院はとりわけその場にふさわしいところだった。わたしは精神科医だったが、標準的な精神医学にはぜったいに手を染める気はなかった。そこでもまた、わたしは問題をかかえているおとなや子どもたちと共同作業をするつもりだった。けっきょく、わたしのこころをとらえたのはマンハッタン州立病院で統合失調症患者にそうしたような直感タイプの精神医学、薬物療法や集団治療ではなくマンッーマンの、規格からはずれた精神医学だったのだ。大学の同僚たちにそのことを話したが、励ましてくれる人はだれもいなかった。

どうすればいいのか？　わたしは学界でも定評のある、三人の著名な精神医学者に助言をもとめることにした。全員から、シカゴにある有名な精神分析学研究所で教育分析を受けるようにいわれた。おきまりの答えだったが、そのときのわたしに役立ちそうな答えとはいえなかった。

つぎに、精神科に新しくできた精神生理学研究所の所長、シドニー・マーゴリン教授の講義を聞くことにした。講壇に立つマーゴリン教授は学生の耳目を一身に集めていた。長い白髪をたなびかせながら強いオーストリアなまりでしゃべるその老人は学生を魅了する偉大なパフォーマーだった。その講義を数分間聞いただけで、教授こそ自分がもとめていた人であることがわかった。

当然のことながら、教授の講義はいつも満員だった。教授はいつも、どこからともなく忽然《こつぜん》と講壇に姿をあらわした。講義のテーマはいつも意外なものばかりだった。何度目かの講義が終わったあと、わたしは教授のあとを追って研究室までいき、自己紹介をした。その打ちとけた応対ぶりに、わたしはますます魅了されていった。ドイツ語と英語で長いあいだ話しあった。話題は教授の講義と同じように、森羅万象にわたっていた。話の合間に、わたしは自分の個人的な悩みについて論じ、教授は先住民のウート族にかんして蘊蓄《うんちく》をかたむけてくれた。

三人の大先輩とはちがって、教授はシカゴにいけとはいわなかった。そのかわり、自分の研究所に籍を置くようにすすめられ、わたしはその誘いに乗ることにした。

マーゴリン教授は気むずかしい人で、要求の多い上司だったが、その心身相関病にかんする研究を手伝うことはデンバーでのわたしの最大の収穫になった。ときには、教授が他の部門から拝借してきた妙な機器の組み立てだけをやらされたこともあった。それでも、わたしは満足していた。教授は因襲にとらわれない人なのだ。たとえば、教授の研究チームには電気技師、手先が器用な人、献身的な秘書がいた。研究所そのものがうそ発見器、心電計などなどの機器類であふれ返っていた。マーゴリン教授は患者の想念や感情と病状との相関性に着目し、その測定に興味をもっていたのだ。教授はまた治療に催眠を用い、輪廻転生を信じていた。

わたしは職場での幸福感を家庭生活にまでもちこんだ。マニーもまた神経病理学部で重要な講義を担当していることに満足していた。家庭はわたしがそうありたいと願っていたとおりの家庭になった。庭にはスイス風のロックガーデンをつくり、スプルース（唐檜《とうひ》）を植え、高山植物、とくにアメリカではじめてみつけたエーデルワイスを配置した。社交上でも、マーゴリン教授夫妻とともに頻繁にたのしい夜をすごし、クラシック音楽を鑑賞し、フロイトから前世説まで、あらゆる話題について議論を交わした。

失望することは少なかったが、わが家にとって重大なことが起こった。デンバーに移って二年目の一九六四年にかけて、わたしが二度妊娠し、二度とも流産したのだ。喪失を悲しむよりもフラストレーションに対処することのほうがむずかしくなっていた。マニーもわたしももうひとり子どもがほしいと願っていた。わたしはふたりの子どもがほしかった。ひとりは授かった。神の思《おぼ》し召しがあれば、今度は女の子がほしかったが、それも運命にまかせるしかなかった。

マーゴリン教授はよく旅行をする人だった。ある日、研究所に呼ばれたわたしは、教授からいきなり、ヨーロッパに二週間の出張をすると告げられた。またヨーロッパのあちこちの都市や名所の話がしたいのだなと思った。ふたりとも若いころによく旅をしていたので、いつも思い出ばなしに花を咲かせていたからだ。だが、その日はちがっていた。教授は例によって藪《やぶ》から棒に、医学校の講義の代役にわたしを指名したのだった。一瞬、あたまのなかが真っ白になった。なにを要求されたのかを理解したとたんに、緊張のあまり全身から冷や汗が噴きだした。

名誉ではあったがとうてい不可能な話だった。マーゴリン教授は雄弁なスピーチの名手であり、その講義はすぐれたパフォーマンス、知的な独演会そのものなのだ。大学で最大の聴衆を集める講座を、どうやってわたしにひき継げというのか？　わたしは人数の多寡を問わず、人まえでのスピーチとなるとあがってしまい、ひどく落ちつかなくなるほうだった。「まだ二週間もある」教授は励ますようにいった。「わたしは大学の講義摘要など無視してやっている。必要だと思ったら、わたしのファイルを利用したまえ。テーマはきみの好きなものを選べばいいさ」

パニックのあとには焦りがやってきた。翌日から一週間は図書館に通いづめになり、独創的なテーマを探して本から本へとわたり歩いた。ありきたりの精神医学について語る気はなかった。患者を「従順にする」薬物の数々を是とするような立場もとりたくはなかった。また、個々の精神病の特徴に深入りするような、極端に専門化したテーマも避けたかった。けっきょく、講義を聞きにくる大半の学生の関心は精神医学以外の専門分野にあるのだから。

それでも、わたしは二時間を埋めなければならなかった。将来、医師になる人たちに知っておいてほしい精神医学の知識とはなにか、その知識に沿って自分の期待を満たすようなテーマがほしかった。整形外科医はなにに興味があるのか？　泌尿器科医は？　わたしが経験から学んでいたのは、ほとんどの医師が患者のこころとあまりにもかけ離れているということだった。かれらに必要なのは、人びとが病院に入るときに感じる威圧感や緊張という、単純かつ現実的な感情に直面することなのだ。かれらは患者を、人間の仲間のひとりとして治療する必要があった。

ということは、とわたしは自問した。すべての医師に共通するものはなんなのか？

文献をいくら渉猟してみても、なにも浮かんでこなかった。

ところがある日、不意にテーマを思いついた。死だ。すべての医師と患者がそのことを考えていた。ほとんどの人はそれを恐れていた。遅かれ早かれ、すべての人がそれに直面しなければならなかった。それこそが医師と患者に共通するテーマであり、そして恐らくは、医学における最大の謎のはずだった。それは最大のタブーでもあった。

テーマはきまった。調査をしようとした。しかし、難解な精神分析的論文と、仏教徒、ユダヤ人、アメリカ先住民などの死の儀礼にかんする若干の社会学的研究を除けば、図書館には死にかんする文献はなにもなかった。わたしはまったく別の角度から死に接近しようと考えた。医師たちが死とはどんなものかについて率直に語り、死にたいする理解を深めるようになれば、死への対処がずっと楽になるはずだ。そのことを論点にしよう。

ようやく道がみえてきた。マーゴリン教授はいつも講義を二部構成でおこなっていた。最初の一時間は理論的な仮説の提示、あとの一時間はその仮説を裏づける経験的な証拠の提示という構成である。わたしは渾身《こんしん》の力をふりしぼって仮説の組み立てにとり組んだ。だが、後半の証拠の提示のくだりになると思考がとまった。

なににしよう?

それを考えながら二、三日、病院のなかを歩きまわっているうちに、ふとアイデアが浮かんだ。回診のとちゅう、白血病で死の床にあるリンダという一六歳の少女の部屋をおとずれ、いつものようにベッドに腰かけて話しあっていたときのことだった。それが五回目か六回目の面接だったと思う。とつぜん、リンダが自分の心境についてきわめて率直に、赤裸々に、明晰《めいせき》に語っていることに気がついた。主治医の非情な治療によって一切の希望を打ち砕かれながらも、リンダはなお娘である自分の死にうまく対処できない両親にたいする怒りを、ほとばしるような勢いで雄弁に表現していた。つい最近、母親が新聞に娘の苦境を訴える広告をだし、確実に最後になるはずの娘の誕生日のために「スイート・シックスティーンおめでとう」のバースデーカードを送ってくれるように読者に呼びかけたというのである。

その日の午前中に、大きな袋に入った大量のカードが届いたばかりだった。善意のカードではあったが、それはまったく知らない人たちが書いた無神経なメッセージだった。話のとちゅう、リンダは汚らわしいものを避けるように、か細い腕でその郵便物の袋を押しのけた。そして、ほんとうは両親や親戚《しんせき》からのこころのこもった見舞いがほしいのにといいながら、青ざめた頬を怒りで紅潮させた。「わたしがどんな気持ちでいるのか、それを考えてほしいの！」リンダはいきりたった。「だって、なぜわたしなの？ 神さまはどうしてわたしが死ぬことをおきめになったの？」

わたしはその少女の覇気に魅了されていた。医学生はこの少女の声にこそ耳をかたむけなければならないと考えた。「お母さんにいえなかったことを、思いきりいってしまいなさいよ」わたしはリンダを励ました。「一六歳で死ぬということがどんなことなのか、将来医者になる学生たちに教えてやるのよ。怒りたかったら、怒ってもいい。どんなことばでしゃべってもいいわ。いまのほんとうの気持ちをぶちまけてちょうだい」

講義の日、わたしは大きな階段教室の講壇に立って、きれいにタイプした原稿を読みあげた。英語のなまりも手伝ってか、学生の反応はマーゴリン教授のときとは大ちがいだった。学生たちの態度はゆるしがたいほど粗野だった。ガムを噛《か》み、あけすけに私語を交わすなど、無礼な行動をとりつづけた。講義をすすめながら、自分がフランス語やドイツ語で講義をする立場になったらと想像する学生がひとりでもいるだろうかと考えた。また、スイスの医学校のことも考えていた。スイスでは教授は学生たちから絶対的な尊敬を受けていた。教室でガムを噛んだり私語を交わしたりすることはありえなかった。だが、ここはアメリカだった。

講義をすすめていくのがせいいっぱいで、一時間目が終わりに近づくにつれて学生たちが静かになっていくことに気づくゆとりはなかった。前半の講義を終えるころにはわたしもようやく落ちつきをとりもどし、実際に死の床にある少女をみて驚く学生たちの姿を想像するだけの余裕ができてきた。休憩のあいだに勇敢な一六歳の少女をむかえにいった。リンダはきれいなドレスを着こみ、髪もととのえていた。わたしは自分で車椅子を押して教室に入っていった。緊張しきっていた一時間まえのわたしとは対照的に、リンダの澄んだ茶色の瞳《ひとみ》とひきしまったあごは内面のみごとな落ちつきを示していた。

休憩からもどってきた学生たちは、音もなく、こわごわと席についた。わたしはリンダを紹介し、寛大にも病気の「ターミナル」期にあるとはどういうことなのかについての質問に答えることに同意してくれたと説明した。小さなざわめきが起こり、ガタガタと神経質に椅子を動かす音が聞こえたかと思うと、息がつまるような沈黙があとにつづいた。学生たちが居心地の悪い思いをしていることはあきらかだった。質問者をつのったが、だれも手をあげなかった。しかたなく、わたしは何人かの学生を指名して講壇のそばに呼び寄せ、質問をするように指示した。ようやく発せられた質問はすべて血球数、肝臓の肥大のようす、化学療法にたいする反応など、臨床的な瑣事《さじ》にかんすることばかりだった。

リンダの個人的な感情にまつわる質問がでてこないことがわかると、わたしは講義を自分が考えている方向にもっていくために質問の舵《かじ》とりをしなくてはと思った。しかし、その必要はなかった。質問者の無神経さにがまんができなくなったリンダが怒りを爆発させたのだ。冷たく光る茶色の瞳でまっすぐに学生たちをみつめて大きく息を吸ったリンダは、いつも担当医や専門医たちからしてもらいたいと思っている架空の質問に答えはじめた。一六歳で、あと数週間しか生きられないって、どういうことなの？　ハイスクールのダンスパーティーに夢を託すこともできないって、どういう状態のことなの？　デートもできない状態って？　おとなになること、仕事を選ぶことも考えられない状態って？　夫になる人のことも考えられない状態って？　そんな状態の毎日を過ごすときに、なにが助けになるの？　なぜみんなはほんとうのことをいわないの？

三〇分近くしゃべったリンダは疲れきってベッドにひきあげていった。学生たちは虚をつかれ、胸をつまらせて、ほとんど白日夢をみているような表情で黙りこくっていた。その表情は講義の前半のときとは別人のように変わっていた。講義が終了したにもかかわらず、だれも席を立とうとしなかった。なにか話したいのに、なにを話していいのかがわからないのだ。わたしが口火を切った。まず感想を聞いてみると、ほとんどの学生が感動して涙がでたと答えた。瀕死《ひんし》の少女をまのあたりにした学生たちの反応が「自分自身のいのちのはかなさ」をみとめたという事実に由来するものであったことを、わたしは示唆した。ほとんどの学生は生まれてはじめて、自分にも確実におとずれるはずの死にたいする恐怖に直面させられた。自分がリンダの立場だったらどうだろうかと考えずにはいられなかったのだ。

「いま、みなさんは科学者としてではなく、ひとりの人間として反応しています」わたしはいった。

沈黙。

「みなさんは死の床にある患者がどんな気持ちでいるのかがわかるようになるでしょう。でも、それだけではありません。みなさんは慈悲のこころをもって患者に接することができるようになるでしょう。自分がその立場だったらそう接してもらいたいような、慈悲のこころです」

講義で消耗したわたしは、オフィスにもどってコーヒーを飲んでいた。なぜか、一九四三年にチューリッヒの研究所で起こした事故のことが思いだされた。検査室で化学薬品を混合しようとして不注意にもびんを落としてしまい、薬品が爆発して燃えあがった。わたしは顔と両手と頭皮にひどいやけどを負った。耐えがたい痛みにさいなまれながら、数週間の入院生活を送った。しゃべることも手を動かすこともできなかった。医師は毎日、拷問のような治療をつづけた。できたばかりの新しい皮膚といっしょに古い包帯をはぎとり、傷口を硝酸銀で焼いては新しい包帯と交換したのだった。医師には指の可動性が完全にもどることはないといわれていた。

しかし、夜になると、検査室の仲間の技師が医師の目を盗んで病室にしのびこんできた。そして、じょじょに負荷が大きくなる奇妙な機械をわたしの指に装着しては、ゆっくりとした運動をつづけさせた。それはふたりだけの秘密だった。退院の一週間まえに、担当医が医学生の一団をひきつれて回診にきた。医師がわたしの症例を紹介し、指が動かなくなっている理由を説明しているとき、笑いをこらえきれなくなったわたしは勢いよく手をあげて、指を自由に動かしはじめた。一同は唖然《あぜん》としていた。

「どうして？」医師がたずねた。

わたしは秘密をうちあけた。医師も医学生もなにかを学んでくれたはずだった。一度そういうことを経験すると、考えかたが永久に変わってしまうものなのだ。

ついいましがた、一六歳のリンダは医学生たちにそれと同じことをしてくれた。リンダは学生たちに、人生の終末にはなにが意味をもち、なにが貴重なのか、わたしたちの時間とエネルギーを無駄にしているものがなんなのかを、身をもって教えてくれた。わたしもあらためてそれを学んだ。事実、リンダの短い人生が残してくれた教訓は、リンダが亡くなったずっとあとまで共鳴のように鳴り響いていた。

死にゆく患者のことばに耳をかたむけさえすれば、生について無限に多くを学ぶことができるのだ。

第18章　母　性

死以外のテーマもふくめておこなった六回の講義に、わたしは全力を投入した。マーゴリン教授が帰ってくると、急に力がぬけるのを感じた。そのころわたしは、連日精神分析に時間を費やすと考えただけでもうんざりしていたにもかかわらず、ようやくシカゴの精神分析学研究所に志願する気になっていた。一九六三年のはじめに教育分析を受けることがみとめられたとき、やはり志願がまちがっていたことに気づいた。しかし、そのときは志願を取り消す立派な口実ができていた。妊娠していることがわかったのだ。

ケネスのときと同じように、こんどの赤ん坊も満期を完了しそうな予感がしていた。それでも運まかせというわけにはいかなかった。産科医に「赤ちゃんをオーブンに入れておくために必要」といわれて、ちょっとした外科的処置さえ受けた。おかげで九か月というもの、わたしは精神的にも肉体的にも健康そのものだった。仕事と家庭のバランスにもトラブルは生じなかった。仕事では重度の精神障害者の病棟をまかされていた。三歳になり、いちだんと活発になったケネスも、弟か妹が生まれてくる日を待ち望んでいた。

一九六三年一二月五日、わたしは破水した。講義を終えた直後のことだった。陣痛が起こるにはまだ早すぎたが、デスクに向かって座ったまま、学生にマニーを呼ぶようにたのんだ。同じ学部で講義をしていたマニーがすぐに駆けつけてきた。ケネスのときの経験から心配がないことはわかっていたが、マニーはわたしを家につれて帰り、産科医に往診を依頼した。産科医もとくに問題はないと判断し、安静にして月曜日に診察室にくるようにいった。「寝てるんですよ。冷えないように、それから、力まないようにね」

産科医は男だからかんたんにいえるのだ。もし月曜日に入院するとなれば、やっておかなければならないことがあった。週末はマニーとケネスの食事をつくって冷凍し、スーツケースに衣類をつめることに費やした。月曜日の朝、気分は悪くなかったが、よたよたと診察室に入っていくころには腹壁が岩のように固くなっていた。その異常な状態をみて、産科医の顔色が変わった。腹膜炎の診断がくだされた。破水した日に診ていれば避けられたはずの危険な感染症だった。

すぐに近くのカトリック病院に運ばれた。修道女たちが陣痛誘導の準備をしているあいだ、医師から赤ん坊が小さすぎて生きられそうにないと告げられた。「痛みを生じるような処置をすれば、赤ちゃんはまず耐えられないでしょうね」医師はそういった。そういわれているあいだにも、わたしはすでに極度の痛みを感じていた。おなかにちょっとふれただけでも耐えがたい痛みを感じた。痛みは波のようにつぎつぎと襲ってきて、心身が急激に消耗していった。

気がつくと、修道女たちがテーブルのうえに聖水と洗礼に必要な道具をならべていた。理由はすぐにわかった。赤ん坊が死ぬと考えているのだ。わたしの容体などはおかまいなしで、赤ん坊が死ぬまえに洗礼だけはしておこうということらしい。

わたしは四八時間、痛みの波に翻弄《ほんろう》され、意識と無意識のあいだをさまよっていた。マニーがつき添ってくれていたが、手をこまねいてみているよりほかになかった。一度は呼吸が停止した。そのとき以外にも「これで死ぬのか」と思ったことが何度かあった。みかねた医師が意を決して、脊髄《せきずい》への鎮痛剤注射を試みた。しかし、効果はなかった。なんであれ、自然に起こることは起こらなければならなかった。まる二日間、痛みぬいたすえに、やっと産声が聞こえた。だれかが「女の子ですよ！」といった。

死産ででてくると考えられていたバーバラはとても元気で、いのちをつなぐために奮闘していた。体重は一・五キロだった。修道女が急いで保育器に入れるまえに、わたしは赤ん坊の顔をのぞきこんだ。わずか九〇〇グラムで生まれ、やはり生きられないといわれた自分の顔の特徴によく似ていると思ったのは、あとになってからのことだった。そのときは、望みどおりに生まれてきた女の子にほほえみかける力もなく、深く満ち足りた眠りのなかにひきずりこまれていった。

三日間入院して、帰宅した。悲しいことに、娘をつれて帰ることはゆるされなかった。体重の増加がみられないので、安定するまで病院にとめ置かれていた。翌週は三時間おきに車で病院まで娘に授乳をしにいった。自宅にひきとったほうが育てやすいというわたしの意見に小児科医は同意しなかったが、一週間後、ようやく許可がでた。わたしは自分の白衣にくるんだバーバラを抱いて病院をでた。

これで理想像が完成した。家庭があり、夫がいて、愛らしいケネスとバーバラがいた。家事は倍増したが、それはよろこびだった。ある夜の光景はいまだに脳裏に焼きついている。わたしはキッチンに立ち、ケネスが膝《ひざ》に小さな妹をかかえてあやしているのをみていた。マニーは椅子に座って本を読んでいた。なにもかもがうまくいっているように思えたひとときだった。

しかし、そのとき、デンバーでただひとりの神経病理学者だったマニーは欲求不満をつのらせていた。マニーの野心は満たされず、さらなる知的な刺激をもとめていた。それはわたしにも理解できた。ほかの仕事を探せばいいとマニーに伝えた。ふたりにとって最高の職場が得られれば、どこへでもいくつもりだった。一九六五年の春、わたしは子どもたちをつれてスイスに休暇旅行をした。帰国すると、マニーがふたりの職場候補を用意していた。ニューメキシコ州のアルバカーキかシカゴだという。選択はむずかしくなかった。

夏のはじめ、わたしたちはシカゴに移った。メリーヌークに二階建てのモダンな家をみつけた。人種差別の少ない、ミドルクラスが住む郊外だった。マニーはノースウエスタン大学メディカルセンターで破格の待遇を受け、わたしはシカゴ大学付属ビリングス病院の精神科に勤務することになった。そして、精神分析学研究所で教育分析を受ける準備をはじめた。

精神分析に格別の期待はしていなかった。ある日、引っ越し荷物の整理をしているときに電話が鳴るまで、研究所に志願したことさえすっかり忘れていた。受話器からは権威主義的で傲慢《ごうまん》な感じがする男の声が聞こえた。その声を聞いただけで、やる気が失《う》せた。電話の主は「研究所の都合であなたの分析セッションは来週の月曜からはじまることになった」といってきた。

引っ越したばかりでベビーシッターもいないのでタイミングがよくない、と答えた。男は言い訳に耳を貸そうとはしなかった。

事態はそれから悪化の一途をたどった。最初のセッションのとき、四五分も待たされた。ようやく分析家に招き入れられ、椅子に座って指示を待った。なにも起こらなかった。気まずい沈黙のまま、時間だけがすぎていった。分析家は不快そうにわたしをみているだけだった。拷問を受けているような気がした。やっと分析家が口をひらいた。「黙ったままそこに座っているつもりですか？」

それをきっかけに、わたしは口ごもりながら、幼児期のこと、三つ子に生まれて苦労したことなどを話しはじめた。しかし、五、六分もしゃべると、分析家に制止された。なにをいっているのか、ひとこともわからないといわれた。そして、あなたはあきらかに言語障害だと断言された。分析家は「研究所がなぜあなたの教育分析をする気になったのか、わかりませんな」といった。「しゃべることさえできないのに」

もうたくさんだった。わたしは立ちあがり、ドアをばたんと閉めて部屋をでた。その日の夜遅く、分析家から電話があった。ぜひもう一度きてくれ、たがいに気があわないのなら、その関係を終了させるためだけにでもきてくれと懇願された。愚かなことに、わたしは同意してしまった。だが、二度目のセッションは一度目よりも短い時間で終わった。ただ相性が悪いだけだと考えることにした。その理由を詮索《せんさく》するのも時間の無駄だという気がした。

しかし、精神分析そのものをあきらめたわけではなかった。何人かの人に相談して、ヘルムート・バウム博士の教育分析を受けることにきめた。分析は三九か月つづいた。そして最後には、精神分析にもなにがしかの価値があると考えられるようになった。少なくとも、自分がなぜこれほど強情で自立心が強いのかといった、パーソナリティーにかんする若干の新しい洞察は得ることができた。

それでも、古典的な精神医学の信奉者にはなれなかった。勤務先の精神科は向精神性の新薬を積極的に使うことで注目を浴びていたが、それに与《くみ》することもできなかった。薬にたよりすぎているという印象はぬぐえなかった。患者の社会的、文化的、家族的な背景にたいする考慮が欠如していた。学術論文の発表が重視され、それによって地位がきまるという仕組みにも納得がいかなかった。学会にたいする関心と同程度の関心を患者や患者がかかえている問題に向けているとはとうてい思えなかった。

わたしの関心が医学生の教育のほうに向かっていったのは当然のことだった。学生たちには熱意があり、学ぶことにたいしてオープンだった。新しい発想、見解、態度、研究計画について論じることに興味を示した。症例研究にも真剣に耳をかたむけた。ものごとを直接体験したがっていた。かれらには母親役が必要だった。自由に意見がのべられ、患者にたいする問題が論じられ、聞く耳をもった人がキャンパスにいるという噂がひろまり、わたしの研究室はたちまち熱心な学生たちの集会所になった。わたしはそこで、およそ考えられるかぎりの疑問をぶつけられているような気がしていた。しかし、やがて、自分がシカゴにいるのは偶然ではないという理由を証明するような、ひとつの疑問にぶつかることになった。

第19章　死とその過程について

わたしの人生はフロイトやユングも呆《あき》れ返るような曲芸の連続だった。シカゴのダウンタウンの交通ラッシュを車で駆けまわり、家政婦をみつけ、マニーとすったもんだのあげく自分の銀行口座をもつことを認めさせ、食料を買いこみ、講義の準備をし、他の診療科目のための精神科リエゾンとしての仕事をしていた。ときどき、もうこれ以上の責任は負えそうにないと感じることもあった。

ところが、一九六五年の秋のある日、研究室のドアをノックする人がいた。シカゴの神学校からきた四人の男子学生だった。四人は自己紹介を終えると、人間が対処すべき究極の危機としての死をテーマにした論文を探しているといった。わたしがデンバーではじめておこなった講義の記録はすでにどこからか入手していたが、わたしが論文も書いているという噂をたよりに、その論文がみたいといってきたのである。

そんな論文は書いていないという返事に失望している四人を招き入れて、話を聞いた。神学生が死というテーマに関心をもつのは自然なことだと思われた。かれらには医師以上に死や臨終に関心をもつ理由があった。かれらもまたいずれは死の床にある患者と接する立場にあったのだ。聖書を読んだだけでは答えがでない、死とその過程にかんする独自の疑問があって当然だった。

話しているうちに、神学生たちが死にかんする疑問に答えられずに混乱し、無力感におちいっているということがわかった。瀕死《ひんし》の患者と話したことも、死体をみたこともない学生ばかりだった。そのような経験ができる場がないかとたずねられた。わたしが瀕死の患者と話しているところを見学したいとさえいいだした。死とその過程にかんするわたしの研究にこれほど熱心に関心をもっている人たちがいることをはじめて知らされた。

翌週いっぱいをかけて、わたしは自分の精神科リエゾンとしての仕事について考えた。腫瘍《しゅよう》学、内科学、婦人科学などの専門医たちと患者との関係を円滑にさせるためには多少なりとも役立っていると自負していた。病院には末期にあって苦しんでいる患者がいるかと思えば、放射線療法や化学療法、ときにはたんなるX線検査を受けるための待ち時間に、ひとりで不安とたたかっている患者がいた。しかし、その全員がおびえ、途方に暮れ、孤独にさいなまれ、胸のうちを分かちあってくれるだれかを死に物狂いでもとめていた。わたしはごく自然にその「だれか」の役割をはたしていた。ひとつの質問をするだけで、患者は堰《せき》を切ったように胸のうちを語りはじめた。

そこで、死に瀕した患者で、神学生と話をしてもよいという人をもとめて自分の病棟を巡回した。何人かの医師に危篤の患者がいないかどうかをたずねたが、嫌悪の反応しか返ってこなかった。末期患者の大半をかかえる病棟の医長は、わたしに患者と話をする許可さえあたえてくれなかった。それどころか、「きみは患者を食い物にしている」と叱責《しっせき》された。自分の患者が臨終にあることを認めようとすらしない医師たちにたいして、わたしの申し出はラジカルにすぎるようだった。もっと巧妙に、戦略的に提案をしていく必要があった。

ようやく、ひとりの医師が自分の病棟の年配の患者を紹介してくれた。その老人は肺気腫《はいきしゅ》で死をむかえようとしていた。その医師はこんないいかたをした。「あれを試してみればいい。あのじいさんならいま以上に悪化させる心配はない」わたしはその足で老人の病室に入っていき、ベッドに近づいた。呼吸を確保するチューブにつながれた老人は衰弱しきっていた。だが、すばらしい患者だった。あした四人の神学生をつれてきて、いまの心境について質問させていただきたいのですが、とたずねた。わたしの意向は伝わったようだった。しかし、老人は「いますぐつれてこい」と主張した。「いまは無理だわ」わたしはいった。「あした、つれてきますから」

わたしの失敗は老人の意見を無視したことにあった。老人は時間がないことを伝えようとしていた。わたしは聞く耳をもたなかった。

翌日、四人の神学生をつれて病室をおとずれたが、老人は衰弱がすすみ、ほとんどしゃべる力がなくなっていた。それでもわたしがきたことに気づき、手をさしのべて歓迎の意をあらわした。老人の頰に涙が流れた。かすれた声で「お気持ち、ありがとう」といった。しばらく病床に腰かけてから、学生たちをうながして研究室にひきあげた。研究室に入ったとたんに電話があり、老人が息をひきとったことを知らされた。

患者の都合より自分の都合を優先させたことがあまりにも情けなかった。きのうはあれほど熱心に胸のうちを分かちあいたがっていたのに、それもできないまま、孤独のうちに死なせてしまった。その後、神学生と話をすることに同意してくれる、もうひとりの患者がみつかった。しかし、最初の教訓はあまりにも強烈で、いまだに忘れることができないでいる。

死を理解しようとする人のまえに立ちはだかるいちばん大きな障壁は、おそらく、意識が失われたら自分のいのちの最期は想像することもできなくなるということだろう。だから、唐突におとずれる恐ろしい生の中断、悲劇的な殺戮《さつりく》、憎むべき病気の犠牲としてしか死を考えられなくなるのだ。いわば、耐えがたい苦痛としての死である。ところが、医師にとっての死は意味が異なる。医師にとって死は失敗であり、敗北だった。わたしは病院のだれもがいかに慎重に死の話題を避けようとしているかに気づかないわけにはいかなかった。

この近代的な病院では、死は孤独で、寂寞《せきばく》とした、非情なできごとだった。末期の患者はきまって片隅の部屋に移された。救急治療室の患者は完全に隔離され、別室では家族と医師が本人に告知すべきか否かを議論していた。わたしにいわせれば、問われるべき問題はただひとつ、「どんなことばで伝えるか」だけだというのにである。死にゆく患者にとってどんな状況が理想的かと聞かれたら、わたしは子ども時代に経験した近所の果樹園主の死について語るだろう。その人は自宅で、家族や友人に囲まれながら、おだやかに死んでいった。ありのままがいちばんいいのだ。

医学の輝かしい進歩によって、人びとは苦痛なしの人生、ペイン・フリーの人生が当然だと考えるようになった。だから、唯一苦痛がともなう機会である死をことさらに忌避するのだ。おとなはめったに死について語ろうとしない。語る必要のあるときは子どもたちを別室に追いやる。しかし、事実は事実なのだ。死は生の一部である。生のいちばん重要な一部である。延命の技術にすぐれた手腕を発揮する医師たちも、死が生の一部であることを理解していなかった。最後の最後まで質のいい生をたもつことができなければ、質のいい死を迎えることなどできはしないのだ。

そうした問題を学問的、科学的レベルで研究することの必要性は大きいが、それはとりもなおさず、研究者の両肩にのしかかる責任も大きいということを意味している。わが師、マーゴリン教授の講義と同じく、統合失調症をはじめとする精神疾患にかんするわたしの講義も、医学校では非正統的かつ人気のあるものになった。四人の神学生といっしょにはじめた実験も、噂がひろまり、勇敢で好奇心の強い学生たちが集まるようになった。クリスマスの直前、神学校と医学校の六人の学生から、また瀕死の患者との面接を設定してくれと依頼された。

了解したわたしはその準備に入り、一九六七年前半から、毎週金曜日に「死とその過程」セミナーを開催しはじめた。セミナーには病院の医師や大学の教職員はひとりも参加しなかった。それはかれらの死にたいする忌避感のあらわれだった。しかし、医学生と神学生、ナース、牧師、ラビ、ソーシャルワーカーなど、驚くほど多くの参加者が集まってきた。教室の席が足りなくなり、会場を大きな部屋に移さなければならなかった。瀕死の患者との面接はマジックミラーとオーディオ装置が設備された隣接する小部屋でおこない、みかけだけでもプライバシーがたもてるようにした。

毎週月曜日になると、わたしはひとりの患者を探しはじめた。楽な仕事ではなかった。ほとんどの医師がわたしを白眼視し、「患者を食い物にする」セミナーの主催者だとみなしていたからだ。人あつかいの上手な医師は自分の患者が被験者に向かない理由をとうとうとのべたてたが、大半の医師はわたしが末期患者と話をすることも拒絶した。ある日の午後、研究室で牧師やナースのグループと話をしていたときに電話が鳴った。受話器の向こうでどなる医師の声が部屋にもれていた。「K夫人と死について話すとは、なんという神経をしてるんだ。患者は病状についてなにも知らないし、もういちど退院できると思っているんだぞ!」

そういうことなのだ。わたしのセミナーを忌避している医師の患者たちは不幸にして、たいがい自分の病気に対処することさえできない状態のままだった。医師自身が自分の死に直面しようとしていない以上、患者に胸のうちを語るチャンスがあるはずもなかった。

わたしの目標は、患者の内奥の表現を禁じている、医療従事者の職業的な忌避感という壁を打ち破ることにあった。面接にふさわしい患者がなかなかみつからず、病院のなかを歩きまわっていたときのことだ。どの医師からも、自分の病棟には瀕死の患者などいないといわれていた。廊下で、ふと老紳士に目がとまった。紳士は「老兵は死なず」という見出しの新聞記事を読んでいた。外観から判断して、紳士の病状はかなり進行しているように思われた。そんな記事を読んでもだいじょうぶですか、とたずねてみた。紳士はわたしに侮蔑《ぶべつ》の視線を返してきた。現実に対処することを避ける、ふつうの医師のひとりだとみられたのだ。その後、紳士はすばらしい被験者になり、やがて亡くなった。

ふり返ってみると、わたしが受けた数々の抵抗の原因には、女であるということも関係していると思われる。四度の流産を経験し、ふたりの子どもを生み育てた女であるわたしは、いのちの自然なサイクルの一部としての死をありのままに受容していた。

わたしにはほかに選択の余地がなかった。それは避けられないことだった。子どもを生むということの危険は、生きることを受容するという危険と変わるものではなかった。だが、医師の大半は男であり、ごく少数の例外を除けば、死を失敗または敗北だと考えていた。

こんにちサナトロジー（死生学）として知られている分野の揺籃期《ようらんき》にあった当時、わたしの最高の師はひとりの黒人清掃作業員だった。名前も知らなかったが、夜も昼も、病院の廊下でその女の姿をみかけていた。わたしの注意を惹《ひ》いたのは、重体の患者におよぼすその女の影響力だった。死の床にある患者の部屋から女がでていったあと、きまって患者の表情があきらかに変化していることに、わたしは気づいていたのである。

秘密が知りたかった。どうしても知りたくて、ハイスクールもでていないが大きな秘密をにぎっている女を追いかけ、文字どおりスパイもどきの尾行をした。

あるとき、廊下でその女とすれちがった。とつぜん、いつも学生たちに教えている「聞きたいことがあったら、その場で聞け」という格言を実行する気になった。勇気をふるい起こしてその女に近づいた。まなじりを決して近づいてくる医師に女が怖《お》じ気づくことにも気づかず、わたしはだしぬけに「あなたは患者になにをしているの」とたずねた。

当然のことながら、女は身がまえた。「床のお掃除をしているだけです」礼儀正しくそう答えると、女は去っていった。

「そんなことを聞いているんじゃないの」といったが、遅すぎた。

それから二週間、わたしたちはたがいに疑惑のまなざしで監視しあっていた。まるでゲームのようだった。ある日の午後、また廊下ですれちがった。女はわたしをナースステーションの裏の小部屋につれていった。白衣を着た白人の精神科助教授がつつましい黒人の清掃係に袖《そで》をひかれていく図はちょっとした光景だった。あたりに人影がないことをたしかめると、女は身の上ばなしをはじめた。その悲惨な人生と女のたましいのゆくえは、わたしの想像をこえるものだった。

シカゴのサウスサイドのスラムに生まれた女は貧困と悲惨のなかで育った。アパートには電気もガスも水道もなく、子どもたちは栄養失調で病気がちだった。貧しい人たちがたいがいそうであるように、女も病気や飢えをふせぐ手段をもたなかった。子どもたちは粗悪なオートミールで飢えをしのぎ、医者にかかることは特別な贅沢《ぜいたく》だった。あるとき、女の三歳になる息子が肺炎で重体になった。地元の病院につれていったが、一〇ドルの借りがあったために診てもらえなかった。女はあきらめずにクック郡立病院まで歩いていった。そこなら貧窮者でも診てもらえるはずだった。

不幸なことに、待合室は女と同じような深刻な問題をかかえた人たちであふれ返っていた。待つように指示された。三時間、じっと待ちながら、女は小さな息子が喘鳴《ぜんめい》し、あえぐのをみていた。息子は女があやす腕のなかで息絶えた。

嘆くなといってもとうてい不可能なその経験を淡々と語る女の態度にわたしは胸を打たれた。深い悲しみをうちに秘めながらも、女は否定的なことばを吐かず、人を責めず、皮肉も怒りもあらわさなかった。その態度があまりにも人並みはずれていたので、まだ未熟だったわたしは思わず「なぜそんな話をするの？　それと瀕死《ひんし》の患者とが、どんな関係があるというの？」と口走りそうになった。女はやさしく思いやりのある黒い瞳《ひとみ》でじっとわたしをみつめ、まるでわたしのこころを読んだかのようにこう答えた。「いいですか、死はわたしにとって、なじみ深いものなんです。古い古いつきあいですからね」

わたしは師をみあげる生徒になっていた。「わたしはもう死ぬことが怖くありません」女は静かだがはっきりとした口調でつづけた。「死にそうな患者さんの部屋に入っていくと、患者さんが石のように硬くなっていることがあります。しゃべる相手がだれもいないんです。だから、そばにいくんです。ときには手をにぎって、心配することはない、死はそんなに怖いものじゃないって、いってあげるんです」そういうと、女は口を閉ざした。

それからまもなく、わたしはその清掃作業員を自分の第一助手として採用した。その助手は、ほかのだれにもまねができない細やかさで、わたしを助けてくれた。そのことだけでも、学ぶべき教訓になった。名のあるグル（導師）やババ（尊者）などいなくても、人は成長することができる。人生の師は子ども、末期患者、清掃作業員など、あらゆるかたちをとって目のまえにあらわれる。だれかを助けるということにかんするかぎり、世のいかなる学説も科学も、他者にたいしてこころをひらくことを恐れないひとりの人間の力にはかなわないのだ。

瀕死の患者に近づくことをゆるしてくれた数少ない医師には感謝しなければならない。初回の面接はいつも同じ手順でおこなわれた。胸に「精神科リエゾン」の役職名と氏名のある名札をつけた白衣を着て、わたしは学生たちのまえで患者に話しかけはじめる。まず、病気について、入院について、そのほかなんでも考えていることについて質問してもいいですかとたずねる。患者のほうから口にだすまでは、「死」や「臨終」ということばは使わないようにした。氏名、年齢、診断名などからたずねていった。ほとんどの場合、患者は数分で面接に参加することを同意してくれた。事実、患者に拒否されたことは一度もないと思う。

セミナー会場は講義がはじまる三〇分まえには満員になるのがふつうだった。数分まえになると、わたしは自分でストレッチャーか車椅子を押して隣接する面接室に患者をみちびいた。はじめるまえに、患者のそばに近づいて、しばらく静かに呼吸をととのえてから、危害がおよぶ心配はないこと、答える必要があると思った質問にだけ答えればいいことを患者に伝えた。それはアルコホーリックス・アノニマス（アルコール依存者更生会）の祈りのようなものだった。

神よ、わたしにお授けください、
変えられないことを受容する度量を。

変えられることを変える勇気を。
そして、その両者のちがいを知る叡知《えいち》を。

患者がひとたび語りはじめると——どんなに小声で話しても患者にとってはじつに大きな負担だったが——、抑制されていた感情のほとばしりをさえぎることはできなかった。患者が無駄ばなしで時間を浪費することはなかった。たいがいの患者は医師からではなく、家族や友人たちの行動の変化から、自分の病気の真相について知ったと語った。どうしても真実が知りたいと思ったときにかぎって、とつぜんのように相手との距離が置かれ、虚偽がまかりとおりはじめた。ほとんどの患者が医師よりはナースのほうがわかりあえ、たよりになると感じていた。「いまこそ、医者たちにその理由をいってやるチャンスだわ」わたしはいった。

わたしはつねづね瀕死の人たちからいちばん多くのことを学んだといってきたが、かれらの話を聞くには勇気が必要だった。患者は自分にほどこされている医療——医学的な処置だけではなく、慈悲、共感、理解の欠如もふくめて——にたいする不満の表明に仮借がなかった。経験豊かな医師であればあるほど、鈍感、臆病《おくびょう》、無能呼ばわりされることに耐えられないようだった。ある女性患者が泣きながらこう叫んでいたのを、いまでも覚えている。「医者の興味はわたしの肝臓の大きさだけなのよ。いまさら肝臓の大きさがどうだっていうの？　家には五人の子どもがいて、みんなわたしの世話を必要としているのよ！　そのことが心配なの。でも、子どもの話なんて、だれも聞いてくれないじゃない！」

面接が終わるころには、患者の表情にやすらぎがみられた。希望を捨て去り、無力感にとらわれていた患者の多くが、新しくあたえられた教師としての役割に大きなよろこびをみいだしていた。死の床にありながらも、まだ目的をもって生きる可能性があること、いまわの際まで立派に生きる理由があることに気づいたのである。その人たちはまだ成長の過程にあった。それは会場を埋めた人たちも同じだった。

面接が終わると、わたしは患者を病室までつれていき、会場にひき返して、高揚した気分のまま、参加者たちと活発な議論をはじめた。わたしたちは患者の反応の分析に加えて、自分たちの反応の分析もおこなった。驚くほど率直な告白があいつぐ場合が多かった。「亡くなった人をこの目でちゃんとみたという記憶がないんです」死を恐れ、死を遠ざけていたという女医がそういった。ある牧師は「なんといえばいいのか、わかりません」といいはじめた。患者の質問に答えようとしても聖書には限界があるとみとめたその牧師は、「だから、なにもいわないんです」と告白した。

その議論をとおして、医師、牧師、ソーシャルワーカーたちは内なる敵意や防衛と直面していた。かれらの恐れは分析され、克服された。死にゆく人たちのことばに耳をかたむけることによって、わたしたちはみんな自分が過去にしてきたまちがいや、将来すべきことがなんであるのかを学んだのだ。

患者を面接室につれてきて、また送り返すたびに、その患者のいのちは「広大な空にまたたき、はてしない夜のなかに消えていく無数の光のひとつ」を思いださせた。ひとりひとりがあたえてくれた教訓は、煎《せん》じつめれば同じメッセージを伝えていた。

生きなさい。ふり返っていのちを無駄にしたと後悔しないように。
生きなさい。してきたことを悔やみ、別の生きかたを望むことのないように。
正直で、じゅうぶんな人生を生きなさい。
生きなさい。

第20章　こころとたましい

金曜日のセミナーに協力してくれる患者を探しつづけているうちに、いつのまにか、仕事を終えて帰宅するまえに病院の廊下を歩きまわることが恒例の行事になっていた。依然として、仲間の医師からの協力は得られなかった。家に帰ってマニーに不満をぶちまけても、まともにとりあってはくれなかった。マニーも自分の仕事でせいいっぱいだったのだ。わたしはよく、病院のなかで孤立無援の閉塞《へいそく》状態におちいるようになった。孤独に耐えかねて、ある夜、病院づきの牧師のもとをおとずれた。

自分でもなにをもとめていたのかはわからなかった。レンフォード・ゲインズ牧師はデスクに向かって書きものをしていた。三〇代なかばの、長身でハンサムなその牧師は、しゃべりかたも身のこなしもおっとりしていて、思慮深い人だった。牧師とはセミナーをつうじて知りあうようになっていた。欠かさずセミナーに出席する、熱心な参加者のひとりだった。当然のことながら、セミナーで得た体験や洞察は、牧師が瀕死《ひんし》の患者やその家族と話をするときに役立っていた。

その夜、ゲインズ牧師とわたしの波長はぴったりと合っていた。死について語るという経験から学んだのは、死が迫った患者の真の関心事が「死にではなく、生にある」ことだという見解で、ふたりは一致した。末期の患者は正直、やすらぎ、そして終止符をもとめていた。人の死にかたがその人の生きかたによっていかに大きく変わるものかについて、それまでのわたしは過小評価していた。死にかた、生きかたとは、この場合、こころとたましいの両方の領域、つまり心理的な領域と霊的な領域にわたるものだった。いってみれば、牧師とわたしのそれぞれが専門とするふたつの領域である。

それから数週間、わたしたちは夜になると、ふたりだけで飽きることなく議論をくり返した。時間どおりに家に帰って食事の準備をすることも忘れていた。わたしたちはたがいに触発しあい、教えあった。科学的、合理的な思考訓練を受けたわたしのような人間にとって、ゲインズ牧師が住む霊的な世界は強烈に食欲を刺激してやまない知の食物だった。精神科医としてのわたしはふだん、セミナーでも患者と話をするときでも、霊的なテーマへの言及は避けていた。しかし、ゲインズ牧師がわたしの仕事に関心をもってくれたおかげで、希有《けう》の機会を得ることができた。牧師の協力によって、宗教までもふくめられるほどに仕事の枠をひろげることができるようになったのである。

あるとき、議論のとちゅうで、わたしは盟友ともいうべき牧師に仕事のパートナーになってくれとたのんだ。幸いにも、牧師は快諾してくれた。以来、ゲインズ牧師はわたしの末期患者との面接につき添い、セミナーの助手をつとめてくれることになった。それぞれの仕事のスタイルからいっても、わたしたちはたがいの不足をおぎないあう、理想的なパートナーだった。わたしは患者のあたまのなかで起こっていることについてたずね、牧師は患者のたましいについてたずねた。わたしたちのやりとりには、いつしか巧みな卓球試合のようなリズムができていた。セミナーもいちだんと有意義なものになった。

それはほかの人たちもみとめるところだった。患者自身がみとめてくれたことがいちばん大きな収穫だった。病気によって生じた問題について話すことを拒否する患者は二〇〇人にひとりもいなかった。なぜそこまで協力的なのかといぶかる向きもあろうが、ゲインズ牧師とわたしが組んでからはじめて面接した患者の例をみれば、その理由がわかってもらえるはずだ。中年のG夫人はがんで何か月も苦しんでいた。そして、入院しているあいだじゅう、家族やナースなど、周囲の人に激しくあたりちらしていた。しかし、ゲインズ牧師のカウンセリングを数週間受けているうちに怒りがおさまり、対人関係を修復して、ふつうに口をきくようになった。よくしゃべり、愛する人たちとのひとときをたのしむようになったのだ。もちろん、周囲の人たちも夫人を愛するようになった。

セミナーに出席してくれたとき、G夫人はやせおとろえてはいたが、まったく別人のように変わっていた。「おとなになってからというもの、ほんとうに生きたという実感がなかったのです」夫人は聴衆のまえでそう告白した。

一九六九年のはじめ、思いがけないところから支持票が舞いこんできた。セミナーを主催して四年目に入ったその年、近くにあるシカゴ・ルーテル神学校から使者がやってきた。論争をしかけにきたのかと思った。ところがさにあらず、教授会に参加してほしいという依頼の訪問だった。当然のことながら、わたしは自分の宗教嫌いもふくめ、ありとあらゆる理由をのべたてて、その申し出がお門《かど》ちがいなものであることを相手に説得しようとした。しかし、神学校の使者はゆずらなかった。「神学を教えていただきたいとお願いしているのではありません」その人はいった。「神学ならわたしたちの得意とするところです。でも、あなたなら、宗教用語を使わずに、真の聖職者とはなにかについて教えていただけると確信しています」

異論を唱えるのはむずかしかった。というのも、瀕死の患者にとって聖職者の役割とはなにかを、神学の専門用語を使わずに語る教師がいるとすれば、それはわたしにとっても望ましいことだと思ったからだった。ゲインズ牧師と神学生たちを除けば、聖職者とつきあった経験はほとんどなかった。病院づきの牧師と話したいと申しでた患者のほとんどが失望に終わっていることは、むかしからよく知っていた。「あの人たちはただ聖書のことばを棒読みしてるだけよ」そんな評価をくり返し聞かされていた。ようするに、対処の方法を知らない牧師たちは真の疑問をたくみに回避して、聖書のなかの都合のいい部分の引用でその場をしのぎ、そそくさと逃げだしていたのである。

それは事態を悪化させることにしか役立っていなかった。リズという一二歳の少女のケースがその典型だった。わたしがリズに会ったのは、ルーテル神学校で教えたあと何年もたったころだったが、その時点でもまだ典型といってもいいほど、事態は変わっていなかった。がんの末期にあったリズは自宅にもどり、家族に看《み》とられることになった。わたしは自宅を訪問して、ゆっくりと衰弱していくリズの看病に疲れていた母親、父親、三人の弟妹の手助けをしていた。骸骨《がいこつ》のようにやせ細り、腫瘍《しゅよう》でおなかだけが異様にふくらんでいたリズは、自分の容体を知っていたにもかかわらず、最後まで死ぬことを拒絶していた。「どうして死ねないの？」わたしはたずねた。

「だって、天国にいけないんですもの」リズの目に涙があふれた。「司祭さまもシスターたちも、世界中のだれよりも神さまを愛していない人は天国にいけないっていったわ」リズは泣きじゃくりながらわたしの耳もとに口を近づけて、こうささやいた。「ロス先生。わたしはママとパパを世界中のだれよりも愛しているの」

涙をこらえながら、わたしは神がなぜこの過酷な課題をリズにあたえたのかについて、寓意《ぐうい》的な説明を試みた。それは学校の先生がいちばん優秀な生徒にいちばんむずかしい宿題をあたえることと同じだといった。リズは理解し、こういった。「神さまがほかの子どもにこれ以上むずかしい宿題をだすなんて、考えられないわ」

その対話は功を奏し、リズは数日後、ようやく死を受容することができた。しかし、宗教にたいする信頼を失わせるような、そうしたケースはあとをたたなかった。

ルーテル神学校の使者がきたときの時点に話をもどそう。初回の講義は、使者がきてからわずか二週間後におこなわれた。講堂は満員だった。講義をはじめるまえにわたしの宗教観にかんする質問がでることを予期したが、だれからも質問はなかった。講義がはじまってからは、その質問がでる心配はまったくなくなった。というのも、わたしは学生たちに、かれらの罪の概念について質問することからはじめたからだ。

「罪悪感と恐怖感を助長する以外に、なにかいいことがあるのかしら?」

「せいぜい精神科医を儲《もう》けさせることぐらいでしょ!」笑わせることで、わたしは自分もまた悪魔の使いを任じている者であることを学生たちに知らせた。

何回目かの講義では、聖職者としての人生にたいする自己の責任について検討するようにと、学生たちを挑発してみた。すべての宗教が基本的には同じ知恵を伝えようとしているにもかかわらず世界がかくも異なった、ときにはたがいに対立する宗教教団や教派を必要としてきたことの理由について論じるのがむずかしいと感じる人は、将来、かなり苦労することになると思ったからだった。

講義が人気を博すようになると、神学校側はわたしに学生の審査を依頼してきた。将来有望な学生とやっていけそうもない学生を分類し、後者にやめてもらおうという意向である。おもしろそうだった。けっきょく、わたしが面接した学生の三分の一は神学校を退学することになった。退学してソーシャルワーカーになった学生もいれば、関連分野にすすんだ学生もいた。講義も学生との面接もやりがいのある仕事だった。しかし、わたしは半年で神学校を退職した。わたしほどのワーカホリックでさえ対処できないほどスケジュールが過密になってきたからだった。

講義なら、すでに充実したものをひとつ担当していた。瀕死《ひんし》の患者は期待どおりに多くのことを教え、医学生たちは期待どおりにたくさんのことを学んでいた。功績を讃《たた》えられることが多くなったわたしは、そのつど、消え入りたいような気持ちになった。なにごとであれ、自分の手柄にすることは苦手だった。じつのところわたしは、その予定した患者が姿をみせず、講壇で棒立ちになるという悪夢に悩まされていた。そのことを考えただけでも冷や汗がでた。なにをいえばいいのか？

そしてある日、それが起こった。セミナーがはじまる一〇分まえに、公開面接を予定していた患者がとつぜん亡くなったのだ。会場には八〇人ほどの聴衆が待っていた。遠方からきている人たちもあり、キャンセルはできなかった。かといって、かわりの患者をみつけることもできなかった。わたしは廊下で凍りついたまま、会場のなかのざわめきを聞いていた。真の教師として招いている患者なしには、なにをしていいのかわからなかった。

しかし、意をけっして講壇に立ち、インスピレーションのおもむくままに話しだすと、聴衆はすばらしい反応をみせはじめた。聴衆の大多数が病院か医学校の関係者だったので、日常生活のなかでなにが障害になっているかをたずねてみた。患者と話すかわりに、自分たちの問題を語りあおうと考えたのである。「いちばんの障害になっていると感じていることを教えてちょうだい」わたしはいった。

はじめはだれも答えなかったが、やがて何人かの手があがった。意外なことに、最初に指名したふたりが、同じ医師の名前をあげた。もっぱら重症のがん患者を担当している腫瘍科の科長が問題だというのである。「あの先生は優秀なかたです」ふたりはこもごもいった。「でも、患者さんが治療に反応しないとわかると、急に口汚くののしるんです」その医師を知っている聴衆がうなずいて同意を示した。

わたしはなにもいわなかったが、その医師とは数えきれないほど口論をしたあいだがらだった。そのぶっきらぼうで傲慢《ごうまん》な態度や不誠実さにはわたしもがまんができなかった。精神科リエゾンサービスの長として、わたしはそれまでに二度、かれが担当する末期患者の面接をしたことがあった。その医師は、ひとりの患者にはがんではないと伝え、もうひとりの患者には退院は時間の問題だと伝えていた。ふたりとも、X線写真には手術もできないほど巨大な転移がんが写っていた。

あきらかに、精神科医を必要としていたのはその医師のほうだった。医師は死にたいして深刻な問題をかかえていたが、そのことをかれのふたりの患者にはいえなかった。第三者を非難することで、とくに患者が信頼している人を非難することで、その患者を助けることは不可能だった。

しかし、セミナーでは別だった。わたしたちはそのM医師をひとりの患者にみたてて、医師がかかえている問題について話しあった。そして、その問題からわたしたち自身が学べることはなにかについて議論した。聴衆のほとんど全員が同僚や仲間の医師、ナースなど、問題行動のもちぬしにたいして偏見をもっていることをみとめた。ふつうの患者にたいする評価とは別の評価をしていた。わたしは同意し、自分自身のM医師にたいする感情を例にとってこういった。「多少なりともその人を好きにならなければ、だれかを助けることはできないのです」

そして、こう質問した。「このなかにM先生が好きだという人はいますか」

まさかという冷笑的な表情を浮かべている聴衆のなかから、ためらいがちに若い女性の手があがった。「あなた、どうかしてるんじゃない？」意外な反応に、わたしはなかば冗談でそういった。どっと笑いが起こった。すると、そのナースが立ちあがり、静かだがきっぱりとした口調で、「みなさんはあの人を知らないんです」といった。「そんな人じゃありません」。会場が水を打ったように静かになった。森閑とした会場にナースの消え入りそうな声だけがひろがっていった。ほかの医師が帰宅してからずっとあと、夜中になってM医師が巡回するようすを、ナースはこまかく描写しはじめた。

「先生はいつもいちばん遠い部屋からはじめて、だんだんナースステーションのほうに近づいてこられます」ナースはつづけた。「最初の病室に入っていくときは背筋もぴんとしていて、堂々としているようにみえます。でも、病室からでてくるたびに、だんだん猫背になってくるんです。そのつど年をとって、老人になっていくみたいに」聴衆が夜中のドラマをありありと想像してしまうほど、ナースの描写は的確だった。「最後の患者さんの部屋からでてくるころ、先生は打ちのめされたようになっています。あれをみれば、先生が仕事のなかによろこびも、希望も、満足も、なにひとつみいだしていないということがわかるのです」

毎夜のようにそのドラマを目撃していたナースは、M医師にある種のいとおしさを感じるようになっていた。なんという大きな犠牲を払っているのだろう！　M医師にやさしく手をふれて、友だちにそうするように、「どんなにつらく、苦しい仕事なのか、わたしにはよくわかるわ」といってあげたい、ずっとまえからそう思っていますとナースが告白したとき、聴衆の目が潤みはじめた。だが、病院の身分制度がそうした人間的な行動を禁じていた。「わたしはただのナースですから」勇気あるその若い女性がいった。

M医師が必要としている援助は、まさにそのようないつくしみのこころと友情ある理解だったのだ。そして、M医師にそれだけの共感を寄せる人がひとりでもいる以上、その人が任務にあたるべきだった。わたしはナースに行動を起こすようにいった。「あたまで考えてちゃだめよ。ただこころの声にしたがって行動するだけでいいの」そして、こうつけ加えた。「もしあの人を助けることができたら、それは何千人という人を助けることにつながるわ」

一週間の休暇からもどって溜《た》まった仕事の整理をしているとき、研究室のドアが勢いよくひらいて、若い女性が飛びこんできた。先週のセミナーのときのナースだった。「やったわ!」ナースはいった。「やりました!」

先週の金曜日、ナースはM医師の巡回をみまもっていた。医師はいつものように、巡回の最後には精根が尽きはてていた。ドラマは土曜日もくり返されたが、事態はさらに悪化していた。その日、患者がふたり亡くなったのだ。日曜日、ナースは医師が最後の病室からでてくるのをみていた。肩を落とし、意気消沈していた。ナースは勇気をふりしぼって医師に近づき、祈るような気持ちで手をさしのべようとした。だが、どうしても手がだせず、思わず叫んでしまった。「だめだわ、とてもできない!」

すると、M医師はだしぬけにナースの腕をつかみ、自分の診察室までひっぱっていった。ドアが閉められ、ナースはうっ積した苦しみと悲しみのすべてを吐露する医師を目撃することになった。苦学して医学校を卒業するために払ってきた犠牲の数々、友人たちがすでに仕事をもち、収入を得ていたころ、ようやくレジデントになったときのあせり、家庭をもち、別荘を建てている同僚たちを尻目《しりめ》に、患者の回復だけを夢みて研鑽《けんさん》を積んでいたころの充実感を、医師はたたみかけるように語った。かれの人生は生きることよりももっぱら専門職を身につけることに費やされていた。そしてついに、腫瘍《しゅよう》科の科長にまで昇進した。それは患者のいのちを文字どおり左右できる地位だった。

「でも、みんな死んでしまうんだ」そういって医師は慟哭《どうこく》した。「つぎからつぎへと。ぼくが無力なばかりに、みんな死んでしまう」

つぎのセミナーでその経過を知った参加者たちは、こころの声にしたがって勇気ある行動をとることがいかに大きな癒《いや》しの力になるかを思い知らされた。M医師はその年のうちに、わたしの精神科カウンセリングを受けはじめた。三年後、医師はフルタイムのサイコセラピストになった。それは劇的な変化だった。燃え尽き症候群で終わることなく、そもそも医師になった動機である自己の資質、すなわち思いやりが深く、理解力に富んだ資質をふたたびみいだすことができたのだった。ことあるごとにわたしがその話を語りつぐことで、どれほど多くの人が助けられてきたか、M医師は知るよしもないだろう。

第21章　母の最期

家庭生活は「もって瞑《めい》すべし」という境遇にめぐまれていた。一九六九年、わたしたちはアッパークラスの居住区フロースムーアにある、フランク・ロイド・ライト設計の美しい家に移った。庭園はひとりでは手にあまるほど広大で、マニーと子どもたちがわたしの誕生日に小型トラクターを贈ってくれたほどだった。マニーは新しい研究に意欲を燃やし、新居には豪華なステレオシステムを設置した。おかげで、わたしは夢のように便利なキッチンであれこれをしながら、好きなカントリー音楽をたのしむことができた。子どもたちは名門の公立学校で学んでいた。

だが、めぐまれすぎた境遇にわたしは不安を感じていた。いずれはさめる夢をみているような気がしていた。そしてある朝、目がさめると、不安の原因に思いいたった。豊かな国に住み、これ以上望むこととてない生活だったが、ひとつだけ足りないものがあった。それは、少女時代にいちばんたいせつにしていたことを、まだ子どもたちに伝えていないということだった。夜あけとともに起きて丘や山を歩くことがどんなに貴重な経験か、それを子どもたちに知ってほしかった。草花やバッタや蝶《ちょう》の多様さと美しさを脳裏に刻みつけてほしかった。昼には野の花々や色あざやかな石を集めて歩き、夜には満天の星のしたではてしない夢を描いてほしかった。

思いついたら待ってはいられなかった。思案はわたしの趣味ではなかった。すぐさまケネスとバーバラを学校からつれだし、三人でスイスに飛んだ。母とはツェルマットで落ちあった。自動車の通行が禁じられ、一〇〇年まえの生活がそのまま残されているアルプスの魅力的な村である。子どもたちにその村をみせたかったのだ。雲ひとつない快晴だった。子どもたちといっしょにハイキングをした。山にのぼり、渓流に沿って走り、野生動物を追いかけた。花を摘み、きれいな石を集めた。日焼けした子どもたちの頬が輝いていた。忘れがたい経験だった。

しかし、あとでわかったことだが、忘れがたかったのはハイキングのせいではなかった。最後の夜、母とわたしは子どもたちを寝かしつけた。母がなごり惜しそうにいつまでも子どもたちにキスをしては抱擁しているあいだ、わたしはバルコニーにでた。斧《おの》で刻んでつくった粗《あら》削りの古いロッキングチェアに座って揺らしていると、寝室につうじる引き戸があいて、母が夜の新鮮な空気を吸いにでてきた。

ふたりとも陶然と月をみあげていた。月がマッターホルンのうえを漂流しているようにみえた。母がとなりの椅子に座った。わたしたちはいつまでも黙ったまま、それぞれの思いにふけっていた。想像以上に有益な旅になった。これ以上の幸福はない、とわたしは思っていた。これほどのすばらしい景色をみようとしない世界中の都市の住人たち、テレビをみて、アルコールを飲むことで時間をつぶしている人たちのことを考えずにはいられなかった。母もこのひとときに、自己の人生に、満足しきっているようだった。

どれほどの時間が流れたのかはわからない。ふたりとも黙ったまま、ただ相手の存在を身近に感じて充足していた。ようやく母がぽつりとつぶやきをもらした。それはまったく思いがけない、およそその場にふさわしくないことばだった。「エリザベス、人間は永遠に生きることはできないわ」人がなにかをするには、それなりの理由がある。しかし、よりによってこんなときに、そんなことばを吐く母の気持ちがわからなかった。空のひろさに圧倒されたせいか、あるいは一週間のハイキングですっかり力がぬけてしまったのかと考えた。

あるいは、いまではそう確信しているように、母はなにかを予感しているのかもしれないとも考えた。

わたしの臆測《おくそく》をよそに、母はつづけてこういった。「あなたは一族でたったひとりのお医者さんだから、いざというときはお願いするわよ」

いざというとき？　七七歳とはいえ、母はわたしたちといっしょに平気で山歩きをこなしていた。健康に問題があるはずはなかった。

なんと答えていいか、わからなかった。母を怒鳴りつけたい衝動にかられた。しかし、母の表情にはそれをゆるさない、思いつめたものがあった。冥府《めいふ》をみつめているような一途《いちず》さがあった。「もしわたしが植物状態になったら、あなたの手で息の根をとめてほしいの」苛立《いらだ》たしさがつのり、「そんな話、やめてよ」といいたかったが、母はもう一度、同じ話をくり返した。どんな理由があれ、母がそのすばらしい夜を、休暇そのものを台なしにしようとしていることはたしかだった。「ばかなことはいわないでよ」わたしは嘆願するようにいった。「そんなこと、起こるはずがないじゃない」

母はわたしのことばに耳を貸そうとしなかった。母がぜったいに植物状態にならないという保証がないことは事実だった。じれったさを感じながら黙るしかなかった。しばらくして、わたしは母と向きあうように座りなおし、自殺には賛成できない、だれであれ、自殺を幇助《ほうじょ》するようなことはぜったいにできないと告げた。まして、自分を生み育ててくれた、愛する母の息の根をとめるなど、どんなことがあってもできるはずがなかった。「もしママに万が一のことがあっても、自分の患者にすることと同じことをするわ」わたしはいった。「死が自然におとずれるまで、ママを助ける」

わたしたちはどうにかこのむずかしい会話からの出口をみつけだした。それ以上いうことはなにもなかった。わたしは椅子から立ちあがり、母を抱きしめた。ふたりの頬を涙が伝って落ちた。夜も更けて、寝る時間だった。翌日にはチューリッヒに帰らなければならなかった。将来のことではなく、いまの幸福のことだけを考えたかった。

翌朝になると、母は金縛りがとけたように、いつもの母にもどっていた。四人でチューリッヒまでの列車の旅をたのしんだ。チューリッヒでマニーと合流し、最高級のホテルに投宿した。それがマニーのやりかただった。ふだんならわたし好みではない高級ホテルも、そのときは気にならなかった。記憶の貯蔵庫がアルプスのすがすがしい空気と高山植物でいっぱいだったからだ。ホテルで一週間をすごし、シカゴにもどった。すっかり若返ったような気分だった。しかし、母と交わした会話の記憶をふりはらうことはできなかった。なるべく考えないようにとこころがけたが、それは意識から消えず、暗雲のようにとどまっていた。

三日後、自宅にいるときに、エヴァから電話がかかってきた。母が浴室でたおれているのを郵便配達人がみつけたということだった。脳卒中の発作だった。

つぎの飛行機でスイスに飛び、その足で母の病院にいった。身動きもできず、ことばもしゃべれない母はわたしをじっとみつめ、万感の思いを目で語っていた。絶望と苦痛と恐怖を宿したその目が、あることを訴えていた。それがなにかはすぐにわかった。しかし、母の要求に応《こた》えるわけにはいかなかった。いかなる理由があろうと、母の死に手を貸すことはできなかった。

数日間、つらい日がつづいた。ベッドサイドに座り、変化を待ち、一方的に母に話しかけた。からだがまったく動かない母は、まばたきで返事をした。まばたき一回がイエス、二回がノーだった。ときには左手でわたしの手をにぎり返すこともあった。その後も軽い発作が二、三回あり、とうとう膀胱《ぼうこう》のコントロールが失われた。その時点で、植物状態とみなされることになった。「気分はいいの？」まばたき一回。「この病院に入院していたい？」まばたき二回。

「愛してるわ」

母はわたしの手をにぎった。

つい先週の休暇旅行のときに母が心配していたとおりの状態だった。母はあのとき、すでに通告をすませていた。「もしわたしが植物状態になったら、あなたの手で息の根をとめてほしいの」バルコニーでいった母のことばが脳裏にこだましていた。こうなることを母は知っていたのだろうか？予感があったのか？そんなことって、ほんとうにありうるのだろうか？

わたしは自問した。「残された時間を少しでも楽にすごしてもらうには、どうすればいいの？少しでもたのしくすごすには？」

疑問はたくさんあった。答えはほとんどなかった。

もし神が実在するのなら、とわたしは胸のうちで何度もつぶやいた。いまこそ母の人生を総点検してほしいものだ。母は私心ひとつなく家族を愛し、四人の子どもたちを一人前の、りっぱな人間に育ててあげてきた。わたしは夜ごと、神に話しかけつづけた。ある日の午後には教会までおもむき、十字架に語りかけた。「神さま。あなたはどこにいるのですか」わたしは苦々しい思いでたずねた。「わたしのことばが聞こえてるんですか？　第一、あなたは実在するんですか？　母はひたむきで、汚れを知らず、骨身を惜しまない人でした。その母がほんとうにあなたを必要としているいまというときに、あなたはなにを考えておいでなのですか？」返事は返ってこなかった。なんのしるしもなかった。

沈黙があるだけだった。

肉体というさなぎにつつまれた母が絶望と苦痛のうちに衰弱していく姿をみながら、わたしは天のしわざにたいして大声で叫びたい気持ちになっていた。胸のうちでは、なにかしなさい、いますぐしなさいと、神に命令さえしていた。だが、たとえ神がわたしのことばを聞きとったとしても、その神がことを急いでいるようには思えなかった。わたしはスイス語と英語で神を口汚くののしった。それでも神はなんの反応も示さなかった。

病院の医師団や外部の専門家たちと話しあったが、選択肢がふたつしかないことはあきらかだった。ひとつはこの教育研究病院にとどまることだった。わずかでも回復する可能性はほとんどなかったが、ここならあらゆる治療を試みることができた。もうひとつは、病院ほどお金のかからない老人ホームに移すことだった。そこなら手厚い看護が受けられるが、延命のための人工的な処置はとられないはずだった。つまり、人工呼吸器もなにも使わないということである。

姉たちと相談をした。はてしのない、感情的な会話だった。三人とも、母がどちらを選ぶかはわかっていた。わたしの母を第二の母だと考えていたマニーも、長距離電話で専門的な見解を伝えてきた。幸いなことに、エヴァがバーゼルにほど近いリーヘンという町でプロテスタントの尼僧が経営しているすばらしいホームをみつけてきた。エヴァはその町に家を建て、再婚した夫とともに暮らす計画を立てていた。まだホスピスがない時代だったが、尼僧たちは死が迫った患者の看護に献身しているということだった。

病院からもらった休暇も期限がきていたが、わたしは母をチューリッヒからリーヘンまで移送する救急車に同乗することにきめた。母とわたし自身の元気づけのために、コニャックとスパイスをミックスしたエッグノッグ（卵と牛乳でできた甘味飲料）の大きなびんを救急車にもちこんだ。もうひとつ、もちこんだものがあった。それは母が愛した所蔵品の短いリストと、親戚《しんせき》や母の知人、とくに父の亡きあとに母を助けてくれた人たちのリストだった。そのリストはかなり長いものだった。

移動のとちゅう、わたしたちは所蔵品のそれぞれをふさわしい人にふり分けていった。わたしたちがニューヨークから贈ったミンクのマフラーと帽子など、ひとつひとつをだれにあげるかをきめるのは時間のかかる作業だった。ぴったりの人がみつかるたびに、わたしたちはコニャック入りのエッグノッグで祝杯をあげた。けげんな顔をしていた救急隊員に、わたしは「いいのよ。わたしは医者だから」といった。

母のやり残した仕事が片づいたということもあってか、老人ホームに着くころ、わたしたちは上機嫌になっていた。母は庭に面した部屋で介護を受けることになった。日中は小鳥の鳴き声が聞こえ、夜には星をみることができる部屋だった。別れのあいさつをするとき、わたしは母のかろうじて使えるほうの手に、香油をしみこませたハンカチをにぎらせた。ふだん、母はよくそんなハンカチを手にしていた。いのちの質を高めることが最優先されるその場所で、母はくつろぎ、満足しているようだった。

なぜかはわからないが、神はそんな状態のままの母を、それから四年間も永らえさせた。統計学的にはありえないことだった。姉たちは母が快適にすごし、孤独にならないように、交互に見舞いにいった。わたしも頻繁に見舞った。わたしの思いはいつもあのツェルマットの夜に帰っていった。植物状態になったらいのちを絶ってと懇願する母の声が耳の奥で響いていた。母はたしかに予感していたのだ。そして、恐れていたとおりの状態になっていた。悲劇というほかはなかった。

とはいえ、わたしはそれで終わったわけではないことを知っていた。母は依然として愛を感じ、愛をあたえていた。自分だけのやりかたで、母は成長をつづけ、学ぶべき教訓を学んでいた。そのことはすべての人に知ってほしい。人は学ぶべきことをすべて学んだときに人生を終えるのだ。そう考えると、母に懇願されたように、わたしの手で息の根をとめることなど、以前にもましてできるはずがないと思うようになった。

母がなぜそのような終わりかたをするのか、それが知りたかった。神はこの愛すべき女性にどんな教訓をあたえようとしているのか、わたしはたえずそう自問しつづけた。

しかし、延命装置なしに生存をつづけているかぎり、母を愛すること以外に、すべきことはなにもなかった。

第22章　いのちの目的

わたしが病院の外に目を向けるようになったのは不可避な事態だった。死に瀕《ひん》した患者といっしょにおこなうわたしのワークが多くの同僚たちを不安にさせていた。病院には相変わらず死について語ろうとする人がいなかった。病院で患者が死ぬという事実をみとめる人を探すことさえむずかしかった。ようするに、死は医師が語るべき話題ではなかったのだ。毎週、瀕死の患者を探しだすことがほとんど不可能になってきたので、わたしはホームウッド、フロースムーアといった近隣に住むがん患者の往診をはじめた。

そして、患者とわたしの双方に利益になるような協定を結ぶことにした。つまり、わたしは無料で往診して治療をほどこし、患者はセミナーでの公開面接に同意するという協定である。そのやりかたは、すでに「患者を食いものにしている」としてわたしを批判していた医師たちのあいだに一層大きな論争を巻き起こすことになった。事態は悪化の一途をたどった。患者とその家族がわたしの仕事を公然と賞賛しはじめると、医師たちはわたしに怨恨《えんこん》さえいだくようになった。わたしに勝ち目はなかった。

それでも、わたしは勝者のようにふるまっていた。母親の役目をこなし、仕事をこなしたうえに、いくつかの団体でボランティア活動もしていた。月に一度は、平和部隊の志願者の選考にあたっていた。これには同僚の医師たちも困惑を隠せないようすだった。あえて危険をおかすことばかりをしている人間が平和部隊のような穏健な仕事にかかわっていることが不思議だったらしい。わたしはまた毎週一回、半日をシカゴの「盲人のためのライトハウス（灯台）」で盲目の子どもや両親たちとすごしていた。あたえることよりもあたえられることのほうが多い仕事だった。

そこで会った人たちは、おとなも子どもともに、運命がもたらした試練と苦闘していた。わたしはそこで運命にたいする対処法を学んだ。かれらの人生は悲惨と勇気、落胆と達成のはざまを疾走するジェットコースターのようなものだった。わたしは晴眼者のひとりとして、たえず「自分になにができるか」と問いかけていた。わたしの仕事はおもに「聞く」ことだったが、それ以外にも、チアリーダー役をつとめ、いのちをじゅうぶんに開花させ、豊かに、幸福に生きる可能性を「見る」ように盲人たちを励ました。人生は悲劇ではなく、挑戦すべき課題だった。

それはときに、あまりにも重い問いだった。想像以上に多くの子どもたちが盲目のまま生まれ、あるいは水頭症として生まれたために植物状態とみなされ、死ぬまで病院ですごしていた。不毛の人生というしかなかった。希望も援助もみつけられない両親たちも同じだった。盲目の子どもを生んだ親たちの多くが、死にゆく患者と同じ反応の諸段階を経過していくことにわたしは気づいた。受容するにはあまりにも厳しい現実だった。しかし、受容する以外に道があるのだろうか？

九か月の正常な妊娠期間をへて、確実に健康な赤ん坊を生むはずだった母親がいた。ところが分娩室《ぶんべん》でなにかが起こり、娘が盲目で生まれてきた。母親は絶望の淵《ふち》につき落とされた。それは正常な反応だった。だが、援助を受けてこころの傷を癒《いや》した母親は、やがて娘のハイディーが教育を受け、専門職につくことを望むようになった。健全な、目をみはるほどの回復ぶりだった。

不幸なことに、その希望が非現実的だと主張する医療の専門家と出あうことになった。専門家はハイディーを施設に入れるようにすすめた。家族は途方に暮れた。しかし、施設に連絡するまえに、運よく「ライトハウス」の助けを得ることができた。わたしはそこでその母親と出あったのである。

もちろん、わたしに奇蹟《きせき》を起こすことなどできるはずもなかった。しかし、娘の視力を回復させることはできなくても、母親の悩みに耳をかたむけることはできた。必死に奇蹟をもとめていた母親は、やがて、どんなに厳しい障害のある子どもにも神から特別な贈り物が授けられているというわたしの話に耳をかたむけるようになった。

「期待をぜんぶ捨てるのよ」わたしはいった。「お嬢さんを神からの贈り物として愛し、抱きしめるだけでいいの」

「それから？」母親がたずねた。

「そのうちに、神がお嬢さんに授けられた特別な贈り物が姿をあらわすわ」

どこからそんなことばがでてきたのか、自分でもわからなかったが、わたしはそう信じていた。母親は希望を新たにして帰っていった。

それから何年もたって、新聞を読んでいたわたしはハイディーにかんする記事をみつけた。ライトハウスで会ったあの赤ん坊が元気だったのだ。元気どころか、りっぱに成長し、将来を嘱望されるピアニストになって、はじめてのリサイタルをひらこうとしていた。批評家はハイディーの才能を激賞していた。わたしはすぐに母親を探しだし、会いにいった。母親は胸をはって、ここにくるまでの苦労を語った。懸命に育てているうちに、ハイディーはとつぜん音楽の才能を発揮しはじめた。「まるで花がひらくようでした」母親はそう語り、わたしの励ましのおかげだと礼をいった。「あの子を拒絶するのはかんたんだったでしょう」母親はいった。「みなさんからそうしろといわれました」

いうまでもなく、わたしはこうした感動的な瞬間のことを自分の子どもたちに伝えた。けっしてあきらめてはならないことを学んでほしかったからだ。人生に保証はない。だれもが難問に直面する。直面することによって学ぶようにできているのだ。生まれた瞬間から難問に直面する人たちもいる。すべての人のなかでもいちばん特別な人たちだ。その人たちはいちばん大きなケアといつくしみを必要としているが、いのちの唯一の目的が愛であることを思いださせてくれるのもその人たちなのだ。

信じがたいことだが、世の中には、わたしがとり組んでいるテーマについてわたし自身が知悉《ちしつ》しているものだと、本気で考える人たちがいるらしい。そんな人のひとりに、ニューヨークにあるマクミラン出版社の編集者、クレメント・アレクサンダーがいた。「死とその過程」セミナーについて書いた短い論文が、どういう経路をへてか、クレメントの手にわたった。クレメントはシカゴにやってきて、死が迫っている患者とのワークについて本を書く気はないかとたずねた。五万語の原稿とひきかえに七〇〇〇ドルを支払うという契約書にサインを迫られたときも、わたしは仰天して口がきけないほどだった。

執筆に三か月の時間をくれればひき受けてもいいと答えた。マクミラン社に異存はなかった。しかし、編集者が去ってひとりになると、執筆時間の捻出《ねんしゅつ》法にあたまを悩ますことになった。子どもと夫の世話をし、病院でフルタイムの仕事をし、ほかにもいろいろな仕事があった。あらためて契約書をみると、そこにはすでに著書のタイトルが書きこまれていた。『死ぬ瞬間　死とその過程について』(鈴木晶訳、中公文庫)。悪くなかった。マニーに電話をして朗報を伝えた。それから、自分が本の著者になることを想像しはじめた。現実感がなかった。

だが、わたしに本が書けない理由があるだろうか？　わたしのあたまのなかには無数の症例と観察記録が山と積まれているではないか。それから三週間、ケネスとバーバラが眠っている夜の時間を利用して、わたしはデスクに向かい、構想をねった。考えているうちに、死に瀕《ひん》した患者たちが、いや、あらゆる種類の喪失に悩む人たちが、きまって似たような心理のプロセスをたどることに気がついた。それはじつにはっきりとしたパターンだった。はじめに起こるのはショックと否定、怒りと憤り、嘆きと苦痛である。つぎに神との取引がはじまる。意気消沈し、「なぜこのわたしが?」と問いはじめる。そしてついには他者から距離を置き、自己のなかにひきこもるようになる。その段階をへて、うまくいけば、やすらぎと受容の段階がおとずれる(悲嘆と怒りが表現できないときは、受容ではなく断念になる)。

「ライトハウス」で会った親たちもそうした段階をへていることが、はっきりとみてとれた。かれらは盲目の子どもの誕生を喪失——期待していた正常で健康な子どもの喪失——だと感じていた。ショックと怒り、否定と抑うつの段階を経過し、なんらかのセラピーの援助によって、最後には変えられないものを受容するという段階に到達するのだ。

近親者を失った、あるいは失おうとしている人たちも、否定とショックではじまる同じ五つの段階を経過していた。「よりによって妻が死ぬなんて。子どもが生まれたばかりなんだ。そんなばかなことがあるか!」「いやよ! わたしが死ぬなんて」。

否定は防衛であり、予期せぬ悲運に対処するときの正常で健全な反応である。否定することによって、人は人生の終わりを考え、それまでと変わらない人生にもどろうとする。

これ以上否定しても無駄だとわかると、こんどは怒りが生じてくる。患者は「なぜこのわたしが？」と問いつづけるのをやめ、「なぜあの人じゃないの？」と問うようになる。家族、医師、ナース、友人などにとっては、とくに対処がむずかしい段階である。患者の怒りはあたりかまわず、散弾のように発射される。いたるところに散弾の破片が飛びちり、だれもが被弾する。神をののしり、家族をののしり、健康な人すべてをののしる。それは「わたしは生きているんだ。そのことを忘れないでくれ」という叫びでもある。とりつく島のない怒りである。

罪悪感を感じたり恥ずかしい思いをしたりせずにその怒りを表現することができた患者は、つぎに取引の段階に移行することが多い。「お願いです。この子が幼稚園に入るまで、妻を死なせないでください」そう祈ったかと思うと、つぎにはまた別の祈りを捧《ささ》げている。「この子がハイスクールを卒業するまで待ってください。その年齢なら、この子も母親の死に耐えることができるでしょう」この段階にある人たちの神との約束がけっしてまもられないことに、わたしは気づいている。かれらはそのつど賭《か》け金をあげて、文字どおり神とかけひきをしているのだ。

しかし、取引の時期は介護人にとっては対処しやすい時期でもある。怒りが残っているとはいえ、患者はもはや助言も聞けないほど敵意のかたまりになっているわけではない。また、抑うつはあっても、だれともこころを通わすことができないほどの状態ではない。たまに怒りの散弾銃を発射するが、まず被弾することはない。やり残した務めを完了しようとする患者の援助には、いちばんいい時期なのだ。わたしのやりかたはこうだ。患者の病室に入っていく。怒りをぶつけてきたら正面から受けとめる。怒りの炎に油をそそぐ。怒りを外面化させ、思いのたけを吐露させてしまうのだ。そうすれば、憎悪はしだいに愛と理解に変わっていく。

ある時点で、変化の大きさに耐えきれずに、患者がひどく落ちこんでしまうことがある。無理もない。ごく自然ななりゆきである。病状は否定しようもなく悪化していく。からだがいうことを聞かなくなる。やがては経済的にも逼迫《ひっぱく》してくる。そんなとき、患者はよく急激な衰弱をみせる。たとえば、乳房を失った女性は女らしさがなくなったことに悩んでいる。そうした悩みをオープンに、率直に、ずばりと話せる相手がいれば、患者はしばしばすばらしい反応をみせるものなのだ。

もっているものも愛している人たちもすべてを失うのだと、そのことばかりを考えている患者の抑うつは対処がむずかしい。それはある種、静かな抑うつだ。その状態になると、あかるい面がどこにもみられなくなる。過去に見切りをつけ、はかりがたい未来をおしはかろうとするその心理状態を多少なりとも楽にするためのことばはいっさい耳に入らない。そんなとき、最良の援助は患者の悲しみをみとめ、祈り、やさしく手をふれ、そばに座っていることなのだ。

患者が怒りを表現し、泣き、嘆き、やり残した仕事をやり終え、恐怖をみとめるという段階を経過すると、受容という最後の段階に到達する。幸福だというわけではないが、もはや抑うつもなく、怒りもなくなる。おだやかで瞑想《めいそう》的なあきらめのとき、やすらかな予期がおとずれるときである。身もだえるような苦闘の時期が終わり、はてしないまどろみへの欲求にとってかわる。『死ぬ瞬間』である患者のことばとして紹介した、「長い旅のまえの最後の休養」である。

本は二か月で書きあげた。書き終えて気づいたのは、はじめての講義のまえに図書館でしらべたときに「そんな本があれば」と思った、まさにその本を自分が書いたということだった。最終原稿を郵便ポストに投函《とうかん》した。『死ぬ瞬間』が重要な本になるかどうかはわからなかったが、そこに書きつづった情報がひじょうに重要なものであることは確信していた。読者がそのメッセージを誤解しないでほしいと、痛切に願った。わたしが面接した末期患者たちは、身体的には病気が治ることはなかったが、感情的、精神的、霊的には、全員がすばらしい境地に達していた。実際のところ、それはほとんどの健康な人たちよりもはるかに満ち足りた心境だった。

後日、臨終の患者から死についてなにを学んだのかと、くり返し聞かれるようになった。はじめは臨床的な説明で答えようと考えたが、それでは自分をいつわることになると気づいた。瀕死の患者たちが伝えてくれたのは、死にゆく人の心情の描写よりもはるかに有意義なものだった。衰弱がすすみすぎて、もう時間切れになるまえに、かれらはやればできたこと、やるべきだったこと、やれなかったことについて、貴重な教訓を分かちあってくれた。人生をふり返り、死にかんしてではなく、生にかんして、真に意味のあることがなんだったのかを教えてくれたのである。

第23章　名　声

職場は気が滅入るようなできごとの連続だった。レジデント（研修医）のひとりが遠慮がちに「個人的なことで相談があるのですが」といってきた。人間関係の悩みだろうと考えて、気軽にひき受けた。話を聞いてみると、そのレジデントは精神科から初任給一万五〇〇〇ドルという条件である地位への就任を要請されているということがわかった。就任すべきかどうかについて、わたしの意見をもとめにきたのである。

上司のわたしは内心のショックと不信感を隠して素知らぬ顔をしていたが、わたし自身の月給は三〇〇〇ドルにも満たないものだった。女性にたいする偏見を経験したのはそれがはじめてではなかったが、あまりの差別に愕然《がくぜん》とせずにはいられなかった。

その後まもなく、ゲインズ牧師から新しい職場を探しているという話を聞かされた。病院の権謀術数にうんざりしていた牧師は、自分の教会をもちたがっていた。地域社会に真の変化をもたらすことに貢献できる場をもとめていたのである。病院におけるただひとりの盟友の支えがなくなるのは、わたしにとっても大きな痛手だった。

家に帰り、キッチンに立ちすくんだ。砂を噛《か》むような思いだった。このまま一介の主婦として生き、社会から消えてしまいたいと思った。しかし、そのささやかな望みさえかなえられなかった。『ライフ』誌の記者から電話がかかってきたのだ。記者は大学でおこなっている「死とその過程」セミナーについて特集記事を書きたいといってきた。わたしは大きなため息をついた。いうべきことばがみつからないときに、でてくるのはため息しかなかった。メディアの力についてなにも知らず、おまけに理解者がいないことに屈託していたわたしは、記者の申し出に「イエス」といった。わたしの仕事が人びとに知られるようになれば無数の人のいのちの質を変えることにつながるかもしれないという予感もあった。

記者といっしょに取材の日程をきめると、わたしはセミナーに協力してくれる患者を探しはじめた。セミナーの当日はたまたまゲインズ牧師が出張で不在の予定だったので、患者探しはいつもにましてむずかしい作業になった。『ライフ』のことを聞きつけたゲインズ牧師の上司がしゃしゃりでてきた。その上司は野心的ではあったが、患者探しの戦力にはならなかった。

どんよりと曇ったある日のこと、わたしは放心状態でがん病棟の廊下を歩いていた。ドアが半びらきになっている部屋になにげなく目をやった。ほかのことに気をとられ、患者探しをしていることさえ忘れていたわたしの目は、はっとするほど美しい娘の顔に釘《くぎ》づけになった。その顔をみればだれもが立ちどまってしまうほどの美貌《びぼう》だった。

娘の目に吸い寄せられるようにして、病室に入っていった。名前はエヴァ、二一歳だった。女優になってもおかしくない黒髪のその美人は、白血病で死をむかえようとしていた。それでもなお、エヴァは快活で社交性に富み、夢をえがき、冗談をいい、あたたかいこころをもっていた。婚約もしていた。「ほら、みて」指輪をみせながらエヴァはいった。エヴァにはまだ未来があったのだ。

しかし、エヴァは自分の容体については正確に把握していた。死んだら埋葬はさせずに、医学校に献体してもらうといっていた。そして、自分の病状をみとめようとしない婚約者に腹を立てていた。「あの人は貴重な時間を無駄にしてるのよ」とエヴァはいった。「なんのかんのいっても、わたしはもう長くないんですもの」かぎられた時間をせいいっぱい生きたい、まだまだ新しい体験をしたい、エヴァがそう考えていることを知って勇気づけられた。セミナーに参加してくれるかもしれないと思い、その話を切りだしてみた。すでにセミナーのことを聞き知っていたエヴァは、ぜひ参加したいと答えた。死の床にある患者からこんな質問をされたのははじめてだった。

「白血病でも参加資格があるの？」

むろん問題はなかった。しかし、そのまえに『ライフ』の取材のことを知らせておく必要があった。

「すてき！」エヴァはいった。「やってみたいわ」

ご両親に相談したほうがいいのでは、とわたしは忠告した。

「その必要はないでしょ」エヴァがいった。「もう二一歳よ。自分できめられます」

たしかにそのとおりだった。金曜日、わたしはエヴァを乗せたストレッチャーを押して面接室に入っていった。ふたりとも、髪形のカメラ写りを気にしている、ただの女になっていた。セミナーがはじまるとすぐに、わたしの勘の正しさが証明された。エヴァはうってつけの被験者だった。

まず第一に、ほとんどの学生と同世代だった。死が老人だけのものではないことを端的にわからせてくれた。また、エヴァの容姿がことば以上のものを語ってくれていた。白いブラウスとツイードのスラックスに身をつつんだエヴァは、カクテルパーティーにいくところかと思うほどに輝いていた。しかし、実際には死が間近に迫っていた。その現実をみつめるエヴァの率直さが参加者の胸を打った。「生存率が一〇〇万にひとつであることはわかっています」エヴァは告白した。「でも、きょうはそのひとつのチャンスについてお話したいのです」

そう前置きして、エヴァは病気についてではなく、生きていられたらどうなるかについて話しはじめた。話題は学校、結婚、子ども、家庭、そして神にまでひろがっていった。「子どものころは神さまを信じていました。いまはわかりません」エヴァは素直にそういった。子犬がほしいこと、家に帰りたいことなど、そのときの気持ちをありのままにしゃべりつづけた。エヴァはためらうことなく、なまの感情をさらけだした。マジックミラーのあちら側でエヴァとわたしの言動を記録している記者やカメラマンの存在は、ふたりともまったく気にしていなかった。エヴァとわたしには事態が順調に進行していることがわかっていた。

『ライフ』の特集号は一九六九年の一一月二一日に発売された。わたしがまだ雑誌をみていないうちから病院に電話が殺到しはじめた。だが、エヴァの反応が心配だった。その日の夜、自宅に何冊かの雑誌が送られてきた。翌朝、早い時間に病院に駆けつけ、

『ライフ』をエヴァにみせた。掲載誌が病院の売店にならび、にわか名士にされるまえにみせておきたかったのだ。ありがたいことにエヴァは記事を気に入ってくれた。ただ、世間のきれいな娘と同じように、自分の写真うつりには満足していなかった。「いやだわ、写真はあまりよくないじゃない」とエヴァはいった。

病院側はわたしたちほど有頂天になっていたわけではなかった。その日、最初に廊下ですれちがった医師はあざけるように笑い、下品な口調でこういった。「また宣伝用の患者探しですかな？」管理職のひとりは「死ぬことで病院が有名になった」とわたしを非難した。「われわれの評判は患者が治ることにあるんだぞ」管理職はいった。『ライフ』の記事はほとんどの病院スタッフにとって、わたしが患者を食いものにしていることの証明にすぎなかった。なんにもわかっていなかったのだ。一週間後、病院側は医師に協力禁止を命じることで、わたしのセミナーをつぶしにかかってきた。つぎの金曜日、わたしはほとんど空席の会場に立つことになった。

面目はまるつぶれだったが、マスコミの力で動きだした事態を病院側がすべて無にすることはできないはずだった。ともあれ、わたしはアメリカで最大の、もっとも影響力のある雑誌に登場したのだ。病院の郵便受けはわたしあての手紙であふれ返った。

わたしと連絡をとりたいという人たちからの電話で、交換台はパンク寸前になった。わたしはほかのマスコミからの取材を受け、ほかの大学での講演さえひき受けた。

著書の『死ぬ瞬間』が出版されると、世間の関心はさらに高まっていった。著書は国内外でベストセラーになり、事実上、アメリカのすべての医学校や看護学校が重要な本であることをみとめた。ふつうの人たちも、いつのまにか「死の五段階」について議論しはじめていた。著書がそれほど熱烈に世にむかえられ、自分自身が有名人の仲間入りをすることになろうとは夢にも思っていなかった。皮肉なことに、その本を完全に無視した唯一の場所は、わたしが勤務する病院の精神科だった。それは、どこかほかに職場を探す必要があることを示す、あまりにも明白な徴候だった。

周辺の状況は一変したが、主要な関心事が真の教師としての患者にあることは変わらなかった。とりわけ、『ライフ』に登場した娘、エヴァのことが気になっていた。大晦日《おおみそか》に病室をおとずれ、エヴァがいないことに気づいたとき、その心配は極限に達した。退院し、ほしかった子犬を手に入れたとナースから聞いて、ほっと胸をなでおろした。しかし、ナースの話はまだ終わっていなかった。エヴァはその後、容体が急変して、いまはＩＣＵ（集中治療室）に入れられているというのである。わたしはあわててICUに走った。待合室にエヴァの両親がいた。

両親は、瀕死《ひんし》の患者の家族によくみられる、あの無力で悲しげな表情を浮かべ、待合室に座っていた。病院のばかげた面会規則が、愛娘《まなむすめ》につき添うことを禁じていた。ICUの規則によって、指定された時間内に、わずか五分の面会しかゆるされていなかったのだ。怒りがこみあげてきた。娘のそばにいて、支えになり、たがいに愛しあうのも、きょうが最後になるかもしれないではないか。待合室にいるあいだに娘が死んでしまったら、どうするつもりなのか？

医師であるわたしはエヴァがいる部屋に入ることができた。ICUのなかで、エヴァは裸のままベッドに横たわっていた。天井からは異様にあかるい光が照射されていたが、エヴァにはその光を調節することも、そこから逃げることもできなかった。生きた姿のエヴァに会えるのはこれが最後であることはすぐにわかった。エヴァにもわかっていた。口はきけなかったが、わたしの手をにぎり、手で「ハロー」といった。そして、天井を指さした。照明を消してほしかったのだ。

エヴァのなぐさめと尊厳をまもることしかあたまになかった。わたしはすぐに自分で照明のスイッチを切り、エヴァのからだをシーツでおおいなさいとナースに命じた。

信じがたいことに、ナースはためらいをみせた。余計な口だしをするなという態度にもみてとれた。ナースは「なぜですか?」といった。なぜですって? わたしは激怒し、自分でシーツをかけた。

哀れにも、エヴァはその翌日、一九七〇年一月一日に亡くなった。エヴァを延命させられなかったことはしかたがなかった。だが、病院で、寒さと孤独のなかで死んでいった、その死にかたには耐えられなかった。わたしの仕事はすべて、そうした状況を変えることに向けられていたはずだった。家族を廊下や待合室に残したまま、たったひとりで死んでいくなど、エヴァのみならず、だれにとってもありうべからざることだった。病院でなによりも人間の欲求が最優先される日がくることを、わたしは胸に思い描いた。

第24章　シュウォーツ夫人

医学の奇蹟《きせき》的な進歩とともに、すべてが変わってしまった。医師は心臓や腎臓《じんぞう》を移植し、強力な新薬を投与して、患者の寿命をのばすようになった。新しい診断機器によって早い時期から病気がみつかるようになった。一年まえには不治といわれた患者に生還のチャンスがあたえられるようになった。それでも、問題が解決したわけではなかった。人びとはいつしか、医学が万能であると信じこむようになっていた。かつては予測もできなかった倫理的、道徳的、法律的、財政的な問題の数々が浮かびあがってきた。医師がほかの医師にではなく、保険会社に相談してものごとをきめる場面が多くなってきた。

「事態は悪化する一方だわ」わたしはゲインズ牧師にそういった。そう予測するのに天才は必要なかった。病院の壁には、すでにたくさんの書類が掲示されていた。何件もの医療訴訟で訴追されていたのだ。わたしが知るかぎり、訴訟の頻度は高まる一方だった。しかし、医学は変わりつづけ、医の倫理は書き換えを迫られているようだった。「むかしのようなやりかたがいいんですがね」ゲインズ牧師はいった。わたしの解決案は牧師のそれとはちがっていた。「問題の根っこは、ほんとうの意味での死の定義がないというところにあるのよ」とわたしはいった。

穴居人の時代から、死を正確に定義づけた人はだれもいなかった。ある日、わたしに多くのことを教えてくれ、翌日にはかき消すようにいなくなってしまった、あのエヴァのようなすばらしい患者たちには、いったいなにが起こったのだろうか。わたしはそのことに思いをめぐらせていた。やがて、ゲインズ牧師とわたしは「死んだらどうなるのか」について、医学校と神学校の学生、医師、ユダヤ教の指導者、キリスト教の牧師などのグループに質問をしはじめた。「いのちがなくなったとしたら、どこにいったのか?」わたしは死を定義しようとしていた。

どんな見解にも、偏見をもたずに耳をかたむけた。夕食のテーブルで子どもたちが語った無邪気な意見も虚心に聞いた。わたしは子どもたちに自分の仕事を隠さなかった。ありのままを話すことが、みんなの助けになっていた。ケネスとバーバラの顔をみながら、わたしは「生まれることと死ぬことはよく似ているのよ」といった。それそれが新しい旅のはじまりなのだ。しかし、あとになって、誕生と死では、死のほうがずっとたのしく、はるかに平和な経験であると考えるようになった。この世にはナチス、エイズ、がんのようなものが多すぎる。

たとえ怒り狂っていた患者にも、いまわの際にはいかに静謐《せいひつ》な、リラックスした瞬間がおとずれるものかに、わたしは気づいていた。いよいよ臨終が近づくと、先に亡くなった愛する人たちと再会し、現実そのもののような経験をしているようにみえる患者もたくさんいた。かれらはわたしにはみえない人たちと生き生きとした会話を交わしていた。例外なく、どんな場合でも、死の直前には独特の静けさがおとずれていた。

そして、そのあとは？　それが知りたかった。

わたしには自分の観察にもとづいた判断しかできなかった。そして、人がいったん死んでしまうと、わたしはなにも感じなくなった。その人は逝《い》ってしまったのだ。ある日は語りかけ、手をふれることのできた相手が、翌朝にはいなくなっていた。遺体はそこにあったが、手をふれても木片にさわっているようなものだった。なにかが失われていた。なにか有形のもの、いのちそのものが。

「でも、いのちはどんなかたちで去っていくのか？」わたしは問いつづけた。「そして、そんな場所があるとしての話だが、いのちはどこにいってしまったのか？　人は死ぬ瞬間に、どんな経験をしたのか？」

思いはいつしか、二五年まえの、マイダネックへの旅にもどっていった。あのとき、男たち、女たち、子どもたちがガス室で殺される前夜をすごした収容棟を歩いていた。そして、壁に描かれた無数の蝶《ちょう》の絵をみて魔法にかかったように立ちすくみ、自問したことを覚えている。「なぜ蝶なの……？」

いまようやく、はっきりとそれがわかった。囚人たちは瀕死《ひんし》の患者と同じように、この先どうなるのかに気づいていたのだ。自分がまもなく蝶になることを知っていたのだ。死んだら、この地獄のような場所からぬけだせる。もう拷問もない。家族と離れることもない。ガス室に送られることもない。この身の毛のよだつような生活とも縁が切れる。蝶がさなぎから飛び立つように、もうすぐ、このからだからぬけだせる。あの蝶の絵は囚人たちが後世に残したかった死後のメッセージだったのだ。

それ以来わたしは死とその過程について説明するときに、蝶のイメージを使うようになった。だが、それで説明しきれるわけではなかった。もっと多くのことが知りたかった。ある日、パートナーの牧師をふり返って、わたしはこういった。「あなたたちはいつもいってるわね。『もとめよ、さらばあたえられん』って。じゃ、もとめるわよ。死にかんする研究を手伝ってほしいの」牧師は即答しなかった。しかし、わたしたちはふたりとも、正しい問いにはかならずよき答えが返ってくることを信じていた。

翌週、あるナースから、面接の候補者にふさわしそうな女性がいることを知らされた。シュウォーツ夫人はICUに一五回も入ったことがあるという患者だった。そのたびに死の転帰をとるものと考えられていたが、驚くほど強靭《きょうじん》で意志の強い夫人は、そのつど生還してきた。そのナースは夫人に畏怖《いふ》の念をいだくようになっていた。「ちょっと変わった人だと思いますよ」ナースはいった。「なんだか怖くて」

「死とその過程」セミナーで面接したシュウォーツ夫人は、ちっとも怖くなかった。夫人は夫が統合失調症で、症状が発現するたびに一七歳になる末の息子に暴力をふるうと語りはじめた。夫人は、息子の成人まえに自分が死んだら息子が殺されるかもしれないと危惧《きぐ》していた。法的には夫が唯一の保護者になるので、暴れだしたらどうなるかわからないというのである。「だから、わたしはまだ死ねないんです」夫人はいった。

夫人の心配のたねがわかったので、わたしは法律扶助協会の弁護士にたのんで、その息子の後見人を社会的に安定した親戚《しんせき》のひとりに変えてもらった。シュウォーツ夫人はまた退院していった。これで残された時間を平穏にすごせるはずだった。わたしはもう夫人に会うことはないだろうと思っていた。

しかし、一年もたたないうちに、夫人はわたしのオフィスにやってきて、もう一度セミナーで話をさせてほしいといった。わたしは断った。同じ被験者を二度以上参加させない方針だった。死というもっともタブー視されているテーマにかんして学生がしゃべる相手は、まったく未知の人に限定すべきだと考えていた。「でも、だからこそ、わたしは学生たちに話をする必要があるのです」夫人はいった。そして、長い間《ま》を置き、こうつけ加えた。「そして、先生にも」

一週間後、気がすすまないままに、わたしはシュウォーツ夫人を会場に案内した。学生たちは前回のときの顔ぶれとは変わっていた。夫人は前回と同じ話をしはじめた。幸いにも、ほとんどの学生にとってははじめて聞く話だった。再度被験者にしたことを後悔しながら、わたしは夫人の話をさえぎって、こうたずねた。「どうしてもまたセミナーで話したいというのは、どんなことですか？」その質問をきっかけに、夫人の話題ががらっと変わった。そのころにはまだ「臨死体験」ということばはなかったが、夫人がくわしく述べはじめたのはまさにその体験についてであり、わたしたちははじめてそれを直接耳にすることになったのである。

そのできごとはインディアナ州で起こった。内臓出血でたおれたシュウォーツ夫人は病院にかつぎこまれ、個室に入れられた。容体は「危篤」と判定され、とてもシカゴに送り返せる状態ではなかった。今度こそ死ぬのかなと思いながら、夫人はナースを呼ぶべきかどうかを考えていた。そして、生死のはざまを往復するという試練をあと何回くり返せばいいのかと自問していた。息子にも後見人がついたことだし、もう死んでもいい時期なのかもしれない。

夫人はなかなか決心がつかなかった。半分は死にたがっていた。あとの半分は息子が成人するまでは生きたいと願っていた。

自問自答をしているとき、ナースが入ってきた。ナースは夫人をひと目みると、顔色を変えて飛びだしていった。夫人の話によれば、ちょうどその瞬間、意識がからだから離れ、天井に向かってふわっと浮きあがった。蘇生《そせい》チームが駆けこんでくるのがみえた。蘇生チームは夫人を生き返らそうとして、死にもの狂いで働いていた。

夫人は天井のほうから一部始終をみていた。こまかいところまで観察していた。チームの会話は一言《いちごん》もらさず聞いていた。口にださなくても、それぞれが内心に浮かべている想念さえ読みとることができた。驚いたことに、痛みはなにも感じなかった。からだからぬけだしていることにたいしては、恐怖も不安も感じなかった。ただただ好奇心にかられ、チームの人たちが自分の存在に気づかないことがふしぎでならなかった。そんな無理なことはしないで、わたしはだいじょうぶだからと、くり返し声をかけた。「でも、その人たちには聞こえないんです」と夫人はいった。

しかたなく、夫人は下降していき、レジデントのひとりの腕をつついてみた。ところが、なんと夫人の手はレジデントの腕をつきぬけてしまった。蘇生チームの医師たちにおとらず無力感にとらわれはじめた夫人は、その時点で、意思を疎通させようとする努力をあきらめた。「そこで意識を失ったんです」と夫人は説明した。四五分にわたる蘇生の試みが失敗に終わろうとしていた。夫人が最後に覚えているのは、顔までシーツがかけられ、死亡の宣告をされたこと、そして、狼狽《ろうばい》していたレジデントがジョークをいったことだった。ところが、それから三時間半後、遺体を片づけにきたナースは、夫人が蘇生しているのをみて仰天することになったのである。

会場にいた全員が夫人の驚くべき話に魅了されていた。だが、学生たちはたちまち、となりの人と顔をみあわせ、聞いたばかりの話を信じるべきかどうかの詮索《せんさく》をはじめた。けっきょくのところ、そこにいたのは科学の信奉者ばかりだった。学生たちは夫人のあたまがおかしいのではないかと考えはじめた。シュウォーツ夫人も同じ疑問にとらわれていた。なぜその体験を話してくれたのかとたずねたわたしに、夫人はこう答えたのだ。「わたしも精神病になったんでしょ？」

けっしてそんなことはなかった。話を聞き終わった時点で、わたしはシュウォーツ夫人が正気そのものであり、真実を語っていたことを確信していた。だが、夫人は自信を失っていて、正気であることを確認してほしがっていた。会場から去るまえに、夫人はもう一度質問した。「先生はわたしが精神病だとお考えですか？」夫人の声は悲しげだった。面接の時間を早く終わらせようとしていたわたしは、大きな声でこう答えた。「医師エリザベス・キューブラー・ロスとして、わたしはあなたが現在も精神病ではなく、過去においても精神病ではなかったことを証明できます」

それを聞くと、シュウォーツ夫人はようやく枕にあたまを落とし、大きな吐息をついた。ぜったいにあたまのおかしい人の反応ではなかった。夫人は冷静そのものだった。

†

後半の討論の時間になると、学生たちはわたしがシュウォーツ夫人の話を幻覚とみとめず、夫人を信じるふりをしたことの理由を知りたがった。驚いたことに、シュウォーツ夫人の経験が事実であること、死の瞬間にも意識が存続し、観察や思考ができること、痛みも感じないこと、それが精神病理学とは無関係な現象であることを信じた学生はひとりもいなかった。

「では、先生はその現象をどう呼ぶのですか？」学生が質問した。

すぐには答えがでてこなかった。学生は不満を表明した。わたしは科学で解明されていないことはたくさんあるが、だからといってその存在を否定することはできないと説明した。「いまここで犬笛を吹いても、みなさんには聞こえないでしょう」わたしはいった。「でも、犬ならみんな聞こえます。だからといって、犬笛の音が存在しないっていえるかしら」シュウォーツ夫人はわたしたちとは別の波長の世界を経験したとは考えられないだろうか？「夫人はあとになって、レジデントがいったジョークを正確に報告しています。どうしてそんなことができたのか、説明してください」夫人の体験した世界がわたしたちにはみえないからといって、夫人がみた世界のリアリティーを度外視することができるだろうか？

いずれ、もっと科学的な説明がつくときがくるだろう。だが、その時点では、シュウォーツ夫人がセミナーに登場してきた動機について説明することで講義を終えなければならなかった。その動機がわからないという学生たちに、わたしは「純粋に母親としての配慮からだ」と説明した。シュウォーツ夫人はセミナーが録音されていることも、八〇人の証人がいることも知っていた。「もしその体験が精神異常だと判定されたら、息子の後見人は法的に無効になるのよ」わたしはいった。「そうなれば、ご主人が後見の権利をとりもどして、夫人のこころの平和が乱されることになる。それでも夫人は精神異常？　ぜったいにそんなことないわ」

それから何週間も、シュウォーツ夫人の話があたまから離れなかった。夫人に起こったことが夫人だけの、例外的な現象だとはとうてい思えなかった。生命の徴候が消失したあと、蘇生の試みがおこなわれているあいだに味わった、そのとてつもない体験を、あとで思いだせる人がひとりでもいる以上、ほかにもいてもおかしくなかった。

ゲインズ牧師とわたしは、にわか探偵になった。生命の徴候が消え、死亡が確認されたあとで蘇生した人をそれぞれ二〇人ずつ探しだして、面接するつもりだった。わたしの勘があたっていれば、わたしたちはまもなく人間のまったく新しい一面につうじる扉をひらき、いのちにかんして新しい気づきを得ることができるはずだった。

第25章　幽　霊

探偵になったゲインズ牧師とわたしは距離を置き、別々に行動しはじめた。不仲になったというわけではない。それぞれが二〇症例を集めるまで面接ノートを相手にみせないという協定を結んだのである。わたしたちはひとりで、病院の隅々までしらべまくった。ほかの病院にも手をまわした。設定した基準に合致する患者をもとめて、片っ端から問いあわせ、再三にわたって確認をした。患者には、起こったこと、感じたことだけを話してくれるようにたのんだ。患者たちは自分の話がほかにもれることを恐れていた。

ようやくそれぞれのノートの照合をはじめたとき、集まった体験記録の想像を絶する内容にわたしたちは目をみはった。「そう、死んだ父に会ったの。生きている姿そのままだったわ」と告白した患者がいた。よく聞いてくれたと牧師に感謝する患者もいた。「聞いていただいて、とてもうれしいです。だれに話しても変人あつかいされていましたからね。ほんとうにすばらしい、とろけるような体験だったんです」ノートの記述はさらにつづいた。「また目がみえるようになっていました」事故で視力を失った女性がそういっていた。この世界に帰還してきたとき、女性はふたたび盲目の状態にもどっていた。

「臨死体験」や「死後生存」にかんする論文が続々とでてくるようになる時代よりずっと以前の話である。わたしたちの発見が懐疑主義者たちの格好の餌食《えじき》になり、最悪の不信と嘲笑《ちょうしょう》の対象になることはわかっていた。しかし、ひとつの症例だけをみても、それが真実であることはあきらかだった。一二歳の少女はその臨死体験を母親にも隠しているといっていた。少女の説明によれば、その体験はあまりにもたのしく、家に帰りたくないと思ったという。「パパとママがいるお家よりたのしいお家があるなんて、ママにはいいたくないの」と少女は告白した。

その後、少女は体験の逐一を父親に話した。そのなかには、兄にやさしく抱かれたという体験もふくまれていた。父親は衝撃を受けた。兄がいたことなど少女にわかるはずがなかったからだ。兄は少女が生まれる数か月まえに亡くなり、少女はそのことを知らなかった。

　こうした事例の分析法や研究方法を模索しているあいだも、わたしたちはそれぞれ別の道を歩みはじめていた。ふたりとも、病院の窮屈な雰囲気にいやけがさし、ほかの職場を探していたのだ。ゲインズ牧師が先にでていった。一九七〇年のはじめ、牧師はアーバナにある教会をひき継いだ。同時に、ムワリム・イマラというアフリカ名を名乗るようになった。自分のほうが先に病院を去るものだとばかり思っていたわたしは、新しい仕事をみつけるまで、ひとりでセミナーを続行しなければならなかった。セミナーは、盟友ともいうべきゲインズ牧師なしには、うまくいきそうもなかった。ゲインズの上司だったN牧師が後継者になった。しかし、わたしとは反りがあわなかった。ときには学生たちに、N牧師が医師でわたしが宗教家だと誤解され、情けない思いをしたこともあった。

　いよいよ病院をやめようと決心した。そして、自分でこれが最後だときめた「死とその過程」セミナーの金曜日がやってきた。わたしはいつも、きめたら果敢に行動するたちだった。セミナーが終わり、なんといって切りだそうかと考えながらN牧師に近づいていった。ふたりはエレベーターのまえに立ちどまって、終わったばかりのセミナーについて二、三、ことばを交わした。牧師がエレベーターのボタンを押した。

わたしのオフィスはセミナー会場と同じ階にあり、そこで牧師と別れることになっていた。エレベーターがきて、牧師が乗りこみ、ドアが閉まる直前に辞意を表明するつもりだった。そうすれば牧師にひきとめられることもない。エレベーターのドアがあいた。

「わたしは……」といいかけた瞬間、エレベーターと牧師のあいだに、とつぜんひとりの女が姿をあらわした。わたしは口をあけたまま凍りついた。その女は空中に浮いているようにみえた。からだはほとんど透きとおっているようだった。そして、いかにも親しげに、わたしにほほえみかけていた。「あらら、だれでしたっけ?」わたしは素《す》っ頓狂《とんきょう》な声でたずねた。N牧師は異様なものをみるようにわたしをみつめた。その表情から察して、牧師はわたしが発狂しかけていると思ったらしい。「たしかに知っている人だわ」わたしはいった。「わたしをじっとみてる……」

「なんですって?」あたりをみまわして牧師がいった。「なんの話をしてるんです?」

「エレベーターに乗ってください。この人と話があるの」わたしはいった。

N牧師は一刻も早くその場から離れたかったらしく、逃げるようにエレベーターに飛び乗った。ドアが閉まった瞬間、幻影とも幽霊ともまぼろしともつかないその女がわたしのそばにきた。「ロス先生。帰ってきましたよ」女がいった。「先生のオフィスまでごいっしょしてもかまいません？　話はすぐすみますから」

オフィスまでは三〇メートルもなかった。しかし、そこまでの道のりは世にも不思議な、どきどきするような体験だった。精神異常の初期なのだろうか？　たしかにこのところストレスがつづいていた。でも、それは幽霊をみてしまうほど極端なものではなかった。幽霊はわたしのオフィスのまえでとまり、自分でドアをあけ、来客にそうするようにわたしを先にみちびき入れた。ふり返るとドアが閉まっていた。

「シュウォーツさん！」

自分はいったいなにをいっているのか？　シュウォーツ夫人は一〇か月まえに亡くなっている。たしかに埋葬された。にもかかわらず、夫人はわたしのオフィスにいて、目のまえに立っている。どこか一途《いちず》なところがあるが、生きていたときと同じように愛想のいい表情で立っている。ほほえみ返す余裕はなかった。失神しないうちに座ることにした。「ロス先生。帰ってきた理由はふたつあります」夫人ははっきりとした口調でいった。「ひとつは、先生とゲインズ牧師に、ほんとうによくしてくださいましたとお礼をいうためです」わたしはペンやレポート用紙やコーヒーカップにさわってみた。それが現実かどうかをたしかめたかった。そう、現実だった。夫人の声と同じように現実そのものだった。「でも、ふたつ目の理由は先生に忠告するためです。死とその過程のお仕事をやめないようにって……まだ早すぎます」

夫人は満面に笑みをたたえながら、デスクの脇にまわりこんだ。そのあいだに必死で考えをめぐらせた。これは現実に起こっていることなのか？　なぜ病院をやめようとしていることがわかるのか？　「聞いてますか？　先生のお仕事はまだはじまったばかりです」夫人はいった。「わたしたちがお手伝いしますわ」これが現実かどうかに確信がもてないというのに、わたしは思わず「もちろん、聞いているわよ」と答えていた。そう答えた瞬間に、自分が考えていることも、いおうとしていることも、夫人にはすべてわかっているのだということに気がついた。わたしは夫人にペンと紙をわたして、ゲインズ牧師に伝言を書いてくれるようにたのんだ。夫人がたしかにここにきたという証拠を残そうと思ったのだ。夫人はすばやくペンを走らせ、「これで満足しましたか」といった。

正直なところ、わたしは動転しきっていた。気がつくと、シュウォーツ夫人の姿が消えていた。部屋のなかを探した。どこにもいなかった。廊下にでて探したが、影もかたちもなかった。急いでオフィスにもどり、夫人が書いたメモをしらべた。紙にさわり、筆跡をしらべているうちに、ふと手がとまった。自分はなぜ疑うのか？　なぜ否定しようとするのか？

　そのとき、ようやくわかったことがあった。神秘体験をする準備ができていない人は、たとえその体験をしても信じることができないのだ。しかし、こころをひらいていれば、それをしっかりと体験し、信じることができるようになる。人にいえば吊《つ》るし首になるかもしれないが、それでもその体験が真実であることには変わりがない。

　とつぜん、この仕事はぜったいにやめまいという決意のようなものがわいてきた。病院はそれから数か月後にやめることになったが、その夜、わたしは意気揚々として、前途に希望を感じながら家路についた。シュウォーツ夫人はわたしが決定的なまちがいを犯すことを未然にふせいでくれたのだ。夫人が書いたメモはムワリムにわたした。わたしが知るかぎり、いまでも牧師はそれをもっているはずだ。長いあいだ、わたしは夫人の幽霊の話をムワリム牧師にしかしなかった。マニーにいえば、ほかの医師と同じ反応をすることはわかっていた。ムワリムだけはちがっていた。

　牧師とわたしは異次元にまで羽ばたいていった。そのときまでは死の定義づけをするために協力しあっていたが、いまやそれをこえて、死後の世界にまで視野をひろげはじめていた。牧師はすでに新しい教会で働いていたが、研究のパートナーであることは変わらなかった。ふたりで死から生還した患者に面接し、死後の生にかんするデータの収集をつづけることにした。どうしてもやらなければならない仕事だった。なにしろ、わたしはシュウォーツ夫人と約束していたのだから。

第III部　野牛の巻

第26章　ジェフィー

一九七〇年のなかば、マニーが軽度の心臓発作を起こした。マニーの入院中に子どもたちをつれて見舞いにいくことはなんの問題もないと思っていた。マニーは病院のコンサルタントをしていたし、病院そのものがわたしの本にもとづくセミナーにスタッフを出席させ、そのことを自慢にしていたほどだったからだ。患者やその家族のあつかいかたが多少は進歩しただろうと期待するだけの理由もあった。しかし、はじめて子どもといっしょに見舞いにいったとき、わたしたちは心臓病病棟の入り口で守衛にとめられ、「お子さんは入室できません」といわれた。

拒否？　拒否には慣れていた。手はいくらでもある。病院に入るとき、駐車場でなにかの工事をしていた。わたしは子どもたちをつれて病院をでた。工事現場用の点滅ライトのあかりをたよりに中庭を歩き、マニーの病室の窓のしたまでいった。そこでマニーに呼びかけ、手をふった。子どもたちはかろうじて父親の元気な顔をみることができた。

そんな非常手段をとらなければならないこと自体が異常だった。子どもたちが死ぬときも、おとなと変わることはなにひとつなかった。子どももおとなも、周囲の支えがなければ身動きがとれず、かんたんに避けられたはずの深刻な問題に悩まされることになる。シカゴ病院で、男の子がエレベーターに乗って、ひとりで昇ったり降りたりしているところにでくわしたことがある。はじめは迷子になったのかと思った。そのうち、エレベーターを隠れ家にしていたことがわかった。観察しているわたしに気づいた男の子は、わたしの顔をじっとみあげると、ちぎった紙切れを投げつけて逃げ去った。紙切れをかき集めて、つぎ足してみた。それには「よくもパパを殺してくれたな」と書いてあった。何回か見舞いにいくだけで、父親の死を受容する準備ができたはずなのだ。

しかし、わたしも人のことはいえなかった。病院をやめる一か月ほどまえ、死の床にある患者から「先生はなぜ死にそうな子どもたちの面接をしないのですか」と聞かれた。思わず、「痛いところを突いてくるわね」と答えていた。可愛く賢い子どもに育っているケネスとバーバラのためなら空いた時間のすべてを捧《ささ》げていたくせに、わたしは死にゆく子どもたちとの面接を避けていた。むかしから小児科医になりたいと思っていたことを考えれば、皮肉としかいいようがなかった。

いわれてみてわかったことだが、回避の理由ははっきりしていた。末期の子どもをみるたびに自分の子どもの面影を重ねてしまい、ケネスかバーバラのいずれかを失うと考えただけで耐えられなくなっていたのである。だが、そのハードルは、ラ・ラビーダ小児病院への転職によって乗りこえることができた。わたしはその病院で慢性疾患の子ども、重体の子ども、瀕死《ひんし》の子どもを担当した。そして、すばらしい体験をすることになった。はじめから子どもたちを看《み》てこなかったことを後悔したほどだった。

子どもはおとなよりもすぐれた教師だった。おとなの患者とはちがって、子どもは「やり残した務め」の数々をかかえこんでいなかった。どろどろとした人間関係のしがらみもなければ、痛恨の過ちを犯していることもなかった。無理に平静を装わなければならない事情もなかった。子どもは本能的に自分の病状や迫りくる死を知っていて、それにたいする感情を隠すことがないのである。

トムという慢性疾患の男の子は、わたしがその病院で出あった子どもたちの、典型的な一例だった。トムは自分が腎臓《じんぞう》病でいつも入院させられていることに納得がいかなかった。不満を聞いてくれる人はだれもいなかった。当然のなりゆきで、怒りを溜《た》めこんでいた。だれとも口をきこうとはしなかった。ナースもトムには手を焼いていた。わたしはベッドサイドに腰かけることをやめて、トムを近くの湖につれだした。トムはしばらく岸辺に立ち、湖に向かって石を投げていた。やがて、わめくような声で、病気をはじめとするおもしろくない事態、ふつうの子どもとしての生活をさまたげている一切の障壁について、不満をぶちまけはじめた。

しかし、二〇分もたつと、トムは別人のようにおとなしくなっていた。うっ積した感情を吐きだしてもいいのだという安心感をあたえることが、わたしの目的だった。

わたしは聞き上手だった。狼瘡《ろうそう》の末期にあった一二歳の女の子のことも覚えている。とても信仰のあつい家庭に育ったその子の夢はクリスマスを自宅ですごすことだった。わたしにとってもクリスマスは特別な日だったが、その子にとってはもっと特別な日になるはずだった。しかし、主治医は外出をみとめなかった。ちょっとした風邪でもいのちとりになるというのが理由だった。「風邪をひかないように、わたしたちが努力するということで、どうですか？」とわたしはたずねた。

主治医は同意しなかった。わたしは病院の音楽療法士といっしょにその子を寝袋にくるみ、病室の窓から外に運びだして、家に送りとどけた。その子は一晩中、聖歌を歌った。翌朝、同じ方法で病院につれもどした。その子の顔はよろこびに輝いていた。数週間後、その子が亡くなったとき、厳格な主治医があいさつにきた。あのとき患者の希望を聞き入れてくれてありがとう、と主治医は礼をいった。

一〇代の少女を急死させてしまったことで罪悪感に悩まされていた病院スタッフを援助したこともあった。その患者は絶対安静が必要な容体だったが、作業療法士に怒りをぶつけることもなく、落ちついた精神状態をみせていた。病棟でハローウィン・パーティーがおこなわれたとき、少女は特例として車椅子で参加することになった。にぎやかで陽気なパーティーだった。鳴り響く音楽につられるように、少女は興に乗って車椅子を降り、憎からず思っていた若者とダンスをはじめた。ステップを二、三歩踏んだところで、少女はとつぜんたおれ、そのままこと切れた。

いうまでもなくパーティーは終わり、スタッフの全員が重苦しい罪の意識にかられることになった。わたしはグループセッションをひらき、スタッフに語りかけた。あと数か月、絶対安静のままで死をむかえるか、それとも盛大なパーティーのさなかに好きな人とダンスをするか、あの娘にとってどちらがよかっただろうか？　そして、こうつけ加えた。「あの娘が後悔しているとしたら、もっと踊っていたかったということだけだわ」

その理屈がすべての人にあてはまるとはかぎらない。しかし、少なくとも、その少女には踊る必要があったのだ。

子どもの死を受容するのは、けっして容易なことではない。だが、自分になにが必要かは、おとなより子どものほうがずっと正確に知っているものだということを、わたしは学んできた。いちばんの問題は、それが聞きとれるかどうかなのだ。わたしがいつもひきあいにだすジェフィーの例は、そのことを端的に示している。ジェフィーは九年の人生の大半を白血病で苦しみぬいた少年だった。講演で数えきれないほどジェフィーの話をしてきたわたしは、まるで自分の親友のように、ジェフィーが自分の人生の一部になっている。講演集『「死ぬ瞬間」と臨死体験』（鈴木晶訳、読売新聞社）に収めたジェフィーの物語の一部をここでご紹介しておきたい。

〔ジェフィーは〕入退院をくり返していました。最後に病室をおとずれたときは、ほんとうに衰弱していました。中枢神経系が冒されていたジェフィーは、酔っぱらった小人のようにみえました。肌は青白く、ほとんど色がありませんでした。自分で立つこともできません。なんどもなんども化学療法を受けていたので、髪の毛もなくなっていました。もう注射針をみる気力もなく、なにをやっても苦痛を感じるだけでした。

ジェフィーがせいぜいあと二、三週間しか生きられないことは、わたしにもわかっていました。わたしがおとずれた日、新任の若い医師が回診にきていました。その医師がジェフィーのご両親に「もういちど化学療法を試してみましょう」といっているときに、わたしは病室に入っていったのです。

ジェフィー自身が化学療法の再開に同意しているのかどうかを、両親と医師にたずねました。息子を無条件に愛していたご両親は、その場でわたしがジェフィーに質問することをゆるしてくれました。ジェフィーは子どもっぽい口調で、なんともすばらしい答えを返してきました。かれはぽつりとこういったのです。

「おとなって、わからないな。子どもを治したいのなら、どうして子どもが気持ち悪くなるようなことをしなきゃいけないの？」

そのことについて話しあいました。わたしはさっき、自然な怒りは一五秒間しかつづかないものだといいましたが、ジェフィーはそうやって怒りを表現したのでした。その子は化学療法にたいして「もういやだ」という勇気を表明するだけの自尊心と矜持《きょうじ》と自己愛をもっていました。ご両親もそれを聞くだけの耳をもち、息子の意見を尊重し、納得したのでした。

そこで、わたしはいとまを告げようとしました。でも、ジェフィーがこういうのです。「帰らないで。きょうはどうしても家につれて帰ってほしいんだ」子どもが「きょう家に帰りたい」といったら、それは非常事態を意味しています。ひきのばそうとしてはいけません。わたしはご両親に、ジェフィーをつれて帰ってくれますかと聞きました。ご両親は愛と勇気のある人たちでしたから、承諾しました。そこでまた、わたしはいとまを告げました。ところが、ジェフィーも正直で素直な子どものひとりでした。わたしにこういうのです。「ぼくといっしょに家までいってほしいんだ」

わたしは腕時計をみました。「わかるでしょ。子どもたちみんなといっしょに家に帰ってる時間はないの」という、ことばにようない象徴言語です。わたしがなにもいわないうちに、ジェフィーはすぐに理解して、こういいました。「だいじょうぶだよ。一〇分しかかからないから」

いっしょについていくことにしました。ジェフィーが家に着いたらすぐに、一〇分間で「やり残した努め」を片づけるつもりであることはわかっていました。ご両親とジェフィーとわたしの四人は車で家に向かいました。車寄せに入り、ガレージをあけました。ガレージで車を降りると、ジェフィーは素っ気ない口ぶりで父親に「ぼくの自転車を壁から降ろして」といいました。

ガレージの壁には、真新しい自転車が吊《つ》られていました。一生に一度でいいから近所を自転車で走りまわりたいというのが、ジェフィーの長いあいだの夢でした。だから、父親がすてきな自転車を買ってくれたのです。でも、病気のために乗ることができませんでした。自転車は三年間、ガレージの壁に吊るされたままでした。その自転車を、ジェフィーがいま、降ろしてくれと父親にたのんだのです。目に涙を浮かべながら、ジェフィーは父親に補助輪をつけてくれとたのみました。九歳の男の子にとって、幼児用の補助輪をつけてくれとたのむことが、どんなに屈辱的なことか、みなさんにはわかりますか？

父親もまた目を潤ませながら、息子の自転車に補助輪をつけてやりました。ジェフィーは酔っぱらいのようにふらついて、立っているのがやっとです。父親が補助輪をつけ終えると、ジェフィーはわたしの顔をみて、こういいました。「ロス先生。先生はここにきて、ママが動かないように背中を押さえていて」ジェフィーはママが問題であること、ママが「やり残した努め」のひとつであることを、ちゃんと知っていました。母親は自分自身の欲求に「ノー」といえるだけの愛を、まだ身につけることができていなかったのです。母親の欲求とは、この場合、重病の息子を二歳の赤ん坊のように抱いて自転車に乗せてやり、息子を支えながら、いっしょに近所を走ることでした。そんなことをすれば、息子の人生最大の勝利が台なしになっていたことでしょう。

そこで、わたしはママを羽交いじめにしました。すると、父親がわたしの背中を抱くように支えました。そうしてたがいの背中を抱きあいながら、わたしたちおとなは、転倒、負傷、出血というリスクをおかしても末期で衰弱しきった子どもに勝利の味を教えようとすることが、いかにつらく、むずかしいことかを学んだのでした。そんなつらさを知ってか知らずか、ジェフィーは自転車に乗ってガレージをでていきました。

永遠のような時間がすぎて、ジェフィーが帰ってきました。その顔は誇りに満ちた男の顔でした。会心の笑みとはあのことです。オリンピックで金メダルをとった選手のようでした。とても得意そうに自転車から降りたジェフィーは、威厳をたたえた口調で、補助輪をはずして自転車を自分の寝室まで運んでくれと父親にたのみました。そして、一切の感情をまじえず、とても美しく、とても素直な表情でわたしのほうをふり向くと、「ロス先生。もう帰ってもいいよ」といいました。

二週間後、ジェフィーの母親から電話がありました。「あのあとのことを先生にお話ししたくって」というのです。

わたしが帰ったあと、ジェフィーはこういったそうです。「ダギーが学校から帰ってきたら」――ダギーは一年生の弟です――「ぼくの部屋にくるようにいって。でも、おとなはこないで」ダギーが帰ってくると、二階のお兄さんの部屋にいきました。しばらくして、ダギーが階下にもどってきましたが、なんの話をしたのかと聞いても答えなかったそうです。二週間後のダギーの誕生日までは秘密にしておくことを、お兄さんと約束したのです。それから一週間後に、ジェフィーは亡くなりました。そして二週間後の誕生日に、ダギーは両親に秘密を打ちあけました。

二階の部屋で、ジェフィーは弟に「いちばんたいせつな自転車をぼくの手からおまえにプレゼントしたい」といいました。できれば、二週間後の誕生日にプレゼントしたい。でも、ジェフィーは自分がそれまで待てない、つまり、そのときは生きていないことを知っていました。だから、いまあげたいのだ、とジェフィーはいったそうです。

ただし、ひとつだけ条件がありました。それは、「あのみっともない補助輪だけは、ぜったいに使うなよ」でした。

死が迫った患者といっしょに仕事をはじめたころ、わたしは同僚の医師から「手のほどこしようがない人間を食いものにしている」と非難された。「瀕死《ひんし》の人でも最期の最期まで援助は受けられる、癒《いや》されることさえある」というわたしの意見に耳をかたむける医師はひとりもいなかった。患者だけをたよりにこつこつと積みあげてきた仕事から生まれた、ジェフィーの物語をはじめとする無数の症例を突きつけられて、ようやく医師たちが耳をかたむけるようになるまでに、一〇年ほどの歳月が流れたことになる。

第27章　死後のいのち

わたしは一九七三年まで、ラ・ラビーダ小児病院で、瀕死の子どもたちの生から死への移行を手助けしていた。同じ時期、精神衛生クリニック「ファミリー・サービス・センター」の雇われ院長もつとめていた。あちこちに手をのばしすぎるという悪評が立っていることは知っていた。しかし、悪評はそれ以上のものであることがわかってきた。ある日、わたしと貧しい女性患者との会話を聞いていたクリニックの経営者から、治療費が払えない患者を診るなと叱責《しっせき》された。息をするなといわれたのも同然だった。

そこでの診療をやめる気はなかった。わたしを雇った以上、わたしのやりかたをみとめてもらうと主張した。それから二日間、わたしたちは議論をつづけた。患者の支払い能力の有無にかかわらず医師には患者を診る責任があるというわたしの立場と、クリニックといえども経営であるというかれの立場は平行線をたどった。ついに経営者が妥協案をだしてきた。昼の食事時間に慈善診療をすればいいという案である。ただし、時間管理の必要上、わたしがタイムカードを使うという条件がついていた。まっぴらごめんだった。クリニックを辞職した。四六歳になって、わたしはとつぜん新しいプロジェクトに手を染める時間をもつことになった。「生、死、移行」ワークショップもそのプロジェクトのひとつだった。それは一週間の集中体験学習《ワークショップ》で、講義、瀕死の患者との面接、Q&Aセッション、わたしが「アンフィニッシュト・ビジネス」（やり残した努め）と呼んでいる、溜《た》めこんだ涙と怒りの克服を援助するためにおこなう一対一の訓練などがおもな内容だった。やり残した努めには、親に死なれても嘆くことができなかった、性的虐待を受けてもそれをみとめることができなかったなど、さまざまなトラウマがふくまれ

エリザベスと「生、死、移行」ワークショップの参加者ルイーズ。1977年ころ。（マル・ワルショウ撮影。ロスとワルショウの共著書『生命尽くして——生と死のワークショップ』〔産業図書〕より）

る。しかし、ひとたび安全な場でその苦悩が表現されると治癒のプロセスが始動しはじめ、オープンに、正直に生きられるようになって、その結果、癒しがおとずれるのである。

やがて、そのワークショップを開催してくれという要請が世界中からとどくようになった。自宅には、毎週一〇〇〇通もの手紙が舞いこみはじめた。電話はほとんど鳴りっぱなしの状態だった。わたしの知名度が高まるにつれて家族の被害が大きくなっていったが、家族はよく事情を理解してくれていた。死後の生にかんするわたしの研究はますます勢いがついていた。一九七〇年代の前半だけでも、ムワリムとわたしは約二万人の患者に面接をした。患者の年齢は二歳から九九歳まで、文化的にもイヌイット、アメリカ先住民からプロテスタント信者、イスラム教徒まで、多種多様だった。そのすべての症例の臨死体験には共通性があり、体験の真実性を強く示唆していた。

それまでのわたしは、死後の世界などまったく信じていなかった。しかし、データが集まるにつれて、それらが偶然の一致でも幻覚でもないことを確信するようになった。自動車事故で医学的に死亡が確認されたある女性は、生還するまえに「主人に会ってきた」と証言した。その女性はのちに医師から、事故の直前に、夫が別の場所で自動車事故を起こして亡くなっていたことを知らされた。三〇代のある男性は、自動車事故で妻子を失い、失意のあまり自殺したときのことを証言していた。やはり死亡が確認されたが、その男性は家族に再会し、みんな元気そうであることを知って、生還してきた。

死の体験にはまったく苦痛がともなわないこと、二度とこちら側に帰ってきたいとは思わなかったことも、すべての症例に共通する体験だった。かつて愛した人、愛された人たちと再会し、あるいはガイド役の存在と出あったあと、かれらは世にもすばらしい場所に到達して、もうもとの世界にはもどりたくないと感じる。ところが、そこでだれかの声を聞くことになる。「まだその時期ではない」という意味の声を、事実上、すべての人が聞いていたのである。五歳の男の子が母親に死の体験のすばらしさを説明しようとして絵を描いている場面は、いまでもよく覚えている。男の子は光り輝くお城を描いて、「ここに神さまがいるんだよ」といった。それから、あかるい星を描き足した。「ぼくがこのお星さまをみると、お星さまが『もうおかえり』っていったんだ」

こうした驚くべき発見の数々からみちびきだされたのは、さらに驚くべき科学的結論、すなわち、従来のような意味での死は存在しないという結論だった。どんな定義になるにせよ、死の新しい定義は肉体の死を超越したところまで踏みこまなければならないと、わたしは感じていた。それは、肉体以外のたましいや霊魂といったもの、いのちにたいする高度な理解、詩に描かれたもの、たんなる存在や生存以上のなにか、死後も連続するなにかを吟味しなければならないということでもあった。

死の床にある患者は五つの段階を経過していく。そして、そのあと、「地球に生まれてきて、あたえられた宿題をぜんぶすませたら、もう、からだをぬぎ捨ててもいいのよ。からだはそこから蝶《ちょう》が飛び立つさなぎみたいに、たましいをつつんでいる殻なの」というプロセスをへて……それから、人生最大の経験をすることになる。死因が交通事故であろうとがんであろうと、その経験は変わらない（ただし、飛行機の衝突事故のような、あまりに唐突な死の場合は、自分の死にすぐには気づかないこともある）。死の経験には苦痛も、恐れも、不安も、悲しみもない。あるのはただ、蝶へと変容していくときのあたたかさと静けさだけなのだ。

面接のデータを分析して、わたしは死亡宣告後の経験をいくつかの特徴的な段階に

マザー・テレサと談笑するエリザベス。1970年代半ば。
(エリザベス・キューブラー・ロス・コレクション所蔵)

まとめた。

第一期：まず最初に、肉体からぬけだして空中に浮かびあがる。手術室における生命徴候の停止、自動車事故、自殺など、死因のいかんにかかわらず、全員が明《めい》瞭《りょう》な意識をもち、自分が体外離脱をしている事実にはっきりと気づいている。さなぎから飛び立つ蝶のように、肉体からふわっとぬけだすのだ。そして、自分がエーテル状の霊妙なからだをまとっていることに気づく。なにが起こったのかは明晰《めいせき》に理解している。その場にいる人たちの会話が聞こえる。蘇生《そせい》を試みる医師チームの人数を数えることも、つぶれた車から自分の肉体を救出しようとしている人たちの姿をみることもできる。ある男性は自分を轢《ひ》き殺して逃げた車のプレートナンバーを覚えていた。自分の死の瞬間にベッドサイドで親族がいったことばを覚えている人はたくさんいる。

第一期で経験するもうひとつの特徴は「完全性」である。たとえば、全盲の人も目がみえるようになっている。全身が麻痺《まひ》していた人も軽々と動けるようになり、よろこびを感じる。病室の上空で踊りはじめ、それがあまりにたのしかったので、生還してからひどい抑うつ状態になった女性もいる。実際、わたしが面接した人たちが感じていた唯一の不満は、死んだままの状態にとどまれなかったということだった。

第二期：肉体を置き去りにして、別の次元に入る段階である。体験者は、霊とかエネルギーとかしかいいようのない世界、つまり死後の世界にいたと報告している。ひとりで孤独に死んでいくことはないのだと知って、安心する段階でもある。どんな場所で、どんな死にかたをしようと、思考の速度でどこにでも移動することができる。自分が死んで、家族がどんなに悲しむだろうかと思ったとたんに、一瞬にして家族に会うことができたと報告する人は数多くいる。たとえ地球の反対側で死んでも、その事情は変わらない。救急車のなかで死亡した人が友人のことを思いだしたとたんに、仕事場にいるその友人のそばにきていたと報告する人もいる。

この段階は、愛した人の死、とりわけ、とつぜんの悲劇的な死を嘆き悲しんでいる人にとっては大きななぐさめになる時期でもあるということがわかった。がんなどでしだいに衰弱して死をむかえる場合は、患者も家族も死という結末にそなえるだけの時間がある。しかし、飛行機の衝突事故はそうはいかない。飛行機事故で死んだ本人も、最初は残された家族に劣らず混乱している。ところが、この段階に入ると、死んだ人自身にもなにが起こったのかを解明するだけの時間がもてるようになる。たとえば、TWA八〇〇便の事故で亡くなった人たちは、海岸でおこなわれた葬儀に家族といっしょに参加していただろうと、わたしは想像している。

面接をした全員が、この段階で守護天使、ガイド——子どもたちの表現では遊び友だち——などに出あったことを覚えている。報告を総合すると、天使もガイドも遊び友だちも同一の存在であり、つつむような愛でなぐさめてくれ、先立った両親、祖父母、親戚《しんせき》、友人などの姿をみせてくれる。その場面は生還者たちに、よろこばしい再会、体験の共有、積もる話の交換、抱擁などとして記憶されている。

第三期：守護天使にみちびかれて、つぎの第三期に入っていく。そのはじまりはトンネルや門の通過で表現されるのがふつうだが、人によってそのイメージはさまざまである。橋、山の小道、きれいな川など、基本的にはその人にとっていちばん気持ちのいいイメージがあらわれる。サイキックなエネルギーによって、その人自身がつくりだすイメージである。共通するのは、最後にまぶしい光を目撃することだ。

ガイドのみちびきで近づいていくと、その強烈な光となって放射されているものが、じつは、ぬくもり、エネルギー、精神、愛であることがしだいにわかってくる。そして、ついに了解する。これが愛なのだ。無条件の愛なのだ。その愛の力は途方もなく強く、圧倒的だったと、生還者たちは報告している。興奮がおさまり、やすらぎと静けさがおとずれる。そして、ついに故郷に帰っていくのだという期待が高まってくる。生還者たちの報告によれば、その光こそが宇宙のエネルギーの、究極の本源である。それを神と呼んだ人もいる。キリストまたはブッダと呼んだ人もいる。だが、全員が一致したのは、それが圧倒的な愛につつまれているということである。あらゆる愛のなかでもっとも純粋な愛、無条件の愛である。何千、何万という人からこの同じ旅の報告を聞くことになったわたしは、だれひとりとして肉体に帰りたいと望まなかったことの理由がよく理解できた。

しかし、肉体にもどった人たちは、異界での体験がその後の人生にも深遠な影響をあたえていると報告している。それは宗教体験とよく似ていた。そこで大いなる知恵を得た人たちもいた。予言者のような警告のメッセージをたずさえて帰還した人たちもいた。まったく新しい洞察を得た人たちもいた。それほど劇的な体験をしていない人も、全員が直感的に同じ真理をかいまみていた。すなわち、その光から、いのちの意味を説明するものはただひとつ、愛であるということを学んだのである。

第四期：生還者が「至上の本源」を面前にしたと報告する段階である。これを神と呼ぶ人たちもいる。過去、現在、未来にわたる、すべての知識がそこにあったとしかいえないと報告した人たちも多い。批判することも裁くこともない、愛の本源である。この段階に到達した人は、それまでまとっていたエーテル状の霊妙なからだを必要としなくなり、霊的エネルギーそのものに変化する。その人が生まれるまえにそうであったような形態としてのエネルギーである。人はそこで全体性、存在の完全性を経験する。

走馬灯のように「ライフ・リヴュー」(生涯の回顧)をおこなうのはこの段階である。自分の人生のすべてを、そこでふり返ることになる。その人が生前におこなったすべての意思決定、思考、行動の理由が逐一あきらかにされる。自分のとった行動が、まったく知らない人もふくめて、他者にどんな影響をあたえたのかが、手にとるようにわかってくる。ほかにどんな人生を送ることができたのかも示される。あらゆる人のいのちがつながりあい、すべての人の思考や行動が地球上の全生物にさざ波のように影響をおよぼしているさまを、目のまえにみせられる。

天国か地獄のような場所だ、とわたしは思った。たぶん、その両方なのだろう。

神が人間にあたえた最高の贈り物は自由意志による自由選択である。しかし、それには責任がともなう。その責任とは、正しい選択、周到な、だれに恥じるところもない最善の選択、世界のためになる選択、人類を向上させるような選択をするということだ。生還者の報告によれば、「おまえはどんな奉仕をしてきたか」と問われるのはこの段階である。これほど厳しい問いはない。生前に最善の選択をしたかどうかという問いに直面することが要求されるのだ。それに直面し、最後にわかるのは、人生から教訓を学んでいようといまいと、最終的には無条件の愛を身につけなければならないということである。

こうしたデータからわたしがひきだした結論は、いまでも変わっていない。それは、富む人も貧しい人も、アメリカ人もロシア人も、みんな同じ欲求をもち、同じものをもとめ、同じ心配をしているということだ。事実、わたしはこれまでに、最大の欲求が愛ではないという人に出あったことがない。

真の無条件の愛。

結婚したふたりのなかに、助けを必要としている人にたいする、ちょっとした親切のなかに、それをみることができる。無条件の愛はみまちがえようがない。こころの底で感じるものならほんものである。それはいのちを織りなすありふれた繊維であり、たましいを燃やす炎であり、精神にエネルギーをあたえるものであり、人生に情熱を供給するものである。それは神と人とのつながりであり、人間同士のつながりである。

生きている以上、だれもが苦しい目にあう。偉大な人もいれば、無価値にみえる人もいる。だが、いかなる人も、わたしたちがそこからなにかを学ぶべき教訓である。わたしたちは選択をつうじてそれを学ぶ。よく生き、したがって、よく死ぬためには、自分に「どんな奉仕をしているか」と問いかけながら、無条件の愛という目標をもって選択すればそれでじゅうぶんなのだ。

選択は自由であり、自由は神からあたえられたものだ。神があたえた自由は、成長する自由、愛する自由である。

いのちには責任がつきまとう。わたしはお金が払えない瀕死《ひんし》の女性の相談を受けるかどうかを選択しなければならなかった。たとえ仕事を失うことになっても、わたしは自分のこころがそうしろと告げるままの選択をした。わたしにはそれでよかった。ほかにも選択の余地はあったのかもしれない。人生は選択肢に満ち満ちている。

人生は洗濯機のなかでもまれる石のようなものだ。粉砕されてでてくるか磨かれてでてくるか、けっきょくは、それぞれの人が選択している。

第28章　証拠物件

一九七四年の半年間、わたしは三冊目の著作『死、それは成長の最終段階　続・死ぬ瞬間』（鈴木晶訳、中公文庫）を書くために、毎晩、夜中まで思索にふけっていた。そのタイトルをみただけで、わたしが死を知りつくしているだろうと考える人もいるかもしれない。しかし、脱稿した九月一二日、わたしは死を受容できずに神を呪っていた。その日、四年間お世話になっていたスイスの老人ホームで、母が亡くなった。知らせを受けたとき、わたしは思わず神に問いかけていた。「人の世話をすること、愛をあたえることだけに八一年の生涯を費やした母のような女を、なぜ植物状態のまま四年も寝たきりにさせたのですか？」葬儀のときでさえ、わたしは神の無情を呪っていた。

嘘のような話だが、それからまもなく、わたしはこころ変わりをして、なんと神の寛大さに感謝するようになっていた。正気の沙汰《さた》とは思えない？　わたし自身もそう思った。ただし、母にあたえられた最後の教訓が母の不得意科目、つまり、世話を受け、愛情を受ける方法を身につけることであったと気づくまでの話ではあったが。それに気づいてから、わたしはたった四年でそれを教えてくれた神に感謝するようになった。もっと長い時間がかかってもいたしかたのないことだったからだ。

人生は時間とともに展開していくが、教訓はその人が必要とするときにやってくる。その前年のイースター休暇に、わたしはハワイでワークショップをおこなった。参加者はまるで人生の達人をみるかのように、わたしをみあげていた。で、なにが起こったか？　結論を先にいえば、わたしは自分自身にかんして、じつに重要な教訓を学ぶことになったのだった。ワークショップそのものはうまくいった。しかし、主催者が意地汚く強欲な男で、そのために不愉快な思いをすることになった。男が用意した会場と宿はあまりにお粗末だった。参加者の食欲が旺盛《おうせい》すぎると文句をいわれ、画用紙代やクレヨン代まであこぎに請求された。

シカゴにもどる途中、カリフォルニアに立ち寄った。空港にむかえてくれた友人たちから「ワークショップはどうだった？」と聞かれた。とり乱していたわたしが黙っていたので、友人たちは冗談で「イースターのうさちゃんの話が聞きたいな」といった（感謝祭の卵は兎がもってくるといわれている）。そのことばを聞いたとたんに、わたしはなぜか身も世もなく泣きくずれた。ハワイで抑えていた怒りとフラストレーションが堰《せき》を切ったように噴出した。どうみても、わたしらしくない行動だった。

その夜、自室にひきこもって、思いがけない感情の激発の原因を探った。「イースターのうさちゃん」ということばがひきがねになって、少女のころ、「ブラッキーを肉屋にもっていけ」と父親に命じられたときの記憶がよみがえったことがわかった。四〇年近くも抑えていた苦痛、怒り、不公平感が、とつぜん、洪水のように氾濫《はんらん》して、あのときに流すべきだった涙を、きょう流したのだということがはっきりした。同時に、自分には吝嗇《りんしょく》な男にたいするアレルギーがあるということにも気づいた。意地汚い男に会うたびに、わたしは緊張し、可愛がっていた兎の死を意識下で思いだしていたらしい。そしてとうとう、あのハワイの吝嗇男がわたしを爆発にまで追いやったのだった。

いうまでもなく、感情を表出したわたしは、すっかり気分がよくなっていた。

最高度の水準で人生を生きるためには、どうしても排除しておかなければならないものがある。それは内なる否定性、やり残した務め……内なる黒兎である。

わたしのなかにもう一羽の黒兎がいるとすれば、それはあの抗しがたい欲求——「九〇〇グラムのちび」として、自分にも生きる価値があるということをたえず自分に証明せずにはいられないという欲求だった。四九歳になって、わたしはまだ全速力で走ることがやめられなかった。マニーも自分の名声を築くことに多忙だった。夫婦の健全な関係を築く時間はほとんどなかった。打ってつけの解毒剤がある、とわたしは考えた。どこか辺鄙《へんぴ》なところに農場を買って、そこで充電し、マニーとくつろいだ時間をもち、少女のころの自分と同じように、子どもたちに自然のすばらしさを体験させるのだ。広大な土地に咲き乱れる花々、そびえ立つ木々、駆けまわる動物たちを夢想した。マニーはその案にさほど熱心ではなかったが、少なくとも農場を探してまわるドライブが家族の貴重な時間になることはみとめた。

一九七五年の夏、最後にもう一度といってでかけたヴァージニア州で、完璧《かんぺき》な土地をみつけた。絵本にでてくるような美しい野原と、先住民が聖地にしていた土塁が残っている土地だった。わたしは一目で惚《ほ》れこんだ。友人から借りた高級カメラで撮りまくっていたところをみると、マニーも気に入ったようだった。翌日からはじまるワークショップの会場があるアフトンのホテルに向かう車のなかで、わたしたちはその土地について話しあった。ホテルでわたしを降ろしてから、マニーと子どもたちはシカゴへ帰る予定だった。

アフトンへの道すがら、奇妙なかたちをした小さな家のまえにさしかかった。ポーチに立っていた女性が車のほうに走ってきて、狂ったように手をふりはじめた。緊急事態だと察したマニーが車をとめた。みたこともない女性だったが、話を聞いてみると、その日わたしがどこに泊まる予定かを知っていて、そのホテルに向かうとちゅうでわたしをつかまえるべく待っていたことがわかった。そしてわたしを家のなかに誘った。「とてもたいせつなものをおみせしたいんです」と

フロースムーアの自宅で庭仕事。1973年。
（ケネス・ロス撮影）

女性はいった。

おかしな話だったが、驚きはしなかった。逃げる手は心得ていた。そのころには、見知らぬ人に声をかけられて長話を聞かされる、どうしても聞きたいことがあるといわれて居座られるといったことには慣れっこになっていた。いつも親切をこころがけているわたしは、その女性に素っ気なく「二分だけよ」といった。女性はうなずき、わたしを家に案内した。狭いが快適そうなリビングルームに入ると、その女性はテーブルのうえの写真を指さした。「これです」女性はいった。「みてください」一見すると、ただのきれいな花の写真だった。しかし、よくみると、花弁のうえにちっぽけな生き物が座っていることがわかった。人間のような顔があり、二枚の翼があった。

ふり向いて女性の顔をみた。女性はうなずいた。「これって、妖精《ようせい》よね？」わたしはいった。心臓が高鳴っているのを感じた。

「どう思われます？」女性が答えた。

あたまで考えるより本能で感じたほうがいいときがある。そのときがそれだった。わたしはその時期、あらゆるものにたいしてこころをオープンにしていた。ほとんど毎日のように、だれもみたことがない世界につうじるカーテンがひらかれつつあるような気がしていた。これがその証拠だった。大いなる転換点のひとつだった。いつもならコーヒーを一杯所望して、その女性と話しこむような場面だった。しかし、車には家族が待っていた。質問をしている時間はなかった。写真をありのままにみとめることにした。

「正直に答えましょうか、それとも儀礼的に？」わたしはたずねた。

「もういいんです」女性はいった。「それがあなたの答えだとわかりましたから」

帰ろうとしてドアに向かったわたしの手に、女性がポラロイドカメラをにぎらせた。そして裏口まで案内し、よく手入れされた庭園に招き入れて、好きな花の写真を撮るようにいった。早くすませてそこをでようと考えていたわたしは、写真を一枚撮り、印画紙をひきだした。しばらく待つと、印画紙に別の花の妖精が姿をあらわした。驚《きょう》愕《がく》している自分がいた。どんなトリックを使ったのかと推理している自分がいた。そして、もうひとりの自分は、そそくさと女性に礼をいい、マニーと子どもたちのところにもどっていった。家族にあの人はだれかと聞かれたが、適当な話をでっちあげて答えた。悲しいことに、家族にもいえないことがどんどんふえていた。

ホテルで車を降りたとき、マニーから借り物のカメラをわたされた。なにしろ高級品なので、その日の晩に泊まるモーテルで盗まれないかと気にするよりも、わたしが飛行機でもち帰ったほうが安全でいいと考えたらしい。マニーは例によって、その高価な機器のあつかいかたについて長広舌をふるいはじめた。能弁を聞き飽きていたわたしは「手をふれないと約束するわ」といって、カメラを肩にかけた。あとになって、手をふれないといいながら肩にぶらさげた自分の矛盾に気がつき、苦笑した。

ひとりになると、すぐに妖精のことを考えはじめた。子どものころから童話では妖精の話を知っていたし、いまでも植物や花に話しかけてはいるが、妖精の実在を信じていたわけではなかった。にもかかわらず、妖精の写真をみせてくれたあの奇妙な女性のことがあたまから離れなかった。強烈で挑発的な証拠物件だった。自分でもポラロイドカメラで同じことができたという事実も見逃せなかった。もしトリックなら、恐ろしくよくできたトリックだった。しかし、なぜかいんちきだとは思えなかった。

シュウォーツ夫人の来訪以来、説明できないからという理由で無視することはできないと考えるようになっていた。臨死体験の研究も、人には守護天使または守護霊がついているという信念を裏づけている。ポーランドの戦場でも、マイダネックの収容棟でも、病院の廊下でも、わたしは自分よりもはるかに力のあるなにものかにみちびかれていると感じたことが幾度もあった。

そして、こんどは妖精？　神秘体験をする準備さえできていれば、人はそれを体験する。こころをオープンにしてさえいれば、その人独自の霊的な出あいがあってもおかしくないではないか。ホテルの自室にもどっていくときのわたしほど、こころをオープンにしている人はいなかったかもしれない。手をふれないと約束した禁断の木の実、マニーの友人のカメラをもって、わたしはレンタカーを借り、森のはずれの草原に向かって走っていった。小高い緑の丘のまえに、ひらけたところをみつけた。フィルムは三枚残っていた。マイレンのわが家の裏手にあった、少女時代の隠れ家を思わせる風景だった。

三枚。一枚目は、目のまえの丘を撮った。丘の向こうには森がみえていた。二枚目を撮るまえに、わたしは挑むような声でこう叫んだ。「もし守護霊がいるのなら、そして、わたしの声を聞いているのなら、つぎの写真に姿をあらわしてちょうだい」いい終わって、シャッターを切った。三枚目は撮らなかった。

ホテルにもどり、カメラを鞄《かばん》にしまうと、その実験のことはすぐに忘れてしまった。およそ一か月後、とつぜんの衝撃で記憶がよみがえることになった。その日、わたしはシカゴ行きの飛行機に乗るためにニューヨークの空港を息せききって走っていた。大きなバッグにはブルックリン生まれの夫へのおみやげが詰まっていた。クーンの店の「清浄な」ホットドッグが一ダース、「清浄な」サラミが数ポンド、ニューヨークスタイルのチーズケーキなどなどである。着陸するころの飛行機の機内にはデリカテッセンの匂いが充満していた。帰りは夜遅くなると思っているマニーを驚かせようと、大急ぎで家に帰った。夕食の支度をはじめると、マニーから子どもあてに電話がかかってきた。わたしが電話にでると、マニーは早い帰宅をよろこぶどころか、不機嫌そうな口調でいった。「あーぁ、きみはまたやってくれたな」

「なにをやったですって？」なんのことか、意味不明だった。「カメラだよ」マニーはぶっきらぼうにいった。それでも、なにをいわれているのか、わからなかった。苛《いら》立《だ》ったマニーが借り物の高価なカメラをヴァージニアでわたしにあずけたことを説明した。「きみが撮ったんだろ」マニーはいった。「現像にだしたら、最後の一枚が二重写しになっていたんだ。もう少しでぜんぶが駄目になるところだった」とつぜん、あの実験のことを思いだした。マニーの愚痴もうわのそらで、すぐに帰って写真をみせてくれとたのんだ。マニーが家に帰ってくるのを、わたしは子どものように待ちかねていた。

もしこの目でみていなかったら、とても信じることはできなかっただろう。一枚目には緑の丘と森が写っていた。二枚目もまったく同じ風景だったが、前景に、背が高く筋肉質で、ストイックな顔をした先住民の男の姿がだぶっていた。男は胸のまえで腕を組んでいた。その写真を撮った瞬間、男はまっすぐにカメラをみつめていた。思いつめたような表情だった。冗談のかけらもなかった。

わたしは陶酔感を感じていた。こころのなかで宙返りをしていた。その二枚の写真は宝物として、生涯たいせつにしようと思った。立派な証拠物件だった。不幸なことに、それは一九九四年の火事で、ほかの写真、日記、備忘録、本などといっしょに焼失してしまった。だが、そのときのわたしは、飽かずに写真をながめていた。そして、「やっぱり、ほんとうだったんだ」とつぶやいていた。

マニーがまた文句をいいはじめ、わたしのつぶやきを聞いて、問いただした。「なんでもないわ」とわたしはいった。こんなにわくわくする体験を夫と共有できないことは残念だったが、マニーはそうした「時間の無駄」にはがまんができないほうだった。死後の生にかんする研究も、なかなかみとめてくれなかった。つぎは妖精だと？

ともあれ、医学校でたがいに助けあった日々、研修医時代に苦労を支えあった日々は、もう過去のものなのだ。マニーはいまや五〇歳になり、心臓病の病歴をもち、安定をもとめ、多くのものを所有していた。だがわたしは、いろいろな意味で、はじまったばかりだった。

それが問題のたねだった。

第29章　異界とのチャネリング

手伝いをしてくれる人はいた。しかし、必要なのは助けてくれる人だった。わたしはいのちが肉体の死後もつづくものだという証拠をにぎっていた。妖精《ようせい》や守護霊の写真もあった。まったく新しい、未知の世界の片鱗《へんりん》が、わたしのまえに提示されていた。長い航海の終盤に近づいている探検家のような気分だった。陸地の一端は視界に入ってきていた。それでも、ひとりではそこに到達できなかった。同行者があらわれてほしいと痛切に願った。ひろがる一方の人脈の輪のなかで、会う人ごとに知者はいないかとたずねて歩いた。

もちろん、豆腐を食し、瞑想《めいそう》に明け暮れている人たちがやってきては、さんざん「死者の霊と対話した」「超意識への旅をした」というたぐいの話をしていった。しかし、かれらはわたしのタイプではなかった。一九七六年のはじめ、サンディエゴに住むジェイ・Bとマーサ・Bという夫妻から連絡があり、霊的存在に紹介したいといわれた。「あなたも霊と話ができるようになりますよ」とB夫妻は請けあった。「話しかければ答えてくれるんです」

食指が動いた。電話で何度も話しあい、春にサンディエゴで講演をすることになった。空港で会った三人は、古くからの友だちのように抱きあった。

もと航空機整備士のジェイ・Bと妻のマーサはわたしと同世代で、ごくふつうのミドルクラスのカップルにみえた。夫は禿《は》げ、妻はまるまると太っていた。エスコンディードにある自宅に案内された。そこで夫妻はおもしろいことをしていた。その前年、Bの名前を冠した「天使の教会」を設立し、核になる一〇〇人ほどの信徒を育成していた。売り物は霊と交信するという、チャネラーとしてのBの能力だった。チャネラーとは、憑依《ひょうい》状態またはトランス状態になって、高級霊や鬼籍にある賢者を呼びだし、その知識を得る人のことである。Bのセッションは自宅の裏にある、「暗室」と呼ばれる小さな建物のなかでおこなわれていた。「われわれは『物質化現象』といっているんですが」Bは早口でまくしたてた。「これまでにあたえられた教えをぜんぶお伝えするのは、とても無理ですね。どこからはじめていいか、わからない」

わたしが期待しはじめたからといって、責められる人がいるだろうか？　その日、わたしは年齢も職業もさまざまな二五人の参加者といっしょに、天井が低く、窓のない暗室に入った。全員が折りたたみ椅子に座った。Bはわたしを最前列の来賓席に案内した。照明が消され、グループが静かな声でリズミックにハミングをはじめた。声がだんだん大きくなり、力強い詠唱になっていった。その詠唱がBに、霊的存在と交信するために必要なエネルギーをあたえるということだった。

期待はしていたものの、わたしはまだ懐疑的になる権利も留保していた。詠唱が別のものに変わり、ほとんど陶酔的な空気が暗室を支配しはじめると、Bがついたてのうしろに入っていった。とつぜん、わたしの正面に巨大な人影が姿をあらわした。文字どおり、影のような男だった。しかし、シュウォーツ夫人ほど透きとおってはいず、堂々とした存在感があった。身の丈は二メートルを優にこえ、荘重な声でしゃべった。

「今夜の集まりが終わったとき、きみは驚き、混乱することになる」

とっくに混乱していた。椅子の端に腰かけたまま、わたしはその男の蠱惑《こわく》的な呪文《じゅもん》に圧倒されていた。信じられないことが起こっていた。それでもあたまの片隅で、自分が決定的な瞬間を経験しているのかどうか、それを検証していた。男は歌い、グループにあいさつし、またわたしのほうを向くと、正面まで近づいてきた。男の言動はすべて慎重で、理にかなっていた。男はわたしにイザベルと呼びかけた。違和感があったが、数分後には慣れてきた。「しばらくがまんしなさい」男はいった。わたしのソウルメイトがでてこようとしているというのである。

「ソウルメイトとはなにか」を聞きたかったが、声にならなかった。男の姿が消え、薄闇のなかで長い沈黙がつづいた。やがて、まったく別の人影が物質化しはじめた。男は自分でセイレムと名乗った。最初の霊もそうだったが、セイレムもわたしが撮った先住民の男とは似ても似つかなかった。長身で、やせたからだに長く流れるようなローブをまとい、ターバンを巻いていた。かなり個性的だった。セイレムがわたしのほうに近づいてきた。わたしは内心でこうつぶやいた。「この男にさわられたら、死んじゃうわ」そう思った瞬間、セイレムがかき消えた。また最初の人影があらわれ、わたしの臆病《おくびょう》さがセイレムを追い返したのだといった。

五分が経過した。落ちつきをとりもどすにはじゅうぶんな時間だった。わたしのソウルメイトだというセイレムが、またすぐ目のまえに姿をあらわした。わたしの想念に恐れをなして逃げだしたセイレムは、こんどは脚をのばして、自分の爪先《つまさき》でわたしのバーケンストックのサンダルを踏みつけ、わたしを試そうとした。それでも怖がらないことがわかると、セイレムは慎重に近づいてきた。わたしを怖がらせまいとして慎重に行動していることは理解できたが、その試みは失敗していた。慎重すぎて気味が悪い、もっとふつうに動けばいいのにと思ったとたん、セイレムは定位置をみつけたらしく、丁寧に自己紹介をして、「愛する妹、イザベルよ」と呼びかけた。そして、わたしをやさしく椅子から立たせ、ついたての裏の暗闇のなかへとみちびいた。セイレムとふたりきりになった。

セイレムのふるまいは不気味で謎めいていたが、どこかに落ちつきと親しみを感じさせるものがあった。これから特別な旅に案内しようといって、セイレムは前世の説明をはじめた。イエスが生きていた時代、わたしはイザベルという名の、知恵のある、尊敬されていた教師だった、とセイレムはいった。つぎの瞬間、わたしたちはその時代にもどっていた。気持ちのいい午後の日差しのなかで、わたしは丘陵の斜面に座って、イエスが一群の人たちに説教しているのを聞いていた。

その光景ははっきりとみえたが、イエスがなにをいっているのかはわからなかった。わたしはセイレムにたずねた。「あの人、なぜ、ふつうにしゃべらないのかしら」そういったとたんに、瀕死《ひんし》の患者たちもイエスと同じように、寓話《ぐうわ》のような象徴言語で意思を伝えていたことを思いだした。その象徴言語に波長をあわせれば聞くことができる。あわせなければ聞き逃してしまう。

その夜はさんざんだった。波長があわせられなかった。一時間後、わたしはぐったりと疲れていた。セッションが終わったとき、これでとにかく思考停止ができると思い、ほっとした。吟味しなければならないことがたくさんあった。その量は期待以上だった。翌日おこなった講演では準備してきた内容を変更し、前夜に起こったことを話した。ばかげたことをいうと批判される覚悟だったが、聴衆の拍手は鳴りやまず、スタンディング・オベーション（立ちあがっての喝采《かっさい》）を送ってくれた。

その日の夜遅く、シカゴにもどるまえに最後のセッションがあった。暗室に入ったのはBとわたしだけだった。もう一度体験して、ほんものなのかどうかを確認したいという思いもあった。そのときはBが霊と交信するまでにやや時間がかかったが、やがてセイレムが姿をあらわした。セイレムとあいさつを交わしたわたしは、母と父に一番小さかった娘がとうとうここまできたことを知らせたいと願いながら座っていた。とつぜん、セイレムが歌いだした。「いつまでも……きみを愛して……」それがキューブラー家の愛唱歌であることは、マニーを除いてだれも知らないはずだった。

「あの人にはよくわかっている」セイレムがいった。父のことをいっているのだ。

「ちゃんとわかっている」

翌日、シカゴにもどったわたしは、マニーと子どもたちにすべてを話した。三人ともぽかんと口をあけたまま座っていた。マニーは批判もせずに聞いていた。ケネスは興味をそそられたようだった。一三歳のバーバラがいちばん懐疑的な反応をみせた。多少、怖かったのかもしれない。ともあれ、三人は理解を示してくれた。かれらにとっては突拍子もないことだったが、わたしはなにも隠さなかった。マニーが、できればケネスとバーバラが、このままこころを閉じずに、いつかはセイレム本人と会う日がくれば、と願った。

それからの数か月は頻繁にエスコンディードの家にいき、セイレム以外の霊たちにも会っていた。マリオという名の天才的な守護霊にも会った。地質学、歴史学、物理学からクリスタル療法まで、わたしがどんな分野の質問をしても、マリオは雄弁に、明快に答えてくれた。しかし、わたしの係累はセイレムだった。ある晩、セイレムが「蜜月《みつげつ》は終わった」といった。もっと重要な、哲学的な話をしようといっていることはあきらかだった。そのときから、セイレムとわたしはもっぱら、自然な感情と不自然な感情、子育て、悲嘆・怒り・憎しみを健全に表出する方法といったことがらについて話すようになった。そこで得た理論は、のちにワークショップに組みこまれることになった。

しかし、それを家庭生活に組みこむのは別の問題だった。そのころは、本来なら家族の祝福を受けてもいいような時期にあたっていた。当時、わたしは無数の人のいのちの質を変え、向上させる可能性をひめた研究の最前線に立っていた。ところが、問題の本質を深く掘りさげていけばいくほど、家族にとってはそれをみとめることがむずかしくなっていった。科学者としてのマニーは、死後のいのちにかかわる一切をみとめることができなかった。じつのところ、わたしがBに利用されているというマニーの見解をめぐって、わたしたちは口論をくり返していた。ケネスは母親が「自分のことをやっている」とみとめるだけの年齢になっていたが、バーバラは自分から母親を奪っている仕事を恨んでいた。

そのころのわたしはたぶん、新しい発見にのめりこみすぎていたのだろう。それが家族に亀裂をもたらしていたことには、手遅れになるまで気づかなかった。いずれは仕事と家庭のバランスがとれる日がくることを夢みていた。その夢はすばらしい農場を手に入れることで実現すると考えていた。

しかし、夢は砕け散った。ある日の朝、わたしがミネアポリスにいくために家をでたあと、セイレムから電話がかかってきた。自宅に居ながらにしてセイレムと対話ができたらどんなにいいだろうと考えたことは何度もある。それが実現したというのに、電話にでたのはわたしではなく、マニーだった。最悪の事態だった。いくら丁寧に説明しても、マニーにはチャネリングというものが理解できなかった。論理的な精神が納得しようとしないのだ。チャネリングは夫婦喧嘩《げんか》のたねだった。マニーにはセイレムが、声色を使ってしゃべる変人としか思えなかった。「あのペテン師を信じろというのか」マニーはいった。「Bはきみを利用しているだけなんだ」

自宅に室内プールを増設したときは、家族のきずなもとりもどされたかにみえた。講演を終えて帰宅し、夜中にプールに身を沈めるとき、わたしはたとえようもなく深いくつろぎを感じた。積もった雪をガラス越しにみながら温水に身をゆだねるときほど放恣《ほうし》な気分にひたれる時間はなかった。ときには、家族全員でプールに入り、水をかけあったり笑いあったりしたこともあった。だが、幸福な笑い声は長くはつづかなかった。一九七六年の父の日に、子どもたちとわたしはマニーを高級イタリア料理店に招待した。マニーの表情が硬かった。食事を終えて、駐車場まできたとき、マニーはディナーがたのしめなかった理由を告白した。離婚を決意したといった。「ぼくはでていく」マニーはいった。「もうシカゴにアパートを借りてあるんだ」

はじめは冗談かと思った。だが、マニーは子どもたちをろくに抱擁もせずに、車で走り去った。実感がなかった。三人だけの母子家庭の生活は想像できなかった。ケネスとバーバラに「パパは帰ってくるわよ」といおうとした。わたしの料理が恋しくなるにちがいない。洗濯だって困るはずだ。花が咲き誇っている庭園にまた病院の同僚を招きたくなるにきまっている。そう思おうとした。しかし、数日後の夜、友だちをつれて帰ってきたバーバラをむかえて裏口のドアをあけたとたんに、植えこみからひとりの男が飛びだしてきて、わたしの手に紙片をにぎらせた。その前日にマニーが裁判所でつくらせた離婚届の用紙だった。

ある日、講演旅行から帰ると、マニーがもどってきていた形跡をみつけた。パーティーをひらいたらしく、プールの周囲は散らかり放題だった。マニーのわたしにたいする感情がその乱雑さによくあらわれていた。しかし、喧嘩をする気はなかった。バーバラには安定した家庭生活が必要だった。毎晩、いっしょにいる人が必要だった。

そして、それはわたしではなかった。マニーに「家はあげるわ」と伝え、衣類と本と寝具だけを箱につめてエスコンディードに送った。人生の立てなおしに着手するまでは、ほかにいくところがなかった。

支援をもとめてサンディエゴに飛び、セイレムと話しあった。わたしにはどうしても共感者が必要だった。セイレムは共感を示し、もとめていた指針まであたえてくれた。「この近くの山のうえにヒーリングセンターをつくるというのはどうかね」わたしはイエスといった。「それならできるだろう」とセイレムはいった。

それから一度だけ、フロースムーアにあるフランク・ロイド・ライトの家にもどった。家と庭園に別れを告げ、キッチンで最後の料理をつくり、涙をこらえながらバーバラを寝かしつけた。そして、新居となるエスコンディードのトレーラーハウスに移った。いのちの大いなる問いにたいする答えをもっているわたしのような人間でさえ、五〇歳での再出発は楽ではなかった。トレーラーハウスは蔵書をおさめるにはあまりにも狭かった。座り心地のいい椅子さえ入らなかった。電話をくれる友人はだれもいなかった。砂漠に打ち捨てられたような心地だった。

それでも温暖な気候にさそわれて戸外にでるようになり、こころがしだいにほぐれてきた。小さな菜園をつくり、思索にふけりながらユーカリの森を何時間も歩いた。B夫妻の友情で孤独感も薄れ、前途に光が射しはじめた。一、二か月もすると、わたしはすっかり立ちなおった。丘の中腹にあり、美しい草原がみわたせる、ベランダのついた瀟洒《しょうしゃ》な家を購入した。小さな家だったが、蔵書を置くスペースはじゅうぶんにあった。あたりにはいちめんに野の花が咲いていた。

仕事への情熱がもどってくると、ヒーリングセンターの計画をねりはじめた。講演をして歩くだけの時期は終わった。つぎの段階にすすむには、結婚生活に終止符を打ち、大陸の反対側に移住して、人生最大の事業にとり組む原因となった、一連の面妖《めんよう》なできごとを解明しなければならない。しかし、かんたんにできるはずもなかった。わたしはただ自分に、偶然はないのだといい聞かせていた。とにかく元気がもどってきた。また人を助けることができるようになったのだ。

セイレムのみちびきによって、ヒーリングセンターにぴったりの土地をみつけた。ウォールファート湖のうえにある四〇エーカーの土地で、眺めのすばらしいところだった。そこを検分していたとき、一匹のオオカバマダラ蝶《ちょう》がわたしの腕にとまった。

ほかの土地はみる必要がないというしるしだと感じた。「ここに建てるわ」わたしはいった。しかし、ローンの申請にいったとき、そうはいかないことがわかった。クレジット関係はすべてマニーにまかせてあったので、わたしにはなんの信用等級もなかった。講演でかなりの収入はあったが、信用貸しをしてくれるところはなかった。逆上したわたしは、あやうくフェミニスト運動に加担するところだった。

ところが、わたしの一途《いちず》さとビジネス感覚の欠如が勝利をおさめる結果になった。フロースムーアの家屋、家具什器《じゅうき》、設備一切とひきかえに、マニーがヒーリングセンターの土地を購入し、それをわたしにリースするという契約が成立したのだ。やがて、月に一回、わたしは一週間のワークショップをひらきはじめた。それは医学生、看護学生、末期患者、その家族などが、生と死に向きあい、健全でオープンな態度に移行することを助けるためのワークショップだった。

申し込み者が殺到し、定員四〇名だった初期のころには予約の長いリストができていた。あらゆる問題をかかえている人を癒《いや》したいと願っていたわたしは、いちばんたよりがいのあるB夫妻にその才能を貸してくれとたのんだ。センターに出資はしていなかったが、わたしは夫妻を共同経営者としてあつかった。マーサはサイコドラマ

（心理劇）のクラスを受けもち、抑圧した怒りや恐れの解放に役立つ身体運動を考案してくれた。マーサはめざましい才能を発揮していた。しかし、人びとのこころに強烈な印象を刻んでいたのは相変わらず夫のBのチャネリング・セッションだった。

Bは生得のカリスマ性をもったチャネラーだった。教会の核となる信徒たちは依然としてBに帰依していた。しかし、新しいメンバーがふえていくにつれて、Bはそのチャネリングをいんちきだと考える人たちにたいして防衛的な態度をとりはじめ、真剣に警告するようになった。チャネリングのさいちゅうに暗室の照明をつけた人は、霊を怒らせ、B自身を殺すことになるというのである。ところがある日、Bがウィリーという霊的存在と交信しているとちゅうで、ひとりの女性が照明のスイッチを入れた。参加者は忘れがたい光景を目撃することになった。——全裸のBがそこにいたのである。

Bはトランス状態のままだったが、ウィリーの怒りを恐れた参加者たちはパニックになった。トランス状態から日常意識にもどったBは、自分のからだをとおして霊を物質化させるための方法として裸になるのだと説明し、心配することはないといった。

わたしはわたしで、ペドロという守護霊を疑うようになっていた。なぜかはわからなかったが、信じるべく学んできた第六感が、ペドロはいんちきかもしれないと告げていた。そこで、ペドロがあらわれたときに、ある質問をしてかれを試すことにした。わたしが知るかぎりBの知識をはるかにこえる、天才だけが答えられるような質問である。ペドロは即座にその質問に答えた。そして、サイコドラマのワークショップで使う木馬によじ登ろうとした。高すぎて無理だといって笑わせ、姿を消した。ふたたびあらわれたときは背丈が一五センチも高くなっていた。それから、わたしのほうをみて、「どうだ。きみが疑っていることはわかっているぞ」といった。

それ以来、ペドロを疑うのはやめた。ペドロはワークショップ以外の、顔なじみだけのグループで本領を発揮した。そこでは参加者のひとりひとりと親しく話を交わし、それぞれの問題についてアドバイスをしていた。「つらかっただろうな、イザベル。だが、きみにはそうするしかなかったのだ」といった具合である。ペドロの助言は有効だったが、やがて、かれの話題のなかに否定的な要素がしのびこんできていることに、わたしは気づいた。将来は変化が起こり、このグループも分裂して、Bの信用も傷つくことになるだろうといいはじめたのだ。「どの道を選ぶかは、きみたちしだいだ」とペドロはいった。あとになって知ったことだが、ペドロは暗室のなかであやしげなことが、ときには性的虐待にも似たことがおこなわれているという噂についても言及していたらしい。わたしは旅行がちだったので、ゴシップの輪からはずれていることが多かったのだ。

将来について、わたしは心配していなかった。好むと好まざるとにかかわらず、将来はやってくる。だが、ほかのだれにもまして、ペドロはわたしに、変化にそなえよと忠告しているようにみえた。「地球に生まれた人間が授かった最高の贈り物は自由な選択だ」とペドロはいった。「話すこと、すること、考えること、そのすべてにおける選択のひとつひとつが、このうえなく重要なのだ。それぞれの選択が、地球上のすべてのいのちに作用をおよぼしている」降霊セッションでなぜこうしたメッセージが語られるのか、その理由はわからなかったが、わたしは受容することを学んだ。守護霊は知識を提供するだけであり、その知識の使いかたをきめるのは、ほかのすべての人と同じく、わたし自身の選択にかかっているのだ。いまのところ、それはうまくいっているらしい。「ありがとう、イザベル」わたしのまえにひざまずきながらペドロがいった。「きみ自身の運命を受け入れてくれて、ありがとう」

なんのことなのか、とわたしは考えていた。

第30章　死は存在しない

一年も二年も先の講演まできまっている多忙なわたしの生活ぶりを知った友人から、ものごとをどのようにきめているのかと聞かれたことがある。友人はわたしの返答にびっくりしていた。「期待されていることではなく、自分がいいと感じたことをやるだけ」と答えたのである。いまだに離婚した夫と会って話をしている理由も同じである。「あなたがわたしと別れたのよ。わたしは別れていない」というわけだ。シアトルへの講演旅行のとちゅうで、急に思いついてサンタバーバラに立ち寄ったのも同じ理由だった。とつぜん、むかしの友人に会いたくなったのだ。

人びとに「毎日が人生最期の日だと思って生きなさい」と教えている女のすることは、およそこの手のことだと思ってもらえばいい。電話の向こうで、友人は歓声をあげた。わたしは、ちょっと立ち寄って歓談し、午後のお茶でもいただこうというつもりだった。しかし、空港にむかえてくれた友人の妹から、計画が変更になったと告げられた。

「それだけを伝えて、あとはなにもいうなといわれているんです」妹は申しわけなさそうにそういった。謎はすぐに解けることになった。友人と著名な建築家の夫は、美しいスペイン風の家に住んでいた。玄関にむかえ入れられ、夫妻の抱擁を受けると、まず最初に「無事にここまでこられて安心したわ」といわれた。無事にこられない理由でもあったのだろうか？　問いただそうとする暇もなくリビングルームに案内され、追い立てられるように椅子に座らされた。友人の夫がわたしの正面の椅子に座り、椅子を前後にゆらしはじめると、すぐにトランス状態に入った。不審に思ってふり返ると、友人が「この人、チャネラーなの」といった。

それを聞いて、不審な気持ちが消えていくのがわかった。そこで、意識を友人の夫に集中させることにきめた。目を閉じ、眉間《みけん》に縦じわを寄せていた男に霊が憑依《ひょうい》すると、男は急に一〇〇歳の老人になったようにみえた。「おまえを呼び寄せることができた」声が変わっていた。切迫したような、奇妙な老人の声だった。「たいせつなことだ。もはや、ぐずぐずしてはおられん。『死とその過程』の仕事は完了した。いまや、第二の課題にとり組むときがきた」

瀕死《ひんし》の患者やチャネラーのことばを聞くことには慣れていたが、語られた内容の理解には時間がかかることもある。「第二の課題って、なにかしら?」わたしはたずねた。

「死が存在しないということを世界に伝えるときがきたのだ」男はいった。

守護霊たちが個々人の運命の完遂と神との約束の遂行を助けることに専心してくれているとはいえ、納得できないこともあった。もっと具体的な説明が必要だった。なぜわたしを選んだのかを知る必要があった。なにしろわたしは、世界中に「死とその過程の女」として知られてしまっているのだ。そのわたしに宗旨がえをして、こんどはそもそも死が存在しないことを伝えろというのか?「なぜわたしなの?」と聞いてみた。「なぜ聖職者みたいな人を選ばないの?」

霊はしだいに苛立《いらだ》ちをみせはじめた。わたしはあたまの片隅で、地上での今回の生涯の仕事は自分で選んだのだという自負を感じていた。「ときがきたといっているだけだ」男はいった。そして、その特別な任務にふさわしいのがほかならぬわたしであることの理由を、よどみなくつぎつぎとのべたてはじめた。「神学や宗教の人間ではなく、医学や科学の人間でなければならぬ。この二〇〇〇年間、神学者や宗教家はありあまるほどの機会にめぐまれながら、その任務をはたしてこなかった。また、男ではなく、女でなければならぬ。そして、恐れを知らない者でなければならぬ。無数の人に手をさしのべ、そのひとりひとりと直接話しているように感じさせられる者でなければならぬ……」

「そういうことだ。ときは満ちている」霊との交信が終わろうとしていた。「おまえはこれから、よくよく考えなければならぬ」

それには疑問の余地がなかった。お茶を飲んだが、友人とその夫とわたしは心身ともに消耗しきっていた。その日は三人とも、早めに寝ることにした。ひとりになると、自分がこの特別な理由のために呼ばれていたのだということがわかった。なにごとも偶然に起こることはなかった。あのペドロもすでに「きみ自身の運命を受け入れ」たことに感謝していたではないか？　ベッドに横たわりながら、わたしはこの課題についてセイレムはなんというだろうかと考えはじめた。

考えるまもなく、ベッドのそばにだれかがいるのを感じた。目をあけた。

「セイレム！」わたしは大声をあげた。

部屋は暗かったが、上半身が物質化しているセイレムがみえた。「この家のエネルギーレベルがものすごく高かったから、すぐにでてこられた」とセイレムはいった。Bの手助けもなく、ひとりでセイレムを呼びだせたことに、わたしは驚異を感じていた。Bへの依存心が消えた瞬間だった。あきらかに、それはBだけの専有能力ではなかった。「イザベル。第二の任務をあたえられておめでとう」聞き覚えのある荘重な声で、セイレムがそういった。「きっと成功する」

消えるまえに、セイレムはわたしの背骨をマッサージして、深い眠りにつかせてくれた。家に帰ると、それまでに生と死にかんして得た知識と経験の全容を整理し、統合しはじめた。それからまもなく、わたしははじめて「死と死後の生」というタイトルの新しい講演をおこなった。階段教室で最初にマーゴリン教授の代役をつとめたとき以来の、極度の緊張を感じていた。だが、反応は驚くほど好意的で、すすむ方向がまちがっていないことを知った。ディープサウス（深南部）でも講演をおこなった。手を死に瀕した患者の公開面接を終えて、会場からの質問を受けているときだった。手をあげている、三〇代なかばの女性が目にとまった。「あなたで最後の質問ということにしましょうね」といって、その女性を指名した。女性は小走りにマイクのそばにいった。「子どもが死の瞬間にどんな経験をするものなのか、おわかりでしたら教えていただけますか？」

講演をしめくくるには格好の機会だった。わたしは子どもも、おとなと同じく、蝶《ちょう》がさなぎから飛び立つように肉体からぬけだして、死後のいのちの各段階を通過していくことを説明した。そして、子どもの場合、聖母マリアに会うことが多いとつけ加えた。

すると、その女性がステージのうえに駆けのぼってきて、二歳の息子のピーターの話をしはじめた。風邪をこじらせたピーターは小児科医が打った注射にアレルギー反応を起こし、検査室でショック死した。その部屋で、職場から駆けつけてくる夫の到着を、小児科医といっしょに、「永遠のように」長く感じながら待っていると、ピーターが奇蹟《きせき》的に生還し、その大きな茶色の目をあけて、こういった。「ママ、ぼくが死んだら、イエスさまとマリアさまがきてくれたよ。とてもやさしかった。もう、もどりたくないって思ったんだ。そしたら、マリアさまが、まだ早すぎるっていうんだもの」

ピーターが帰りたくないといいはると、マリアはピーターの手をとって、「帰らなければいけません。帰って、ママを火から救ってをあげなさい」といった。

その瞬間、ピーターは肉体にもどり、目をあけたのだった。

それから一三年間、わたしの講演を聞くときまで、母親はその体験をだれにもいえずにひとり悩んでいた。というのも、「地獄の業火から救え」といわれたとばかり思いこんでしまい、自分が「火」、つまり「地獄」に堕《お》ちる運命にあると考えて、うつうつとした生活を送ってきたからだった。母親にはその理由がわからなかった。よき母、よき妻、そしてクリスチャンであるという自覚があった。「不公平ですわ」そういって泣きだした。「おかげで、わたしの人生は台なしになりました」

たしかに公平ではなかった。しかし、ちょっとした説明をすれば、その母親がすぐにも苦しみからぬけだせるようになることはわかっていた。霊的存在はみんなそうだが、聖母マリアも象徴的なことばを使う。「それが宗教の困ったところなのよね」わたしはいった。「ものがことばになると、解釈もされるけど、多くの場合、誤解もされるということです」そして、これからそのことを証明してみせましょうといい、母親に「わたしの質問に、あたまで考えないで、すぐに答えて」と要求した。

「マリアがピーターを生き返らせてくださらなかったら、どうなってたかしら？」

母親は髪の毛をつかみ、恐ろしそうに「神さま。そうなったら、地獄で火に焼かれるような毎日だったでしょう」と答えた。

「実際に火のなかを歩いたかもしれないということ?」

「いいえ、それはことばの綾《あや》ですわ」母親がいった。

「ほら、わかった?」わたしは聞いた。「マリアがピーターにあなたを火から救えといった意味が、これでわかったでしょ?」

わかったのはその母親だけではなかった。それから数か月かけて、わたしの講演やワークショップが人気を高めていくにつれて、ますます多くの人たちが死後のいのちをみとめるようになっていった。当然ではないか? そこで得られたメッセージは肯定的なものだったのだ。数えきれない人たちが肉体から離れ、まぶしい光のなかへと旅をするという、同じ体験を分かちあっていた。自分の体験が異常なものではないと知って、その人たちは安心していた。それは人生を肯定する体験、いのちを肯定する体験だった。

とはいえ、その半年間の身辺の激変――離婚、新居の購入、ヒーリングセンターの開設、世界各国での講演――は、それなりの対価を要求してきた。休むことなく働きつづけたわたしは疲労困憊《こんぱい》の極致にあった。オーストラリアで講演旅行を終えたとき、わたしはようやく休養をとることにした。それ以上、働くことはできなかった。二組の夫婦といっしょに、人里離れた山荘にこもることにした。電話も郵便の配達もなく、毒蛇たちが来訪者の接近をはばんでくれた。天国のようなところだった。人なストーブと暖炉に必要な薪《まき》割りなどの肉体労働のおかげで、一週間もたつと、人なみの健康状態がもどってきた。友人たちは都会に帰る予定だったが、わたしはもう一週間、滞在する気になっていた。完全にひとりになって、自由を満喫したかった。しかし、出発前夜になると、友人たちもわたしといっしょに残るといいだした。わたしはがっかりして寝室にひきあげた。

暗闇のなかにいると、胸がふさがれるような気持ちに襲われはじめた。助けをもとめて泣きたいという衝動にかられた。おおぜいの人が問題の解決をもとめてわたしのもとにやってくる。しかし、わたしを支え、愛情を注いでくれる人はいるのか？　サンディエゴとサンタバーバラ以外では霊を呼びだしたことはなかったが、霊たちは必要なときにあらわれると約束してくれていた。

「ペドロ。あなたが必要だわ」わたしはつぶやいた。

オーストラリアとサンディエゴの距離をものともせず、わたしのお気に入りの亡霊であるペドロは、瞬時に山荘の寝室に姿をあらわした。ペドロはすでにわたしの想念を読みとっていたが、それでもわたしはそのひろい肩にもたれて泣きたいとだだをこねた。「だめだ。それはできない」ペドロはきっぱりといった。そしてすぐに、「だが、ほかのことをしてあげよう」といった。ゆっくりと腕をのばすと、ペドロはわたしのあたまに手のひらを載せて、「わたしが消えたら、きみにも理解できる」といった。ペドロの手のひらに吸いこまれるような感じがした。それまでに経験したことのない、やすらぎと愛が満ちてくるのを感じた。わだかまりがきれいになくなっていた。

別れのあいさつもなく、ペドロのうしろ姿が闇のなかに消えた。まだ宵の口なのか、夜明けが近いのか、時間がまったくわからなかった。時間はどうでもよかった。暗闇のなかを歩いた。本棚のうえの小さな木彫に目がとまった。手のひらのなかで気持ちよさそうに寝そべっている子どもの木彫だった。とつぜん、さっきペドロの手にふれられて感じた安心感、やすらぎ、愛と同じ感覚につつまれていることに気づいた。大きな枕をおろして、床のうえで眠りについた。

翌朝、友人たちから、なぜベッドで寝なかったのかと聞かれた。ついでに、すごく元気そうな顔をしているともいわれた。前夜に起こったことはいえなかった。あまりに感動的で、口にだすのがはばかられるような気がしていた。たしかに、ペドロのいうとおりだった。わたしは理解していた。世界中で、何百万、何千万という人が配偶者、恋人、パートナーにめぐまれている。だが、どれだけの人が神の手のひらに憩う快感となぐさめを感じているだろうか？

そうだ。もたれて泣く肩がないといって、嘆いたり哀れんだりするのはもうよそう。こころの奥底では、自分が孤独ではないことを、とうに知っていたはずではないか。必要なものはすでに受けとっている。前夜のように、伴侶《はんりょ》がほしい、愛がほしい、抱擁が、もたれる肩がほしいと、何度も思っては、得られなかった。しかし、わたしは別の贈り物を受けとっていた。だれも経験したことのないような贈り物だった。ほしいものと交換しようといわれても、断っただろう。わたしはそう理解した。

その時期に起こったことから判断して、「人生の苦労の大半はすでに答えを知っている謎を解いているようなものだ」ということを、わたしはもう疑わなくなっていた。霊的体験や霊的な力にかんしては、とくにそれがいえる。たとえば、七〇年間、毎日欠かさず、イエスと話しつづけたサンディエゴの老婦人、アデル・ティニングから学んだ教訓がそれだった。霊は重厚な樫《かし》のキッチンテーブルを動かすことをつうじてしゃべった。アデルがテーブルのうえに両手を置くと、テーブルは浮いたり傾いたりして、一種のモールス信号のようなかたちでメッセージを送ってくるのだ。

スイスからきていたふたりの姉を、アデルの家につれていったことがあった。四人で例のテーブルを囲んで座ったが、それは三姉妹が動かそうとしてもびくともしない、とても重いものだった。アデルは目を閉じると、低い声で、くすくすと笑いだした。するとアデルの指先のしたで、テーブルがゆれはじめた。「みなさんのお母さまがおみえです」そういって、目をあけた。茶色の目がきらきらと輝いていた。「お誕生日おめでとう、そういってらっしゃるわ」姉たちはショックを受けていた。その日が三人の誕生日であることは、だれもアデルに教えていなかったからだった。

それから数か月たって、こんどはわたし自身がその芸当をやってのけることになった。ある晩、泊まり客のために子牛の料理をつくっていたときのことだ。ふたりの客人――テキサスからきた修道女で、そのひとりは盲人だった――が、車で薬局に買い物にいった。往復しても一〇分ほどの、近くの薬局である。三〇分たっても帰ってこないので、心配になってきた。わたしはキッチンテーブルに向かって座り、どうすべきかを思案した。「警察に連絡したほうがいいかしら」大きな声でそういった。「事故にあったのかもしれない」

テーブルがわずかに動きだしたかと思うと、がたがたとゆれ、横すべりをはじめた。あたりに響く声が聞こえた。「その必要はない」思わず、ぎくっとした。「もしかして、イエスさまですか?」わたしはたずねた。「そうだ」という声が聞こえた。信じがたいドラマがはじまろうとしていたそのとき、裏口のドアがあいて、修道女たちが帰ってきた。いち早く状況を察したふたりが、にやっと笑った。「あら、あなたもテーブルをお使いになるの?」椅子をどかしながら、シスターVがそういった。「いっしょにやりましょう」キッチンでそれほどたのしい思いをしたことはなかった。

神秘体験はまだつづいた。それからまもなく、サンタバーバラでワークショップがあった。神経をはりつめた五日間の最後の夜、自室にひきあげたのは午前四時だった。くたくたになってベッドに入ったとたんに、ひとりのナースが飛びこんできて、いっしょに日の出をみようといった。「日の出ですって?」わたしは叫んだ。「どうぞご自由に。わたしはここからみるわ。もう寝ますよ」

数秒後には深い眠りに入っていた。ところが、眠りに「落ちる」のではなく、からだからぬけだして、どんどん上昇しているような気がした。ぐったりとしていたので、怖さも感じなかった。はるか上空にのぼったとき、何人かの「存在」に抱きかかえられていることに気がついた。存在たちはわたしを修理する場所に運ぼうとしていた。何人もの修理工が自動車を修理しているような感じだった。ブレーキ、トランスミッションなど、それぞれに得意分野があるようだった。損傷部品がたちまちのうちに新しい部品に交換され、わたしはベッドに送り返された。

二、三時間の睡眠だったが、うららかな気分で目がさめた。昨夜のナースがまだそこにいたので、修理されたことを話した。「あきらかに体外離脱体験ですね」ナースがいった。わたしはきょとんとしてナースの顔をみていた。瞑想《めいそう》もしなければ豆腐も食べない、カリフォルニアっ子でもなければグルもババもいないこのわたしが？「体外離脱体験」の実態がなんなのか、そのときのわたしにはさっぱりわからなかった。しかし、もしそれが前夜の飛翔《ひしょう》体験のようなものなら、いつでも飛び立つ用意はできていた。

第31章　わが宇宙意識

体外離脱体験をしたあと、わたしは図書館にいき、それにかんする本を一冊みつけた。著者はロバート・モンローという、その世界では著名な研究者だった。すぐさま、ヴァージニア州にあるモンローの農場を訪問することにした。モンローはそこに自分の実験室をもっていた。人間の意識にかんする実験は、むかしからドラッグを使っておこなうものと相場がきまっていた。ドラッグはわたし好みではなかった。というわけで、はじめてモンローの実験装置をみたときのわたしの期待の大きさは察していただけると思う。それはさまざまな電子機器とモニターを装備した最先端の実験室だった。わたしはその手のハイテク装置をみると、すぐに信用してしまうほうなのだ。

訪問の目的はもういちど体外離脱体験をすることにあった。わたしは防音ブースに入り、ウォーターベッドのうえに横たわった。そして特殊なアイマスクをつけ、光を完全に遮断した。助手がわたしの頭部にイヤホーンのヘッドセットを装着した。体外離脱体験を誘発させるためにモンローが考案したのは、いわば医原的手段、つまり人工的な音声パルスで脳を刺激するという方法だった。脳はそのパルスによって瞑想状態に入り、さらに意識の深層——それこそが、わたしのもとめていたものだった——を経験する状態にまで到達する。

しかし、一回目の実験は失敗に終わった。実験主任がスイッチを入れ、装置を駆動させた。ビーッ、ビーッという規則的な信号音が聞こえてきた。ゆるやかなリズムではじまったそのパルスは、しだいに速くなっていき、高い連続音になった。わたしはたちまち睡眠のような状態に入った。主任はわたしの反応が早すぎると判断してスイッチを切り、だいじょうぶですかとたずねた。

「どうしてやめたの?」かき乱されたわたしは文句をいった。「これからはじまりそうだったのに」

便秘ぎみの状態がつづいていたわたしは、ときどき腹痛に悩まされていたが、その日、ふたたびウォーターベッドに横になった。科学者が元来、用心深い連中であることはわかっていたので、今回はフルスピードになるまでスイッチを切らないようにあらかじめ釘《くぎ》を刺した。「そんなに早く離脱状態になった人はいませんよ」実験主任が警告した。

「でも、そうしてほしいの」わたしはいった。

事実、二度目の実験は期待どおりのものになった。ことばでは説明しにくいが、パルス音が聞こえるとすぐに雑念が消え、質量がブラックホールで消滅するように内部に沈潜していった。信じられないほど大きな**ヒューッ**という音が聞こえてきた。吹きすさぶ烈風のような音だった。とつぜん、竜巻に吹き飛ばされたような感じがした。その瞬間、わたしは肉体から離れ、猛烈ないきおいで飛びだした。

どこへ？　どこへいったの？　だれもがそう質問する。からだはじっとしているのに、存在の別の次元へ、もうひとつの宇宙へと、脳がわたしをつれ去ったのだ。存在の物質的な部分はもはや意味を失っていた。死後にからだから離れる霊魂のように、さなぎから飛び立つ蝶《ちょう》のように、わたしの意識は肉体を離れ、サイキックなエネルギーそのものになっていた。わたしはただ**そこにいた**。

実験が終わって、科学者たちから体験の報告をもとめられた。その超常的な体験を細部にわたって報告したかったが、ことばにならなかった。おなかの調子がにわかによくなったこと、頸部《けいぶ》にある椎間板《ついかんばん》ヘルニアの自覚症状もついでに治ったこと、気分はよく、めまいも疲労も感じていないことを報告しただけで、あとは「自分がどこにいたのかは、わからない」としかいえなかった。

その日の夕方、ふしぎな虚脱感のなかで、やはり過激にやりすぎたのだろうかと考えながら、モンローの農場のゲストハウスに向かった。わたしは「アウルハウス」(梟《ふくろう》の家)という、敷地のはずれの山小屋に泊まることになっていた。山小屋に入った瞬間に、奇妙なエネルギーの存在を感じた。なにものかがいる気配が濃厚だった。そこはメインハウスからあまりにも遠く、電話もないところだったので、メインハウスにひき返して、そこに泊まることを考えた。モーテルに泊まってもいいと思った。しかし、偶然というものがない以上、わたしがそこに泊まることにもなにかの意味があるのかもしれない。そう考えて、泊まることにした。

眠らずに起きているつもりだったが、ベッドに横になるとたちまち睡魔に襲われた。——それが悪夢のはじまりだった。一〇〇〇回も死をくぐりぬけるような悪夢だった。からだが責めさいなまれた。ほとんど息もできず、身をよじったまま、痛みにのたうちまわった。あまりにも苦しく、助けをもとめて叫ぶ力もなかった。叫んだところで、だれかに聞こえるはずもなかった。はてしなくつづく痛みに翻弄《ほんろう》されながらも、どこかで経過を観察している自分がいた。ひとつの死が完了すると、つぎの死がはじまった。息をつくまもなく新しい死がおとずれ、叫び、もだえた。それが一〇〇〇回くり返された。

その意味はあきらかだった。わたしは見送ってきた患者すべての死を再体験していた。かれらの苦悶《くもん》、恐怖、痛み、嘆き、悲しみ、喪失、血、涙を思い知らされていた。がんで死んだ人がいると、わたしはその耐えがたい痛みを自分のからだに感じた。心臓麻痺《まひ》で死んだ人がいると、その恐怖をからだに感じた。

息継ぎの期間が三度あった。最初に痛みが消えたときは、男の肩がほしいと思った（わたしはマニーの肩にもたれて眠りに入るのが好きだった）。しかし、その欲求を口にしたとたんに、いかめしい男の声が聞こえた。「おまえにはやれない！」その冷厳な否定の声には質問もゆるさない重苦しさがあった。「なぜなの？」と聞きたかった。死の床にある無数の患者がわたしの肩にもたれかかってきたではないか。しかし、わたしにはそれがゆるされなかった。

それどころか、無限につづく陣痛のような、強烈な痛みがまた襲ってきた。ひたすら失神することを願った。でも、そんな幸運は望むべくもなかった。二度目の小休止の時期があたえられるまでに、どれほどの時間がたったのかはわからない。虚空に向かって「にぎっていられる手をください」といった。手のもちぬしの性別は特定しなかった。そんな贅沢《ぜいたく》をいっているときではなかった。ただただ、にぎる手がほしかった。だが、「おまえにはやれない！」という冷厳な声が、またわたしを黙らせた。

三度目の小休止がくるかどうかはわからなかった。しかし、ついにそれがおとずれたとき、大きく息をついたわたしは、情けないことに、指先だけでもいいからほしいと思いはじめた。なぜかって？　たとえにぎることはできなくても、だれかがそこにいるという安心感がほしかったのだ。しかし、その最後の要求を口にするまえに、自制心が生じた。「ばかなことを！　手をくれないのなら指先なんかいらないわ。もうだれの助けもいらない。ひとりでやっていく」

憤慨したわたしは、あらんかぎりの反抗心をかき集めて、自分にいい聞かせた。「にぎる手のひとつもくれないほどのけちはもう相手にしない。ひとりのほうがましだわ。わたしにもそれなりの自負心や自尊心はあるんだ」

それが教訓だった。そのあとにくる歓喜を是認するために、一〇〇〇回の死という恐怖を経験しなければならなかったのだ。

人生そのもののような試練のさなかに、突如、「信」の問題がやってきた。

神はけっして耐えられない試練をあたえることはないという、神への信。

神があたえたものならば、どんな苦しみでも耐えぬけるという、自己への信。

畏怖《いふ》にも似た感情に襲われた。だれかが待っている。そう直感した。それはわたしがなにか口にするのを、「イエス」という肯定のことばを口にするのを待っていた。

自分にもとめられているのはそれだけだ、イエスということだけだと気づいた。

思考が錯綜《さくそう》した。

なににたいしてイエスというのか？　これ以上の苦悶に？　これ以上の痛みに？　人間の助力なしでこれ以上の苦しみに？

なんであれ、いま耐えている苦しみよりひどいものがあるだろうか？　それに、わたしはまだここにいるではないか？　あと一〇〇回の死？　あと一〇〇〇回の死？

そんなことはどうでもよかった。遅かれ早かれ、終わりはくる。それよりも、痛みがあまりに強すぎて、もうなにも感じなくなっていた。わたしは痛みを超越していた。

「イエス」わたしは叫んだ。「**イエス！**」

部屋が静かになった。痛みと苦しみと窒息感が瞬時に消えた。意識が冴《さ》えわたっていた。窓の外は漆黒の闇だった。胸いっぱいに空気を吸った。じつにひさしぶりの深呼吸だった。もういちど外の闇をみた。また深呼吸をして、あおむけになったまま、からだをゆるめた。そのとき、奇妙なことが起こりはじめた。最初は、おなかの振動からはじまった。おなかの輪郭は変化していないのに、猛烈なスピードで振動していた。あきらかに筋肉運動ではなかった。思わず「そんなばかな」とつぶやいた。

錯覚ではなかった。横になったままからだを観察していると、もっとふしぎなことが起こった。目をやった先のからだの部分が、片っ端から信じられないスピードで振動しはじめた。振動はその部分の基底層にまでひろがっていた。どこに目をやっても、無数の分子のダンスがみえた。

そのときはじめて、自分が肉体からぬけだしてエネルギーになっていることに気づいた。目のまえに、この世のものとは思えないほど美しい蓮《はす》の花の群落がひろがった。花はスローモーションのようにゆっくりとひらいていた。ひらくにつれて輝度をまし、色彩が豊かに、精妙なものになっていった。無数の蓮の花はじわじわと寄り集まり、ついには巨大な、息をのむほどに美しい、ひとつの花に変わった。その花の背後から光が差してきた。それがどんどんあかるくなり、まぶしく霊妙な光になった。わたしの患者たちがみたという、あの光とまったく同じだった。

その巨大な蓮の花のなかをとおりぬけて光と一体になりたいという衝動にかられた。抗しがたい引力に吸い寄せられ、光に近づいていった。その霊妙な光こそが長く苦しい旅の終着点だという確信があった。みじんも急ぐことなく、自分の好奇心に感謝しながら、わたしはその振動する世界のやすらぎと美と静けさを堪能《たんのう》していた。意外なことに、そのときでも自分がメインハウスからはるかに離れた「アウルハウス」にいるということは自覚していた。壁も、天井も、窓も……窓外の木々も、みるものがすべて振動していた。

視野はどこまでもひろがっていながら、草の葉から木製のドアまで、細部にわたってその分子構造の自然な振動がみてとれた。畏怖を感じながら、万物にいのちが、神性が宿っているさまをながめていた。そのあいだにも、わたしは蓮の花をとおりぬけ、光に向かってゆっくりと移動しつづけていた。そしてついに、光とひとつに溶けあった。ぬくもりと愛だけが残った。一〇〇万回の長いオーガズムも、そのときに味わった愛の慈悲深さとこまやかさにはおよばなかった。それから、ふたつのことばが聞こえた。

ひとつは「神の存在をみとめます」という、自分の声だった。

ふたつ目はどこからともなく聞こえてきた、「シャンティー・ニラヤ」という意味不明のことばだった。


その夜、眠りに入る直前、目ざめたあとの光景が脳裏をよぎった。自分が日の出まえに起きて、バーケンストックのサンダルをはき、スーツケースに入れて何週間ももち歩いていたローブを着ている光景だった。サンフランシスコのフィッシャーマンズワーフで買ったそのローブは、手をふれた瞬間、むかし着たことがあるような、もしかしたら前世で着ていたもののような気がした。それを買ったときには、ついにとりもどしたような気分がした。

翌朝、なにもかもが想像どおりになった。草の葉、蝶《ちょう》、砂利など、目に入るすべてのものが分子構造のなかで振動しているさまをみながら、モンローの家に向かう道を歩いていった。それは人間が感じうる最高のエクスタシー感覚だった。周囲のすべてのものに畏怖を感じ、森羅万象に恋をしていた。水上を歩くことができたイエスのように、わたしは砂利道を浮くようにして歩いていた。至福状態のなかで、およそわたしらしくないことばで砂利に語りかけていた。「あなたたちを踏んだり、いじめたりするなんて、とてもできないわ」

それから四、五日かけて、その至福の状態はしだいに薄まっていった。それでも、家事や車の運転などの作業にもどるのはとてもむずかしかった。世俗的なこと一切がわずらわしかった。「シャンティー・ニラヤ」とはどんな意味なのか、いずれはわかるだろう。また、あの至福の体験が森羅万象に宿るいのちへの気づき、すなわち「宇宙意識」のおとずれであったことも、遠からず確信できるようになるにちがいない。その点にかんするかぎり、ものごとはうまくいっていた。だが、ほかのことはどうか？　自分自身の解答をみつけ、新しい仕事をはじめるまでは、事実上、生きた人間からの援助がないままで、またあの苦しい分離感のなかを歩いていかなければならないのだろうか？

数か月後、カリフォルニア州のソノマ郡でおこなわれるワークショップの会場に向かっていたとき、自分が答えを手中にしかけているような予感がした。しかし実際には、あやうくその機会を逃すような決断をしかけていた。バークレーで開催される予定のトランスパーソナル心理学会議でわたしが講演するという条件とひきかえに、わたしのワークショップで末期患者の参加者の世話をすると約束していた医師が、直前になってキャンセルしてきた。やむなくひとりでワークショップをやり終え、疲労困憊《こんぱい》していたわたしは、バークレーの会議には出席しないことにきめた。

だが、金曜日、ワークショップの参加者が帰ったあとに、友人から電話がかかってきた。五、六〇〇人のメンバーがわたしの講演を待っているから、ぜひきてくれといわれた。バークレーに向かう車のなかで、友人はわたしを元気づけようとして、メンバーの期待がいかに大きいかを、くり返し語った。しかし、自分のワークショップで消耗しきっていたわたしは、そういわれてもなんの感興もわかなかった。正直なところ、見識が高く、高度に進化したその会議のメンバーにたいしては、なにを話せばいいのか見当もついていなかった。しかし、会場に入ったとたん、モンローの農場で経験したできごとについて話すべきだということがわかった。この会場にならば、あの経験がなんだったのかを説明してくれる人がいるかもしれない、と思った。

「わたし自身の霊的進化についてお話してみたいと思います」そう切りだしてから、経験したことの多くが自分の知的理解の範疇《はんちゅう》をこえているので、その解明に力を貸してくれる人を必要としているとつけ加えた。そして、冗談めかしながら、自分がけっして「進化した人」ではないことを強調した。――例の、瞑想《めいそう》もしなければ、カリフォルニアっ子でもベジタリアンでもないという、あれである。「わたしは煙草も喫います。コーヒーも紅茶も飲みます。ようするに、わたしはまっとうな人間なんです」会場に大きな笑いの渦が起こった。

「グルもいないし、ババをたずねたこともない」わたしはつづけた。「でも、みなさんが憧《あこが》れている神秘体験の、ほとんどすべてといってもいいほどのものを、わたしは経験してきました」なぜそんなことをいったのか？　わたしのような人間でも経験できるのだから、ヒマラヤで何年も瞑想などしなくても、だれもが経験できるはずだ、そういいたかったのだ。

体外離脱体験の話をしはじめると、会場は打って変わって静かになった。モンローの農場で一〇〇〇回の死を死に、再生した経験の一部始終を、二時間に要約して話した。講演はいつまでもやまないスタンディング・オベーションで終わろうとしていた。

すると、オレンジ色の僧衣をまとったひとりの僧がステージにあがってきて、うやうやしく「よろしければお力になりましょう」といった。瞑想をしないといったわたしにたいして、僧は瞑想にもいろいろなかたちがあると語りはじめた。「死の床にある患者や子どもたちのそばについていて、何時間もその人に注意を集中すること、それは瞑想のもっとも高度なかたちのひとつです」僧はいった。

会場から賛同を示す大きな拍手が起こった。しかし、僧は拍手など聞こえていないかのように静かにわたしをみつめたまま、もうひとつのメッセージを語りはじめた。「シャンティー・ニラヤは……」美しく響くひとつひとつの音節をゆっくりとつなげながら、僧がいった。「……サンスクリットで、『やすらぎのついの住み処《すか》』を意味することばです。それは、わたしたちが神のもとに帰るとき、地上での旅の終わりにおとずれるところなのです」

「そうなんだ」わたしはこころのなかでつぶやいていた。何か月かまえに、暗闇のなかで聞いた、あの声がよみがえってきた。「シャンティー・ニラヤ」

第32章　ついの住み処

わたしは自宅のバルコニーに立っていた。そばのテーブルではB夫妻がお茶を飲んでいた。あたたかいそよ風が五感をやさしくマッサージしていた。運命の受容がもたらす陶酔にも似た感覚にひたりながら、わたしは夫妻をふり向き、ややおおげさな口調で、ヒーリングセンターの名称はシャンティ・ニラヤにきめたと告げた。そして、「『やすらぎのついの住み処』という意味なの」といった。

命名は正鵠《せいこく》を射ているように思わ

エジプトのアスワンにて。1980年。
（ケネス・ロス撮影）

れた。それから一九七八年までの一年半、シャンティー・ニラヤは大盛況だった。「無条件の愛の実践による、おとなと子どもの心理的・身体的・霊的治癒の促進」をかかげた「生、死、移行」ワークショップは、五日間の宿泊という条件にもかかわらず、登録者がふえる一方だった。自己成長を希求する人たちがどんどんふえていたのだ。センターが発行するニューズレターは世界各国に配布され、わたし自身も相変わらず、アラスカからオーストリアまで講演旅行をつづけていた。

シャンティー・ニラヤは大きくなっていったが、「個人の成長」という、その目的は一貫していた。人びとはワークショップで、思い残しのすべてを、うっ積した嘆きや怒りのすべてを解き放ち、いつ死んでもいいような生きかたを身につけた。いわば、人びとはそこで全人的な存在になって帰っていった。ワークショップの参加者には死が迫った患者、感情的な問題をかかえている人、二〇歳から一〇四歳までのふつうの成人などがいたが、やがて、一〇代の若者や子どもたちにも参加してもらうようになった。全人的存在になる時期が早ければ早いほど、身体的・精神的・霊的な健康に向かって成長するチャンスがふえるからだ。若いころからそんな訓練を受けた人たちがふえたら、未来はどんな世界になるだろうか？

シャンティー・ニラヤでも旅先でも、わたしの話を聞きにくる人は、たいがい同じような話を聞かされることになった。「死は怖いものではない。じつのところ、死は人生でもっともすばらしい、途方もない経験にもなりうる。そうなるかどうかは、いま、自分の人生をどう生きているかにかかっている。そして、いまというこの瞬間、たいせつなことはただひとつ、愛だけである」

わたしがとりわけ人びとに寄与できたと思われる仕事は、南部での講演のときに出あったダギーという九歳の少年とのふれあいから生まれたものだった。長時間にわたる講演はエネルギーを消耗し、ときどき充電しなければならなくなる。わたしの場合、聴衆とのやりとりのなかからエネルギーを補充することが多い。その会場で、最前列に座っていたダギーの両親に目がとまった。もちろんはじめてみる顔だったが、その快活そうにみえる若夫婦に、なぜか子どものことを聞いてみたいという衝動にかられた。「どうしてこんなことを聞く必要があるのか、自分でもよくわからないんだけど」とわたしはいった。「なぜお子さんをつれてこなかったの?」

ふたりはわたしの唐突な質問に驚きながら、「息子はいま、病院で化学療法を受けているんです」と答えた。つぎの休憩時間に、父親が病院までいって、ダギーといっしょにもどってきた。やせて青白く、髪の毛がないという点を除けば、どこにでもいるアメリカの少年だった。わたしが講演をつづけているあいだ、ダギーはクレヨンで絵を描いていた。そして、つぎの休憩のときに、その絵をわたしにプレゼントしてくれた。それまでにもらった最高の贈り物だった。

死が迫った子どもたちのほとんどがそうであるように、ダギーも年齢にくらべてはるかに聡明《そうめい》な少年だった。からだが衰弱しているぶんだけ、自分の霊的、直感的な能力にたいする鋭敏な洞察力が発達してくるのだ。それは死に瀕《ひん》した子どもたちに共通する特徴であり、だからこそわたしは両親たちに、自分の怒りや苦痛や悲嘆を子どもと正直に分かちあいなさい、オープンになりなさいといっているのだ。死に瀕した子どもはすべてを知っている。ダギーの絵をみて、わたしにはそれがすぐわかった。

「ママとパパにいってあげましょうか?」両親の反応をうかがいながら、ダギーにそうたずねた。

「いいよ。わかってくれると思う」ダギーがいった。

両親は医師から息子の余命が三か月であると告げられたばかりだった。ふたりはその告知をみとめることができずに苦しんでいた。しかし、ダギーが描いた絵をみて、経験上、わたしにはその診断の誤りを指摘することができた。絵から判断するかぎり、ダギーはもっと生きるはずだった。もしかしたらあと三年は生きられるかもしれない。そのことを母親に告げた。母親は目を輝かせて、わたしに抱きついてきた。だが、わたしの診断に保証があるわけではなかった。「ただ、この絵を読みとって、ことばに翻訳しただけなのよ」わたしはいった。「いちばんよく知っているのは息子さんです」

子どもたちとのワークの魅力は、その正直さにある。子どもは、ばかげたご都合主義の手続きをみごとに省略する。ダギーはその完璧《かんぺき》な実例だった。ある日、ダギーから一通の手紙がとどいた。こう書かれていた。

大好きなロス先生

あとひとつだけ、聞きたいことがあります。いのちって、なんですか？　死ぬって、どういうこと？　どうして子どもが死ななくちゃいけないの？

愛をこめて、

ダギー

わたしはフェルトペンを用意すると、死に瀕した子どもたちとすごした長い年月を思いだしながら、色あざやかな小冊子をつくりあげた。かんたんなことばで、賭《か》けとしての人生を描写した。人生は嵐のなかでたねを蒔《ま》くことに似ていた。土におおわれたたねは太陽の光であたためられる。その光は、わたしたちみんなに降りそそがれる神の愛だ。どんな人にも学ぶべき教訓があり、生きる目的がある。死を間近にひかえ、生と死の理由を問おうとしているダギーに、わたしはその事実に例外がないことを教えたかった。

ほんの短いあいだだけ咲く花もあります――春がきたことを知らせ、希望があることを知らせる花だから、みんなからたいせつにされ、愛される花です。そして、その花は枯れます――でもその花は、やらなければならないことを、ちゃんとやり終えたのです……。

やがて出版されることになったその小冊子によって励まされ、助けられた人たちは無数にいる。しかし、その功績はすべてダギーに帰するものである。

人びとを助けることに夢中になっていたわたしは、足元で醸成されていた問題にたいする洞察力に欠けていた。一九七八年の早春、わたしが講演旅行で留守にしていたときに、Bのセッションの常連で、霊と交信していた仲間の一部が、『マグニフィセント・ポテンシャル』（未訳）という本をみつけた。ラーナー・ヒンショーという地元の作家が二〇年もまえに書いた本だった。その本には、過去二年間にBおよびBが交信していた多くの（全員ではなかったが）霊たちの教えのすべてが書かれていた。そのことを知ったとき、仲間がみんなそうだったように、わたしも驚き、裏切られたような気がした。

問いつめられたBは悪びれもせずに否定し、知識の情報源をもらすことは霊から禁じられているのだと主張した。対決しても無駄だった。メンバー全員が自分で判事と陪審員の両方をつとめなければならなかった。メンバーの半分以上が失望し、もう信用できないといって教会を去った。わたしは判断を留保していた。何か月もまえのペドロの警告があたまから去らなかった。「選択はひとりひとりにかかっている」ペドロはそういっていた。「自由選択は地球に生まれた者への最高の贈り物なのだ」

わたしを教会にとどめたのは、霊からあたえられた驚異的に深遠な教えの正当性だった。しかし、ひとたび疑惑が生じたあと、セッションが微妙に変わってきたことはたしかだった。新しい参加者がついたての裏に消えている時間が長くなった。ときどき、くすくす笑いやあやしげな音が聞こえた。どんな指示があたえられているのか、それが気になった。そのうちに、ひとりの女友だちが泣きながらわたしをたずねてきた。とり乱して、Bの目がとどかない場所を探しているといった。ようやく落ちついた友人は問わず語りに、Bから「そろそろ、きみの性生活をなんとかする時期がきた」といわれたときのいきさつを報告した。友人はそれを聞いて動揺し、逃げだしてきたのである。

B夫妻と対決するしかなかった。翌日、夫妻を家に招いた。前回の詰問のときと同じく、Bはまったく悪びれるようすがなかった。自分の行為の正当性を信じていることはあきらかだった。当惑を隠さなかったB夫人も、夫のそうした行為には慣れているといった。事実、その後の調査でわかったことだが、Bには破廉恥罪の前歴があった。それ以来、わたしたちはBとふたりだけにならないように注意しはじめた。

だが、問題はつづいた。カリフォルニア州消費者保護局のサンディエゴ支部に被害届が提出され、一二月に、地方検事局が性的職権濫用の申し立てにたいする捜査を開始した。多くの人に聞きとり調査をした結果、地方検事は告訴の要件なしと発表した。ある調査官はわたしにこういった。「すべては闇のなかですよ。証拠がありません」

大きなジレンマだった。わたしたちは、セッション中に照明をつけたら霊が二度と物質化できなくなると、くり返し注意されていた。禁を破ろうという人はいなかった。しかし、わたしの悩みは深刻だった。あの霊と称する連中がにせものだとしたら、Bの教養をはるかにこえた、わたしの質問にたいする答えを、どうやって手に入れたのか？　目のまえで物質化が起こる現場を、この目で目撃したではないか？　木馬に乗ろうとしたペドロの身長が一五センチものびたではないか？

信頼できる仲間の助けを借りて、わたしは独自の調査に乗りだした。だが、Bはぬけ目がなかった。わたしが照明のスイッチを入れる寸前に、Bはセッションの中止を宣言した。うしろ手にしてBに手錠をかけたこともあった。そうすれば動きがとれずに、あやしげなふるまいはできないはずだった。それでも霊は出没をくり返した。そのセッションが終わったとき、Bはまだ手錠をはめていたが、手錠はなんと手にではなく両足にかかっていた。なにをやってみても、結末は似たようなものだった。

疑惑の暗雲がのしかかっているにもかかわらず、暗室のなかでは定期的にBのセッションがつづけられていた。残念ながら、ヒーラーとしてのBの能力は目にみえておとろえていた。セッションの雰囲気はますます険悪になり、疑問ばかりがつのっていった。かつては親密で、志を同じくしていた仲間が、疑い深くなり、被害妄想にとりつかれはじめた。去るべきか？　残るべきか？　真相をあきらかにしなければならなかった。

そのころ、Bがわたしを教会の「平和の使者」に任命した。Bのささいな行動にも疑惑の目がそそがれていた時期であるにもかかわらず、その任命式の夜は感動的で忘れがたいものになった。霊は総出で出現してきては祝福のことばをのべた。そのなかにはKという霊もいた。Kは最高位の霊だった。Kが出現するときはすぐにわかった。いつも、なんともいえない奇妙な沈黙のあとにあらわれてきたからだった。長いエジプト風のローブをまとって正面にKが姿をあらわすと、参加者は身動きができなくなった。わたしは指一本も動かせず、まばたきもできなくなった。

Kはふだんは寡黙だった。しかし、その夜は饒舌《じょうぜつ》になり、愛と平和のために働く者の手本として、わたしの人生について長々と語った。「まことの平和の使者になることは、おまえの長いあいだの、隠された夢であった。今宵《こよい》、その夢がかなう」Kはいった。そして、ペドロに儀式をとりおこなうように命じ、セイレムには笛を吹くように命じた。

それから数か月後、路上でふたりの友人と立ち話をしていたとき、とつぜんKが立ちあらわれた。Kは高い建物にもたれるようにして、地上から二メートル以上の空中に浮かんでいた。美しいエジプト風のローブとよく響く明瞭《めいりよう》な声は、まちがいなくKのものだった。「イザベルよ。涙の河のなかで、たえずおのれの祝福を数えるのだ」Kはいった。そして、「時間を友としなさい」といって姿を消した。

ショックが残った。これ以上の涙？　まだ足らないのか？　家族を失っても？　子どもたちを失っても？　家を失っても？　そして、Bにたいする信頼を失ってもまだ？

「時間を友としなさい」

いったい、なんのことだったのか？　そうすれば、いずれは事態が好転するということか？　ただただ忍耐強く待てということか？

おわかりのように、忍耐はわたしの美徳とするところではなかった。Bの挙動から目を離さないようにするために、わたしはB夫妻をワークショップにつれていくようになった。なにも起こらなかった。だが、ある日、サンタバーバラでのワークショップを終え、サンディエゴに帰ろうとしていたときに、ちょっとした異変が起こった。Bの行方がわからなくなり、B夫人とわたしは駐車場で一時間以上も待たされていた。けっきょく、Bはもどってきたが、例によって、悪びれるようすもなかった。そのかわり、「ワークショップでお疲れでしょう」といいながら、車の後部座席に自分のジャケットを敷き、サンディエゴまで眠っていくといいといってくれた。

ロサンゼルスにも着かないうちに、わたしは泥のように眠りこんでいた。目がさめたのは、車がわたしの家に着いたときだった。すぐに寝室にいき、そのまま眠った。

午前三時ごろ、枕ではなく風船のうえで寝ているような、異様な感覚で目がさめた。なんどもあたまの位置を変えてみたが、その違和感は消えなかった。朦朧《もうろう》としたまま、手さぐりでバスルームにいった。あかりをつけて鏡をみた。ショックで心臓麻痺《まひ》を起こしそうだった。顔が完全に変貌《へんぼう》していた。片側が大きな風船のように腫《は》れあがり、目がつぶれていた。もうひとつの目も、かろうじてみえる程度にしかあいていなかった。グロテスクそのものだった。「どうしちゃったの！」大声で叫んだ。

ジャケットのうえで寝ているときに、なにかに頬を刺されたような気がしたことを、ぼんやりと思いだした。そういえば、三回、刺されたような覚えがある。あのときは睡魔に勝てず、刺されるままになっていた。鏡に近づいてよくみると、頬に三か所、小さいがはっきりとした刺し跡があった。症状は急速に悪化の徴候をみせていた。そうして鏡のまえに立っているあいだにも、顔は腫れつづけていた。病院はひじょうに遠く、とても運転できる状態ではなく、いちばん近い隣家は信頼できないB家だった。事態は深刻だった。

「毒蜘蛛《ぐも》に刺されたんだわ」わたしは低くつぶやいた。「急がなくちゃ」

思考が駆けめぐった。大陸の反対側に散っている家族に電話をしても無駄だった。時間切れが迫っていた。それまでに何回もあった「もうこれまでだ」と覚悟したときのことを思いだした。土壇場に追いつめられて、たとえ一瞬であれ、自殺を考えたこともあった。つかの間とはいえ、死んだらどんなに楽だろうかと思った。しかし、家族のことを思うと、それはできなかった。罪悪感と良心の呵責《かしやく》が強すぎた。ぜったいにできなかった。

患者を自殺させたこともなかった。多くの患者が自殺したいといったが、わたしはいつもその理由を問いただし、原因をとり除くことに懸命になった。痛みが原因なら、疼痛《とうつう》緩和の処置をとった。家族との関係が原因なら、その解決に奔走した。抑うつが原因なら、そこからぬけだすべく手助けをした。

目標はあくまでも、自然死をむかえるまで生きるための援助にあった。自殺幇助《ほうじょ》という思想そのものを信用していなかった。意識が明瞭な末期患者が薬剤の服用や注射を拒否し、透析を拒否すれば、いずれはその人の自殺の権利をみとめざるをえなくなる時期がくる。やり残した務めを終え、すべてを整理して、やすらぎと受容の段階に到達し、みずからの手で死の時期を早める患者がいる。だが、そういう人たちの手助けをする気にはなれなかった。

わたしはさかしらな判断をしないということのたいせつさを学んできた。死とその過程を受容した人は、ふつう、やがて自然におとずれてくるものを待てるようになる。よろこばしい、超越的な体験をするのは、そうなってからのことなのだ。

自殺によって人は自己をあざむき、学ぶはずだった教訓を学ぶことができなくなる恐れがある。そうなると、卒業してつぎのレベルにすすむことができずに、もとにもどって、はじめからやりなおさなければならなくなる。たとえば、恋人を失って生きる望みがなくなり、自殺した娘は、喪失への対処法を学ぶためにもどってくる。そして、喪失の受容を学ぶまで、喪失が連続するような人生を送ることになるかもしれない。

顔が腫れつづけていたわたしにとっては、一瞬自殺を考えたかつての自分の記憶が生への選択につながることになった。自殺を選ぶという思いがわたしを生かすことになったとは、なんともふしぎなことだった。だが、そんな思いにひたっている場合ではなかった。急速に悪化していく症状に手を打たなければ、分単位でショック死がくることは確実だった。神が万人にあたえた自由な選択とは、この場合、生を選ぶか死を選ぶかをきめることしかなかった。

わたしはリビングルームまで歩いた。壁にはイエスの肖像がかかっていた。そのまえに立ち、厳粛な声で「わたしは生きます」と誓った。誓いを口にだしたとたんに、信じられないほどまぶしい光が差しこんできた。以前、同じ光に遭遇したときのように、わたしは光源に向かってすすんでいった。光のあたたかさに全身がつつまれたとき、奇蹟《きせき》であれなんであれ、助かることを確信した。一週間後、専門医による検査結果がでた。医師は「クロゴケ蜘蛛のようですが、もしそうだとすると、助かるはずがない」といった。事実を報告しても信じてもらえそうになかったので、わたしは黙っていた。「運がよかった」と医師はいった。

運がいい。たしかにそうだ。しかし、真の難題が終わったわけではなく、はじまったばかりであることも、わたしにはわかっていた。

第33章　エイズ

あらゆる難題は、じつは天からの贈り物である。その信念がゆらいだのは、金策に追われていたマニーが、契約どおりわたしに購入のオプション通知をすることなく、無断でフロースムーアの家を売却し、あろうことか、シャンティー・ニラヤがあるエスコンディードの土地まで売却したことを知らされたときだった。シャンティー・ニラヤの建物をからっぽにして、新しい所有者に鍵《かぎ》をわたせという、書留による通知書がとどいたのだ。わたしはことばもなく打ちのめされた。

絶望以外に反応のしかたがあっただろうか？　本拠地を失うことは、無残にも夢が砕け散ることにひとしかった。わたしは幾夜も泣きながら眠りについた。泣いて事情が変わるわけではなかった。わが亡霊からとっくに忠告を受けていたではないか。「涙の河のなかで、おのれの祝福を数えるのだ」「時間を友としなさい」

ところが、その一週間後、サンディエゴ地方にすさまじい暴風雨がやってきて、七日間も居座った。豪雨で大規模な洪水が発生し、土砂崩れが起こって、無数の家屋が損壊した。山のうえにあった元ヒーリングセンターも例外ではなかった。メインハウスの屋根は飛ばされ、泥で埋まったプールには亀裂が入り、急坂の専用道路は跡かたもなく流された。もし明けわたしていなければ、立ち往生するどころか、修復のめどさえ立たなかったにちがいない。皮肉にも、追い立てられたことが幸いしたのである。

イースター休暇に娘がきてくれたことも大きななぐさめになった。勘のいいバーバラは、以前からB夫妻を信用していなかった。しかし、わたしは、母親をカリフォルニアに呼び寄せたことを根にもっているのだろうと、たかをくくっていた。バーバラはいつのまにか成長し、兄とともにウィスコンシン大学の学生になっていた。そして、母娘関係は以前にもまして親密になっていた。

それはなによりもうれしいことだった。バーバラはベランダで日光浴をし、ジャクージでくつろぎ、小鳥の声を聞き、咲き乱れる野の花をたのしんだ。それに飽きると、わたしの案内で山のうえの林檎《りんご》園までドライブにいった。たのしいドライブは、帰りの下り坂で地獄に変わった。ブレーキが作動しないことに気づいたわたしは、急な坂道をハンドルさばきだけで降りなければならなかった。生きてもどることができたのは奇蹟というしかなかった。数日後、わたしたちはまた同じせりふを吐くことになった。ロングビーチに住む未亡人の友人をたずねたあと、バーバラとわたしはイースター用の料理をしあげるために大急ぎで帰ってきた。家が炎につつまれていた。屋根がふたつに割れて、その隙間から炎が吹きだしていた。ふたりはとっさに行動を開始した。わたしは庭の水撒《みずま》き用ホースに突進し、バーバラは消防署に連絡するために隣家に走った。三軒の家のドアを叩《たた》いたが、三軒とも留守だった。しかたなく、意にそむいてB家のベルを鳴らした。ドアがあいて、Bがでてきた。すぐ消防署に連絡しようといってくれた。しかし、それだけだった。Bも夫人も助けにきてはくれなかった。バーバラとわたしはだれの手も借りずに、それぞれのホースで消火にあたった。最初の消防車がくるころには、ほとんど鎮火しかかっていた。

消防士が壁をこわしたあと、家のなかに入った。悪夢だった。家具は全焼していた。照明器具や電話などのプラスチック製品は溶けてなくなっていた。壁かけ、先住民の敷物、絵画、食器類も黒こげだった。耐えがたい悪臭が漂っていた。肺の障害を避けるために、すみやかに離れるようにいわれた。イースターのディナー用に焼くつもりだったターキーのおいしそうな匂いだけが妙におかしかった。

途方にくれたわたしは、車の運転席に座って煙草を喫った。親切な消防士のひとりがやってきて、火事で家財を失った人を援助する専門のカウンセラーを紹介しましょうか、といった。「いえ、結構です」わたしは答えた。「失うことには慣れてるわ。それに、わたしも援助の専門家なの」

翌日、また消防士がやってきて調査をした。こころ強かった。しかし、BもB夫人も姿をあらわさなかった。「ほんとうに友だちなの？」とバーバラがいった。

だれかに狙われている。状況がそう告げていた。放火捜査官と私立探偵はふたりとも、火がキッチンのコンロと外に積んであった薪《まき》から同時に発生していると断定した。捜査官は「放火の疑いは否定できません」といった。どうすべきか？　春の大掃除を早めにすませたと思うしかなかった。イースター休暇が終わると、保険会社が大型トラックでやってきて、燃えた家財を運んでいった。そのなかには、バーバラに残すつもりだった祖母の銀器のコレクションもあった。それらはただの大きな溶けたかたまりになっていた。

シャンティー・ニラヤの仲間が手伝いにきて、まだ使えるものをきれいに洗い、こすり、磨いてくれた。被害にあわなかった唯一のものは、先住民の古い儀式用パイプだけだった。それからまもなく、保険会社から受けとったお金でおおぜいの職人を雇い、家の再建にとりかかった。もとと同じ家にはしなかった。工事が終わると、わたしはその家を売りにだした。

わたしの信仰は、これでもかというばかりに執拗《しつよう》に試されていた。ヒーリングセンターを失い、Bへの信頼を失った。一連のグロテスクな事件によって、いのちが脅威にさらされた。毒蜘蛛《ぐも》、ブレーキの故障、火事が、矢継ぎばやにつづいた。身近に殺意を感じないわけにはいかなかった。わたしのいのちなど、狙う価値があったのか？　五五歳になったわたしは、とどのつまり、どれほどあたえつづければゆるされるというのだろうか？　Bとその邪悪なエネルギーから離れなければならないと思った。残された道は、長年の夢だったあの農場を手に入れ、生きる速度を落として、自分自身の世話をし、上手に気分転換をさせてやることだった。おそらく、それは名案ではあった。しかし、時機がよくなかった。というのも、自己の信仰の危機のさなかに、わたしはまたまた新たな奉仕を迫られはじめていたからだった。

迫っていたのはエイズだった。それがわたしの余生を変えることになった。

数か月まえから、わたしはゲイ特有のがんがあるという噂を耳にしていた。健康で活動的だった男性があっというまに衰弱して死の転帰をとるということ、全員がホモセクシャルであるということ以外に、エイズについて知っている人はだれもいなかった。その結果、一般の人たちはほとんど無関心だった。

しばらくして、ある人から、つぎのワークショップにエイズ患者を参加させてくれという依頼の電話がかかってきた。末期患者を追い返したことのないわたしは、即座にひき受けた。しかし、患者のボブに会ってから一日半もたつと、ボブから逃げたいと願っている自分と直面することになった。ボブのやつれきった顔と針金のように細い四肢は、みるのもおぞましい紫色の斑点《はんてん》——カポジ肉腫《にくしゅ》として知られる致命的な皮膚がん——におおわれていた。わたしはありったけの知恵をしぼって考えた。あの病気はなんなのか？　感染するのか？　ボブを援助すれば、自分もいずれはああなるのか？　そのときほど自分を恥じたことはなかった。

内なる声に耳をかたむけた。苦しんでいるひとりの人間としての、美しく、やさしく、正直で、情愛のある人としてのボブに接しなさいと、声はわたしを励ました。そのときから、わたしはほかの人にそうするのと同じようにボブに奉仕することを名誉だと考えるようになった。立場が逆ならきっとそうしてもらいたいと思うはずの接しかたで、わたしはボブに接した。

しかし、自分が当初、反射的に示した反応が怖かった。死に瀕《ひん》したありとあらゆる種類の患者を仕事の対象にし、死にかんする著作もあるこのエリザベス・キューブラー・ロスまでもが、はじめて会ったボブの症状を嫌悪したとすれば、エイズというこの世界的な疫病に立ち向かう社会がいかにたいへんな思いをすることになるかは察するに余りがあった。

人間として示しうる唯一の反応は慈悲心しかなかった。二七歳のボブは、自分の病気についてなにも知らなかった。同病の若いホモセクシャルの男性たちと同じように、自分が死ぬことだけはわかっていた。心身ともに衰弱したボブは家にひきこもっていた。家族からはとうに見放されていた。友人もたずねてこなかった。当然のことながら、ひどい抑うつ状態にあった。ある日のワークショップで、ボブは母親に電話をしたときのことを、涙ながらに語った。ボブは、まるでそれが自分の罪であるかのように、ゲイであることを母親に詫《わ》びたという。

ボブはわたしの試練だった。人生の悲劇的な終幕の場面で平安な結末をみいだすことにわたしが力を貸した何千人というエイズ患者の最初のひとりだったボブは、あたえたものよりはるかに大きなものを返してくれた。ワークショップの最終日に、厳格な根本主義者の牧師をふくむ参加者全員が、ボブのために美しいセレナーデを歌った。そして、全員でボブを抱きあげて、部屋を一周した。ボブの勇気のおかげで、わたしたちは正直なこころといつくしみのこころにたいする理解を深めることができた。わたしたちはそれを現実の世界で実行に移した。

それはどうしても必要なことだった。当時、エイズになる人は圧倒的にゲイが多く、社会にはそれを自業自得とする空気が濃厚に流れていた。それは、わたしにいわせれば、自分自身の人間性にたいする破局的な否定にほかならなかった。クリスチャンである以上、どうしてエイズ患者を追い返すことができるのか？　ふつうの人にしても、どうして無視できるのか？　わたしはイエスがハンセン病患者や売春婦の世話をしたときの光景に思いを馳《は》せた。末期患者の権利を勝ちとったときの、自分自身の苦闘を思いだした。やがて、エイズが両性愛の男女や赤ん坊までもがかかる病気であることがわかってきた。好むと好まざるとにかかわらず、わたしたちすべてが慈悲と理解と愛を要求しているこの疫病に直面しなければならない時期がきたのである。

核廃棄物、毒性投棄物、戦争によって、地球が歴史上かつてないほど大きな危機にさらされているこの時代に、エイズは世界規模で、人間集団全体に課題をつきつけていた。もしわたしたちが、わたしたち自身のこころのなかに、エイズに対処するだけの人間性をみいだせないとすれば、人間の運もそこで尽きることになる。のちに、わたしはこう書いている。「エイズは人類に独自の脅威をつきつけているが、戦争とはちがって、それは内部から起こるたたかいである。……わたしたちは憎悪と差別を選ぶのか、それとも愛と奉仕を選ぶ勇気がもてるのか？」

†

初期のエイズ患者たちと話していて、わたしはエイズが人為的な疫病かもしれないと疑ったことがある。初期の患者の多くが、肝炎に効くといわれて注射を打たれたと語っていたからだった。その詳細をしらべる時間はなかったが、もし疑惑がほんとうだとしても、それはただ、たたかわなければならない相手がより手ごわくなることを意味しているにすぎない。

ほどなく、わたしははじめてエイズ患者だけのワークショップをひらくことになった。場所はサンフランシスコだった。のちになんども同じシーンがくり返されることになったが、そのときもわたしはこもごも告白する若者たちの、肺腑《はいふ》をえぐられるような痛ましい話に耳をかたむけていた。欺瞞《ぎまん》、拒絶、無視、差別、汚名、孤独など、人間のありとあらゆる否定的な行動の物語である。それはわたしひとりの涙ではとうてい足りない、悲しい物語だった。

ところが、エイズ患者たちは一方ですばらしい教師でもあった。第一回のワークショップに参加した南部のある青年は、人間の成長と達観への可能性を感じさせる、その典型的なひとりだった。一年間、入退院をくり返していたその青年は、ナチス強制収容所の捕虜のようにやせ細っていた。生けるしかばねといわれたのも無理はなかった。

青年は、死ぬまえにどうしても両親と和解しておきたいと思った。両親とは何年も会っていなかった。体力を温存して時機を待ち、いよいよ実行に移した。骨と皮だけのからだに借り物のスーツを着こんだその姿は、服を着せた案山子《かかし》のようだった。故郷に向かう飛行機に乗った。ようやく家の近くまでたどりついたとき、青年は自分の変わりはてた姿に両親が目をそむけるのではないかと心配になり、ひき返そうとした。しかし、両親は息子の姿を見逃さなかった。玄関まえで待ちわびていた母親が駆け寄ってきた。顔いちめんにひろがる紫色の病変も気にとめずに、母親は息子をしっかりと抱きしめた。あとからきた父親も息子を抱擁した。手遅れになるまえに、家族は涙と愛のなかで和解をはたしたのだ。

「わかるでしょ」ワークショップの最終日に、青年はいった。「この恐ろしい病気になるまで、ぼくは無条件の愛とはなにかがわからなかったんです」

　参加者の全員が教訓を学んだ。そのときから、「生、死、移行」ワークショップは国内外のエイズ患者にひらかれることになった。薬代や入院費の支払いに困窮しているエイズ患者が経済的な理由で孤立することのないように、わたしは毛糸のえりまきを編みはじめた。それをオークションにかけ、売上をエイズ患者のための奨学金に使った。戦後のポーランド以来、エイズはわたしにとって、恐らくは世界にとっても、もっとも有意義なたたかいだった。あの戦争は終わり、わたしたちは勝利した。しかし、エイズとのたたかいははじまったばかりだった。科学者たちは研究費を奪いあい、エイズの原因究明と治療法開発にしのぎをけずっているが、この病気に最終的に勝利できるかどうかは科学にではなく、科学をこえたものの有無にかかっていた。

　わたしたちはスタート地点に立った。だが、わたしにはゴールの景色がみえている。成否はエイズが提示している教訓をわたしたちが学べるか否かにかかっているのだ。

わたしは日記にこう書いた。

わたしたちひとりひとりのなかに、想像もできないほどの徳が隠されている。見返りをもとめることなくあたえるという徳、判断することなく耳をかたむけるという徳、無条件に愛するという徳が。

第34章　癒《いや》しの海

　そのころもまだ、わたしは火災後に建てなおした家に住んでいた。だが、いつでも立ち去る準備はできていた。もう朝日に映える家ではなくなっていた。火事のなごりの異臭が漂っていた。壁かけも絵もない壁がむなしかった。火事はわたし自身のいのちをふくむ、その家のいのちのすべてを奪っていった。Bのようなすぐれたヒーラーがなぜあれほどまでに邪悪な人間になれるのか、わたしはまだそれを考えていた。ともあれ、この家をでていくまで、Bとはかかわりをもちたくなかった。

　しかし、近所に住んでいるかぎり、それは不可能なことだった。ワークショップの旅からもどってきてまもないある日の朝、Bから電話があった。B夫人がなんと『暗室』というタイトルの本を書いたので、宣伝のためにわたしに序文を書いてほしいという依頼の電話だった。「あしたの朝までに書いてくれますか？」Bがいった。

　あの指導霊たちを愛していたわたしは、良心にかけても、あきらかに悪用されている才能に自分の名前を貸すわけにはいかなかった。今回の旅にでる直前のわたしとの対話――対決というべきか――でも、Bは、たとえ不穏当な行為があったとしても、自分の行為を説明する責任はないと主張した。「トランス状態になると、なにがなんだかわからなくなるんです」とBはいった。

Bが嘘をついていることはあきらかだった。しかし、いざエスコンディードからでていくことを考えると、わたしのこころはひき裂かれた。シャンティー・ニラヤがわたしなしで存続できないことはわかっていた。内なる声になんども耳をかたむけたあと、わたしはシャンティー・ニラヤの中心メンバーに秘密会議の招集をかけた。女性五人、男性二人の有給のメンバーだった。その会議で、すべてを正直に打ちあけた。いのちを狙っている者がいて恐怖を感じていること、Bを疑っているが証拠がないこと、どの霊がほんものでどれがいんちきなのかがわからないことなども話した。「いうまでもなく、これは信頼の問題なの」わたしはいった。「あたまがおかしくなりそう」

メンバーは沈黙したままだった。今夜のセッションでB夫妻を解雇し、シャンティー・ニラヤはBなしで続行する。わたしはそう宣言した。宣言して、ほっと一息ついた。すると、いちばんたよりにしている三人の女性メンバーが告白をはじめた。女性の霊を演じるようにBから「訓練」されていたというのである。Bは三人をトランス状態にみちびいて、思うままにあやつっていたということだった。セイレムやペドロの欺瞞性が立証できなかったわけだ。——かれらはほんものだったのだ。女性の霊はどうみてもあやしげだったし、わたしに話しかけてこなかったことの理由もそれで説明できる。

翌朝にBを糾弾することになった。序文をわたすといって呼びだせばいい。序文のかわりに解雇通知をわたすつもりだった。三人の女性は証人として、わたしのうしろに立つことにした。Bがどんな挙動にでるかがわからなかったので、念のために、二人の男性が植えこみに隠れ、ようすをうかがうことにした。もうセイレムやペドロに会えなくなる、ウィリーのすてきな歌も聞けなくなると思うと、その夜はなかなか寝つけなかった。しかし、やることはやらなければならなかった。

なにが起こるかが気になって夜あけまえに目がさめた。約束の時間にBがあらわれた。三人の女性をうしろにひかえて、わたしはベランダでBをむかえた。解雇をいいわたしてもBは無表情のままだった。「もし理由が知りたいのなら、この人たちの顔をみてください。おわかりでしょ」わたしはいった。Bは憎悪に満ちた表情を浮かべた。反応はそれだけだった。ひとこともしゃべらなかった。本の原稿をにぎりしめたまま帰っていった。まもなく、B夫妻は家を売却して北カリフォルニアに去った。

わたしは自由になった。しかし、その代償は大きかった。たくさんの人がBのチャネリングをつうじて多くのことを学んだが、Bがその天賦《てんぷ》の才能を悪用しはじめて以来、人びとの苦悶《くもん》は耐えがたいものになった。それからずっとのちに、自力でセイレムやペドロなどの霊と交信ができるようになったとき、かれらは、疑いつづけ、神の使いか悪魔の使いかとたえず問いつづけていたわたしの胸の内がわかっていたことをみとめた。しかし、おぞましい経験をへることは、真の信頼にかんする教訓、また真贋《しんがん》の識別にかんする究極の教訓を学ぶための、唯一の方法なのだ。

すべてをゆるすことはできても、当然のことながら、すべてを忘れることはできなかった。わが霊たちの教えを録音したテープをじっくりと聞けるようになるまでにはそれから七年もの歳月を要した。あとになって聞けば、欺瞞と醜悪な分裂とを予告する警告ははっきりと聞きとれたが、その謎めいた表現にまどわされて、当時のわたしには具体的な行動を起こすことができなかったのだ。人間として可能なかぎり、わたしは踏みとどまった。しかし、あれ以上Bのそばにいたら殺されていたことは確実だった。これからもわたしは生涯、眠れない夜をすごし、一〇〇万の問いを問いつづけることだろう。しかし、死という移行をはたすときになって、はじめて最後の答えが得られることはわかっている。そのときをたのしみに待ちたいものだ。

さて、未来はまだみえてこなかった。家を売りにだしてはいたが、落ちつく先がみつかるまでは立ち去るわけにもいかなかった。まだ、あてはなかった。シャンティー・ニラヤに残った少数だが献身的なグループは身を粉にして働き、同一のプロジェクトを末期患者、ホスピス、医療関係者のトレーニングセンター、死別者のグループなどに提供しながら、世界中の人びとを援助していた。エイズ患者のために急遽《きゅうきょ》ひらくことになった五日間のワークショップも、各地からの開催の要請が日ましにふえていった。

わたしがそう望めば、自宅などもたなくても、空港から会場へ、会場からホテルへと移動しながら、ワークショップの旅をつづけることはできた。しかし、それはしたくなかった。とくにその時期、わたしには骨やすめをする場所が必要だった。ペースを落とさなくてはと考えていたとき、ふとレーモンド・ムーディのことを思いだした。『かいまみた死後の世界』(中山善之訳、評論社)を書いたムーディとはときどき会っていたが、シェナンドーにある農場の近くの土地が売りにでていると、かれにいわれたことがあったのだ。ムーディが「ヴァージニアのスイス」といっていたことを思いだすと、矢も楯《たて》もたまらなくなった。一九八三年のなかば、一か月の講演旅行をワシントン・D・Cで終えると、ハイヤーを雇い、ヴァージニア州ハイランド郡に向けて四時間半のドライブをはじめた。

ドライバーはわたしを精神障害者だと思ったらしい。「もしわたしがその土地に惚《ほ》れこんで、買うといいだしたら、夫になったつもりで反対してね」わたしはいった。「あとで悔やむようなことはしたくないの」

しかし、ムーディの農場から二〇キロほど離れた寒村のヘッドウォーターズにさしかかったころ、その美しい土地にたいするわたしの賛美のことばをさんざん聞かされたドライバーは、約束を破ってこういった。「奥さん。あんたはこの土地を買うよ。おれにはわかる。この土地はあんたのものだ」

ときどき車をおりて、なだらかな丘陵を歩き、牧場と森のある三〇〇エーカーの土地を吟味しているうちに、ドライバーの予言が当たっているような気がしてきた。しかし、それは大事業だった。納屋や家畜小屋はこわれかかっていた。耕作地は放置されたままだった。住居も建てなければならない。それでも、農場をもつという夢はふくれあがる一方だった。手をかけて新しくなった農場の光景が浮かんできた。ヒーリングセンター、トレーニングセンター、何棟かのログハウス、いろんな種類の動物たち……そしてプライバシー。ハイランド郡がミシシッピー川の東岸地域でいちばん人口が少ないということも気に入った。

道はずれに住む古老の農民から農場の購入法を教わった。土地の風習なども聞きだした。翌朝いちばんに、スタウントン市の農場局局長と面会したときでさえ、わたしは都会の子どもたちのためのキャンプ場、子ども動物園などなど、思いつくかぎりのアイデアを語らずにはいられなかった。「奥さん、うちが知りたいのは牛の頭数、羊の頭数、馬の頭数、それに土地の総面積だけですよ」局長はいった。

翌週の一九八三年七月一日、わたしはその農場を手に入れた。その足で近所の農家にあいさつまわりをして、遠慮なくわたしの土地で牛の放牧をしてくれと告げると、大規模な開墾作業を開始した。サンディエゴから電話で作業の指示をした。一〇月のニューズレターに、わたしはこう書いている。「敷地内の建物の塗装、根菜類貯蔵室の改築、鶏舎の増築に追われています。……きれいな花壇と野菜畑もつくりました。食品貯蔵室も根菜類貯蔵室も満杯です。もう、おなかを空かしたワークショップの参加者がいつきてもだいじょうぶです」

一九八四年の春、農場はさらに新しい復活の兆しをみせはじめた。わたしは自宅として使う予定のログハウスの用地として、樫《かし》の古木が何本かそびえ立っているあたりを選んだ。そして、はじめての子羊が生まれた。合計五頭の子羊はみんな真っ黒だった。それでようやく**わたしの**農場になった。

ワークショップ会場になる予定の三つの円形の建物の工事がすすんでいるとき、わたしは事務処理をするオフィスが必要であることに気がついた。町にオフィスを借りる準備をしはじめると、ある晩、セイレムがあらわれて、必要なものをすべて思い浮かべるようにと忠告していった。暖炉のある、こぢんまりとしたログハウス、そのまえを流れる、鱒《ます》が泳ぐ清流、みわたすかぎりの緑……どうせ想像なのだと思って、ついでに滑走路もリストに加えた。空港からあまりにも遠いその土地に、滑走路ぐらいあってもいいではないか？

翌日、オフィスを探してもらっていた郵便局長の女性から、自宅にほど近いところにある瀟洒《しょうしゃ》な山荘が売りにでたことを教えられた。石づくりの暖炉がある、川のそばの山荘だという。もってこいの話だった。「ひとつだけ問題があるんです」郵便局長は、いかにも残念そうにいった。しかし、その理由はあかそうとせず、まずみてくれとしかいわなかった。わたしは断った。そして、説得のすえに、ようやくその問題とやらを聞きだすことができた。「裏手に、逃げだした馬が住んでいるんです」あいた口がふさがらなかった。わたしはその土地を買うことにした。

農場を購入してちょうど一年後の夏、一九八四年七月一日に、わたしはエスコンディードに別れを告げ、ヴァージニア州ヘッドウォーターズに移住した。息子が運転する中古のマスタングで大陸を横断した。シャンティー・ニラヤの一四人のスタッフのうち、一三人がわたしと行動をともにし、重要な仕事の続行に手を貸してくれた。だが、一年後には、その大半が去っていった。大地に親しむ生活に適応できなかったのだ。わたしはまずヒーリングセンターを完成させるつもりだったが、指導霊たちは自宅を先に仕あげろと警告しにきた。

その理由は理解できなかった。それがわかったのは、「援助をもとむ」というニューズレターの記事をみて、道具と熱意と特別な要求をもったボランティアの一団が駆けつけてきたときだった。四〇人がやってくると、そのうちの三五人の食習慣が異なっていた。乳製品を食べない人、マクロビオティック（陰陽の調和を基本とする生活法）の人、砂糖を摂らない人、チキンがだめな人、魚ならいいという人などなどである。つくづく、わが亡霊たちに感謝した。もし夜になってもプライバシーを確保する場所がなければ、わたしは荒れ狂っていたにちがいない。なにしろわたしは、たった二種類の料理――肉料理と野菜料理のつくりかたを覚えるだけで五年もかかったのだ。

農場はゆっくりと再生していった。わたしは何台ものトラクターと梱包機《こんぽう》を買った。畑は耕され、たねがまかれ、肥料がほどこされた。井戸もいくつか掘られた。いうまでもなく、片っ端から消えていくものはお金だった。収支がようやく採算点に達したのは八年後のことだった。それもかなりの羊や牛や材木が売れるようになっての話だった。しかし、土と親しむ生活は払った犠牲をおぎなってあまりあるものだった。

感謝祭の前夜、大工の棟梁《とうりょう》といっしょに釘《くぎ》を打っていたとき、とてつもないことが、

ヒーリング・ウォーターズ・ファームの入り口。
（ケネス・ロス撮影）

なにかすばらしいことが起こりそうだという、確信にも似た予感がしはじめた。夜になり、家に帰ろうとする棟梁を強引にひきとめて、コーヒーとスイスチョコレートをふるまい、なにかが起きるのを待った。棟梁はわたしの気がふれたと思いはじめた。それにもめげずに、待つだけの価値はあると説得しつづけた。案の定、深夜にふたりで雑談をしていると、とつぜん部屋があたたかい光につつまれた。棟梁は「なんだ、これは？」という顔でわたしをみた。

「待ってて」わたしはいった。

遠くの壁に、ぼんやりと人影があらわれはじめた。人影の輪郭がはっきりしてきた。

イエスだった。イエスは祝福のことばをのべて消えた。また、あらわれては消え、もう一度あらわれると、わたしをみつめて、「農場をヒーリング・ウォーターズ・ファームと名づけなさい」といった。「新たな幕あけだぞ、イザベル」

棟梁の表情は疑いをふくんでいた。「人生は驚きの連続よ」わたしはいった。

翌朝、ふたりで新鮮な空気を吸いに戸外にでた。雪がやさしく舞い降り、野原と丘と建物を白く染めあげていた。

新たな幕あけのようだった。

ヒーリング・ウォーターズに移住してから、わたしの使命感はいっそう高まっていった。しかし、本拠地をつくる以外になんの使命があるのかはわからなかった。それだけでも手いっぱいだった。旅から帰って、家の電灯をつけたとき、近所に住むポーリーンから電話がかかってきた。糖尿病と狼瘡《ろうそう》と関節炎に悩まされている天使のような女性だった。ポーリーンの「こんばんは、エリザベス。お帰りなさい。おいしいものがあるんだけど」という声を聞いて、ようやく家に帰ってきたという実感がわいた。しばらくすると、ホームメイドのプリンかアップルパイをもって、ポーリーンが戸口に姿をあらわした。近所にはポーリーンの兄弟がふたり住んでいて、たのむとどんな仕事でもよろこんでやってくれた。

アメリカでも貧しい地域のひとつといわれるそのあたりで、人びとは生活苦をかかえながらも正直に、南カリフォルニアで会った軽薄な人たちよりはずっとリアルに生きていた。わたし自身もかれらに見習って、朝から晩まで肉体労働に明け暮れ、ずっしりと手応《てごた》えのある生活をしはじめていた。アメリカ郵政の能率主義がなければ、そのままの生活がつづくはずだった。能率？　そう。能率について不平をもらしたのは、その地方ではわたしが最初だったかもしれない。

わたしがその地方に住みついたころは、ちっぽけなヘッドウォーターズ郵便局が週に一日だけ営業していた。わたしは美人の郵便局長に、営業日数をふやさなくてはならなくなるかもしれないといった。月に一万五〇〇〇通もの手紙がわたしあてにとどいていたからだ。「まあ、ようすをみましょう」と局長はいった。一か月後、郵便局は週に五日営業するようになり、遅配もなくなった。

その年の春、わたしの生活を変えることになった一通の手紙がとどいた。半分に破いた便箋《びんせん》に、短いが強烈な文章がしるされていた。

親愛なるロス先生
　エイズにかかった三歳の息子の母親です。これ以上、育てることができません。息子は食べることも飲むこともできなくなりました。先生に育ててもらうのに、お金はいくらかかりますか？

　同じような内容の手紙があいつぐようになった。なかでもドーン・プレースの手紙は、エイズ患者が直面している悲劇の典型例を伝えていた。フロリダに住むエイズ患者のドーンは、死を目前にしながら、自分の亡きあとに娘の世話をしてくれる施設を必死に探していた。娘もやはりエイズに感染していた。七つ以上の施設から拒絶され、娘を育ててくれる人がみつからないまま、ドーンは息をひきとった。インディアナ州のある母親からも、エイズ感染の赤ん坊を育ててほしいという、悲しい手紙がとどいた。手紙には「だれも息子に手をふれようともしないのです」と書かれていた。
　ボストンでエイズの赤ん坊が靴箱に入れられて死を待っているという信じがたい知らせを受けたとき、わたしの怒りは頂点に達した。その女の子は病院で、動物園の檻《おり》にも劣る箱のなかに入れられていた。病院のスタッフから毎日、たたかれ、つねられていた。信じがたいが、ほんとうの話だった。その子は人肌のあたたかさを知らなかった。抱かれたことも、あやされたことも、膝《ひざ》のうえに座ったこともなかった。二歳だったが、歩くことはおろか、這《は》うことも、しゃべることもできなかった。罪つくりな話だった。

東奔西走して、その子を養子にしてもいいという、すばらしい夫婦をみつけた。病院をおとずれたが、その子に会うことはできなかった。病院側の理由は「病気だから」というものだった。なるほど、そうだ。その子はエイズなのだ！　とどのつまり、わたしたちはマスコミに通報すると病院側を脅して、誘拐同然にその子をつれだした。幸運なことに、その子はいま、元気に思春期をむかえようとしている。

そのころから、わたしは介護も愛もなく死んでいくエイズの赤ん坊の悲惨な夢をみるようになった。その夢をみなくなったのは、内なる声に耳を澄ませ、農場にエイズ感染児のためのホスピスを建てるという指示を聞きとってからのことだった。当初の予定には入っていなかったことだったが、運命には逆らえなかった。すぐに、馬、牛、羊、孔雀《くじゃく》、ラマたちといっしょに、エイズの子どもたちが自由にふざけまわることのできる、ノアの方舟《はこぶね》のような楽園を構想しはじめた。
しかし、事態は予想外の展開になった。一九八五年六月二日、スタウントンにあるメアリー・ボールドウィン大学の大学院で講演をしたとき、二〇人のエイズ感染児を養子にむかえ、五エーカーのホスピス建設予定地で育てる計画があることを、なにげなくしゃべった。学生たちは拍手をしてくれたが、地元のテレビ局や新聞の報道したわたしの発言が周辺の住民を怒らせることになった。エイズについての無知と恐怖心から、反キリスト教主義者が死病をまき散らそうとしているという誤解が生まれたのである。

はじめのうちは、忙しすぎて周辺の騒動に気づかなかった。大学院での講演のまえに、わたしはサンフランシスコのすばらしいエイズ・ホスピスをおとずれていた。エイズ患者はそこで、いつくしみと愛による介護を受けていた。それをみているうちに、服役中のエイズ患者のことが気になりはじめた。性的虐待と風紀紊乱《びんらん》がいちじるしい刑務所に一切のサポートシステムがないことはあきらかだった。ワシントン・D・Cの当局に電話をして、野火のようにひろがっているその疫病に注意をうながし、対策をとるように忠告した。当局の反応は嘲笑《ちょうしょう》だった。「刑務所にエイズ患者はひとりもいませんよ」

「あなたが知らないだけです」わたしは食いさがった。「おおぜいいることはまちがいないわ」

「ちょっと待ってください」相手はいった。「じつは四人いましたが、もう釈放されています。ほかの患者も、みんな無罪放免ということになりました」

わたしは各地の刑務所に電話をかけつづけた。カリフォルニア州ヴァカヴィルの刑務所に電話をしたとき、内密に見学させてくれるという人と話すことができた。その人はわたしに、エイズ患者をどうあつかっていいかがわからないのだといった。そして、問題点があきらかになれば改善する用意はあると語った。それから二四時間以内に、わたしは西に向かう飛行機に乗っていた。

刑務所で目撃した光景は、わたしがいちばん恐れていた事態を裏づけていた。死に瀕《ひん》したエイズの服役者が八人いた。まともな看護もなく、独房のなかで悲惨な状態に置かれていた。歩ける人はふたりだけで、あとの人たちはベッドから起きあがる力もなかった。患者に直接聞いてみると、便器もあたえられず、水を飲むコップに排尿しては窓から捨てているということだった。

そのことだけでもじゅうぶんに悲惨だったが、実情はさらに酸鼻をきわめていた。全身が紫色のカポジ肉腫《にくしゅ》におおわれていたある男は放射線療法を受けたいと懇願した。酵母菌感染で口腔《こうこう》内が腫《は》れあがり、ものが呑《の》みこめないほどひどくなっていた別の服役者は、わたしが面会したときに嘔吐《おうと》していた。看守が運んできた昼食は激辛《げきから》ソースがかかったぱりぱりのタコスだった。「サディストとしか思えないわ」わたしは声をふるわせた。

刑務所の医師は引退したカントリー・ドクターだった。問いつめると、エイズにかんする知識は平均以下であることをみとめたが、悪びれるようすもなかった。

わたしは新聞各紙のインタビューと著書『エイズ・死ぬ瞬間』（読売新聞社科学部訳、読売新聞社）をつうじて、そこでみた悲惨な状況を公表した。それが功を奏することになった。一九八六年一二月、カリフォルニアでもっとも信頼できる仲間のボブ・アレクサンダーとナンシー・ジェイックスが、ヴァカヴィルのエイズ服役者にたいする定期的な支援活動を開始した。その努力が司法省を動かし、全米の刑務所におけるエイズ服役者の実態調査がはじまった。「山はすでに動きはじめました」一九八七年八月には、ボブがそんな楽天的な手紙をよこすようになった。

必要なのはそれだけのことだった。一〇年後、ふたたびヴァカヴィルをおとずれたわたしは、あの惨憺《さんたん》たる状況が一変して、エイズ服役者のための、じつにいきとどいたホスピスに生まれ変わっているところを目撃することになった。訓練を受けた服役者がホスピス・ワーカーとして働いていた。食事や医療体制も大幅に改善され、落ちついた音楽が流れる部屋で精神的、身体的なカウンセリングが受けられるようになっていた。プロテスタント、カトリック、ユダヤ教の聖職者が、二四時間体制で待機していた。わたしは感動のあまり、ことばもでなかった。

道理がとおった。刑務所という厳しい環境で、エイズという悲劇に苦しんでいる人たちでさえ、慈悲心によって手厚い看護が受けられるようになったのだ。

それは、愛の力が現実を変えるという事実に懐疑的な人すべてにとって、重要な教訓だった。

第Ⅳ部　鷲《わし》の巻

第35章　奉仕のゆくえ

四週間のヨーロッパ旅行はホテルと講演会場と空港との往復で終わってしまった。それだけに、もどってきた農場の目を奪うほどの美しさはたとえようのないものだった。帰宅した翌日の早朝、みずみずしい植物たちとにぎやかな動物たち、羊、牛、ラマ、鶏、七面鳥、鵞鳥《がちょう》、ロバ、アヒルなどがいる風景をこころゆくまで満喫した。畑にはさまざまな作物が豊かに実っていた。世話をする人のいないエイズの子どもたちにとって、これ以上ふさわしい環境はほかに想像できなかった。

だが、前途には大きな障害が待ちかまえていた。周辺の住民が計画を阻止しようとしていた。ひっきりなしに電話が鳴っていた。あとからあとから手紙が舞いこんできた。「エイズの子どもはよそにつれていけ」差出人の名前がないその手紙は住民の気持ちを端的にあらわしていた。「おれたちをエイズに感染させるな」

地域の人たちは大部分が「よきクリスチャン」を自称していたが、わたしにはそうはみえなかった。エイズ感染児のためのホスピスをつくるという計画を発表した直後から、ハイランド郡の人びとはそれに反対していた。エイズについての知識もないままに、恐怖だけをつのらせていた。ヨーロッパ旅行で留守にしているあいだに、以前わたしが解雇した建設労働者のひとりが戸別訪問をしてエイズにかんするデマをまき散らし、計画に反対するための請願書に署名を集めていた。その男は人びとに「あの女にエイズをもちこまれるのがいやなら、反対の署名をしよう」と訴えていた。

男の目的は首尾よくはたされた。一九八五年一〇月九日、その問題をめぐって町民集会がおこなわれた。人びとは一触即発の状態だった。夜の集会であるにもかかわらず、二九〇〇という郡の人口の半数以上がつめかけ、郡庁所在地モンタレーにある小さなメソジスト教会に入りきれないほどだった。エイズ感染児の養子計画を発表するまで、わたしは人びとからあたたかいことばをかけられ、地域の名士として敬意を払われていた。しかし、その夜、教会に入っていくと、かつては笑顔で手をふってくれた人たちが嫌悪と憎悪の表情でわたしをむかえた。ひとりでも味方につくという可能性は、その時点ですでにゼロにひとしかった。

それでも、わたしは厳しい表情を崩そうとしない群衆のまえに立ち、養子にするつもりの子どもたちについて説明をはじめた。——六か月から二歳までの「おもちゃも、愛も、太陽の光も、抱擁も、キスも、安全な環境もないままに、エイズで死のうとしている子どもたち。とても高価につく病院で、死ぬまで檻《おり》のなかに閉じこめられている子どもたち」のことを知ってほしかった。可能なかぎり正直に、こころをこめて説明した。しかし、話し終えても、石のような沈黙が返ってきただけだった。

ほかにも手は打ってあった。最初に登場したのはスタウントン保健局の熱心な局長だった。局長にはエイズにかんする事実の説明をしてもらった。冷静な人が聞けば、その特殊な感染経路の説明によって恐怖心が解消されるはずだった。つぎに登場した女性は、早産で生まれた双子の息子のひとりが輸血によってエイズに感染した前後のいきさつを報告した。双子はベッドも哺乳《ほにゅう》びんもおもちゃも共有していたが、死んだのは感染した子どもだけだった。「弟のほうは元気で、いまでも陰性です」女性は涙声でそう報告した。最後に、ヴァージニア州のある病理学者が登場し、医師として、またひとり息子をエイズで失った父親としての経験を語ってくれた。

信じられないことに、その全員が群衆から野次と暴言を浴びせかけられた。群衆の無知と憎悪にはらわたが煮えくり返る思いだった。いきり立った群衆を鎮める唯一の方法は、この土地からの立ち退きを宣言することであるのはわかっていた。しかし、わたしは敗北をみとめる気になれず、質疑応答をはじめた。
質問「あんたはイエスさまのつもりかね」
答え「いいえ、わたしはイエスじゃないわ。でも、二〇〇〇年まえの教えをまもろうとはしています。その教えとは、汝《なんじ》の隣人を愛し、助けるということです」
質問「どっかよそにいいところを探して、ホスピスとやらをつくればいいじゃないか。どうしてこの土地につくるんだ？」
答え「わたしがここに住んでいるからです。ここがわたしの仕事場なんです」
質問「まえに住んでいたところでもいいじゃないか」
集会が終わったのは真夜中近くだった。収穫はなにもなかった。残ったのは耐えがたいフラストレーションと怒りだけだった。人びとはわたしを憎んでいた。教会をでるとき、五、六人の警官がわたしたちの護衛についた。助手たち、応援の証言をしてくれた人たち、そしてわたしは、護衛つきのまま農場にひきあげた。車のなかで、わたしは助手に「なぜ警官がこんなに親切なのかしら」とつぶやいた。「冗談じゃない。親切どころか……」助手は吐き捨てるようにいった。「放っておけば、今晩、ぼくらがリンチされることを、やつらは知っているんですよ」

それ以来、わたしは格好の標的になった。町に買い物にいくと、「疫病神《やくびょう》！」という罵声《ばせい》を浴びた。毎日、脅迫電話がかかってきた。「おまえの好きなエイズのがきのように死ぬことになるぜ」農場の芝生では、極右のクー・クラックス・クランが攻撃の合図である十字架を燃やした。家の窓が銃弾で割られた。いちばん手を焼いたのは、でかけようとするたびに車のタイヤがパンクしていることだった。僻地《へきち》に住む者にとって、それは手足をもがれるにひとしいことだった。だれかがわたしのトラックにいたずらをしていることはあきらかだった。

ある晩、わたしは納屋に身を隠して、門の近くに置いたトラックをみはることにした。夜中の二時ごろ、六台のピックアップ・トラックがあらわれた。徐行しながら門のそばまでくると、一台のトラックの積み荷が門のまえに捨てられた。大量のガラスの破片と釘《くぎ》だった。負けてなるものかと奮起したわたしは、翌日、門のまえの通路に大きな穴を掘り、家畜脱出防止溝をとりつけた。その金属製の格子なら、ガラス片や釘が隙間から穴に落ちるはずだった。パンク騒動はそれで終わった。しかし、そのささやかな勝利は、ヘッドウォーターズにおけるわたしの人気もしくは不人気になんの影響ももたらさなかった。

ある日、野良仕事をしているわたしに一台のトラックが近づいてきて、男が口汚くののしっていった。スピードをあげて立ち去るトラックのバンパーには「イエスは道である」というステッカーが貼ってあった。偽善にもほどがある。むかっ腹を立てたわたしは、思わず大声で叫んでいた。「このあたりにはほんもののクリスチャンはいないの?」

一年後、わたしはたたかいを放棄した。周囲の圧力があまりにも強すぎた。住民の反感ばかりか、郡までもが使用目的不適合という理由でホスピス建設を拒否してきた。農場を売却しないかぎり、資源とエネルギーの供給が停止される恐れがあった。しかし、農場を売る気はなかった。子どもたちの到着にそなえて用意した品物が積んである寝室に入るときほどつらいことはなかった。ぬいぐるみの動物、人形、手づくりのキルト、手編みのセーターなどが山と積まれた寝室は、まるでベビー用品店のようだった。幼児用のベッドに座ってよよと泣き崩れるしかない場面だった。

だが、わたしはすぐにつぎの計画に移った。自分がエイズ感染児を養子にできないのなら、わたしほどの面倒なしにそれができる人を探せばいい。世界中にいるシャンティー・ニラヤ・ニューズレターの購読者二万五〇〇〇人をふくむ、かなりの数にのぼる支援者たちに、いっせいに呼びかけた。わたしのオフィスはたちまち養子斡旋所《あっせん》に早変わりをした。マサチューセッツ州に住むある家族が七人の感染児を養子にしてくれた。最終的に、エイズ感染児を養子にしようと申しでたこころやさしい人の数は全米で三五〇人に達した。

それればかりではない。養子にはできないが、なんらかの手伝いをしたいという人たちがたくさんいた。フリーマーケットで買い集めた古い人形を修理して、クリスマス用にと送ってくれた老婦人もいた。婦人は人生に新しい目的ができたとよろこんでいた。フロリダのある弁護士は無料の法律相談を申しでてくれた。スイスのある家族は一万フランも送ってくれた。ある女性は手紙で、わたしのワークショップで知り合ったエイズ患者を毎週、食事に招いていると、誇らしげに書いてきた。恐れを克服し、勇気をもって、死に瀕《ひん》しているエイズ患者の若者を抱きしめたという女性もいた。手紙には「かれとわたしの、どちらがより多くの祝福を受けたのかはわかりません」と書かれていた。

暴力と憎悪が横行している時代だった。そして、エイズは最大の災厄のひとつだった。それでも、わたしはすこぶるつきの善をそこにみた。そう、「善」である。わたしが面接した何万という臨死体験者たちは光のなかに入っていき、一様にこうたずねられていた。「どれだけの愛をあたえ、また受けとってきたか？　どれだけの奉仕をしてきたか」いわば、かれらには人生でいちばんむずかしい教訓、つまり無条件の愛を、どれほど学んできたのかが問われていたのである。

エイズという疫病も同じ問いを投げかけていた。エイズの周辺からは、他者を助け、愛することを学んだ人たちの物語が、あとからあとから生まれていた。全米のホスピスの数は何倍にもふえていた。家からでられないふたりのエイズ患者のために、毎日、食事を運んでいる近所の母親と子どもがいた。エイズの犠牲者を悼む無数の人たちによってつくられた巨大な「メモリアル・キルト」のプロジェクトは、アメリカはもちろん、世界でもまれな人間性にたいする偉大なモニュメントになった。もはや、こうした感動的な物語を耳にしたことがないという人がいるだろうか？　あるいは、みたこともないという人が？

ワークショップに参加したある病院の雑役係から、その病院で死に瀕していたゲイの若者の話を聞いた。若者は毎日、時間切れが迫っていることを意識しながら、なすすべもなく横たわっていた。そして、時間のあるうちに、自分を家から追いだした父親にきてほしいと願っていた。

ある夜、雑役係はひとりの老人がおびえたようすで、病院の廊下をあてもなく歩いているこに気がついた。見舞客の顔はたいがい見知っていたが、その老人はみたことがなかった。直感的にあの若者の父親だと察した。そこで、老人が若者の病室に近づいたとき、「息子さんはそこですよ」といった。

「息子なんか知らん」老人はいった。

雑役係はやさしくうなずきながら、病室のドアをそっとあけて、人がとおれるぐらいの隙間をつくった。そして「ほら、息子さんです」といった。老人はそのことばにつられるように病室のなかをのぞきこんだ。薄暗い部屋に、骸骨《がいこつ》のようにやせ細った患者が横たわっていた。思わず首をひっこめた老人は「ちがう。そんなばかな。あれは息子ではない」といった。そのとき、衰弱しきった患者が、かすれた声でいった。

「そうだよ。パパ。ぼくだ。あんたの息子だよ」

雑役係はドアを大きくあけた。父親はためらいながら部屋のなかに入っていった。しばらくベッドのそばに立ちつくしていた。そしてベッドに腰かけ、息子を抱きしめた。

父親がいつ帰ったのか、雑役係は思いだせなかった。

その日の夜中すぎに、若者は亡くなった。父親がなによりもたいせつな教訓を学んだことに満足して、若者はやすらかに息をひきとったのだった。

医学はいつかこの恐ろしい病気の治療法を発見するにちがいない。わたしはそう確信していた。しかし、それは人間としてのわたしたちを苦しめていたものがエイズによって癒《いや》されたあとのことであってほしいと、わたしは願った。

第36章　カントリー・ドクター

より平安な生活をもとめる人びとを助けるのがわたしの仕事だったが、わたし自身の生活は真のやすらぎとは無縁のように思われた。エイズ感染児を養子にするための張りつめたたたかいには、想像以上の代価を支払うことになった。そして、厳しい冬がきた。おまけに豪雨と洪水がつづき、農場に被害をもたらした。つぎに干ばつがきた。わたしたちの生命線ともいえる収穫物が台なしになった。わたしはやけっぱちになったように働きつづけた。講演、ワークショップ、募金活動、往診、病院訪問など、スケジュールはぎっしりとつまっていた。

そんなに無理をしたら病気でたおれるという友人たちの忠告を無視して、わたしは講演とワークショップの過密な予定がくまれたヨーロッパ旅行に出発した。よく働いた自分への褒美として、最後の二日間だけオフをもらい、スイスにいる姉のエヴァを訪問することにした。姉の家に着いたときは疲れきっていた。顔色もひどく、横にならずにはいられなかった。つぎの予定地のモントリオール行きをキャンセルして、ゆっくりしていきなさいと、姉は懇願するようにいった。

キャンセルはできなかったが、スイスでの二日間はせいいっぱいたのしむことにきめた。エヴァが高級レストランで家族のパーティーをひらいてくれた。家族が一堂に会することはめったになかったので、お祭りのようなにぎやかさになった。「家族はこうでなくっちゃ」わたしはいった。「みんなが生きているうちに祝っておくべきよ」

「そのとおりね」エヴァがいった。

「たぶん将来は、だれかが人生を卒業したら、みんなで祝うようになると思う。人が死んで泣きわめいたり、ばかげた儀式をやるなんてことはなくなると思うわ」わたしはつづけた。「悼んで泣くんだったら、だれかが生まれてきたときに泣くべきよ。またこの愚劣な人生を最初からぜんぶやりなおさなくちゃならないんだから」

それから二四時間後、寝る支度をしながら、わたしは姉に「あしたの朝は食事も用意しないでね」といった。コーヒーを飲んで、煙草を喫ってから、空港に向かう。それでじゅうぶんだった。翌朝、目ざまし時計で起き、階下のダイニングルームに降りた。エヴァはとっくに起きていて、食事の準備をしていた。テーブルには自慢の白いクロスが敷かれ、センターピースには美しい花が飾られていた。コーヒーを飲もうとして椅子に座り、エヴァに「かまうな」と文句をいおうとしたとき、だれもが恐れていたことが起こった。

打ちつづいたストレスと俗務、過密スケジュールの旅行、コーヒー、煙草、チョコレート――そのすべて――が、とつぜん、わたしの襟首をつかんだ。沈んでいくような、奇妙な感覚に襲われた。からだの力が一気にぬけた。周囲のものすべてが渦巻きはじめた。意識から姉が消え、身動きができなくなった。それでも、なにが起ころうとしているのかは正確にわかっていた。

このまま死ぬ。

瞬時にそう思った。最期の瞬間をむかえる無数の人たちを助けてきたわたし自身に、ついに死がおとずれようとしていた。前夜、レストランで姉に語った自分のことばが、予言のように思われた。少なくとも、わたしは祝福とともに逝こうとしていた。農場の風景がよぎった。収穫の時期をむかえた野菜たち、牛、豚、羊たち、そして動物の赤ん坊たち。それからエヴァの顔をみた。エヴァは正面に座っていた。仕事のことでも、ヨーロッパ旅行でも、農場のことでも、エヴァはいつもわたしの味方になってくれた。死ぬまえにエヴァになにかお返しがしたいと思った。

その余裕はありそうもなかった。たとえば冠動脈の閉塞《へいそく》なら秒単位で死ぬ可能性もあった。そのとき、いいことを思いついた。

「エヴァ、わたし、死ぬわ」そういった。「お別れに、プレゼントをあげたいの。これから、患者の視点で、死ぬときは実際にどんな感じなのかを実況する。こころづくしの贈り物よ。だって、いままでだれもそんなことしてないから」

エヴァがなにかをいいだすまえに——すでに姉の顔はみえなかったが——、わたしは身に起こっていることを正確に、詳細に報告しはじめた。「まず、爪先《つまさき》からはじまった。爪先がお湯につかっているような感じ。しびれるような、でも、鎮静的な感じ」自分のしゃべる声が、競馬中継のアナウンサーみたいに、どんどん早くなっていくように聞こえた。「それが上昇してきて、脚にひろがり、いまは腰のあたりを通過した」

「恐怖は感じない。思っていたとおりの感覚。快感よ。とても気持ちがいい」

わたしは起こっている変化の速いペースについていこうと必死になっていた。

「からだの外側にいる」わたしはつづけた。「後悔することはないわ。ケネスとバーバラに、さよならっていってね」

「ただ愛しなさいって」

残り時間はもう、一秒か二秒しかないという気がした。猛スピードでスキーのジャンプ台を滑降して、いよいよ飛び立つ寸前のようだった。行く手にまぶしい光がみえた。両腕をのばし、まっすぐ光の中心部に飛びこんでいく体勢をとった。いきおいをつけ、コントロールをたもつために腰を落とす、競技スキーの姿勢はからだが覚えていた。意識は明瞭《めいりょう》だった。最後の荘厳な瞬間がおとずれたことがわかった。その啓示的な一瞬一瞬を享受していた。「いよいよ卒業だわ」わたしは姉にそういった。そして、目のまえの光をまっすぐにみつめた。ぐいぐいひっぱられる感じだった。気がつくと両腕を大きくひろげていた。「いくわよ！」わたしは叫んだ。

つぎに気がつくと、エヴァのダイニングテーブルのうえに横たわっていた。高級な白いテーブルクロスにコーヒーの大きな染みができていた。きれいに活けてあった花があたり一面に散乱していた。もっと悪いことに、エヴァが茫然《ぼうぜん》自失していた。気が動転した姉は、わけもわからずにわたしをテーブルのうえにひきずりあげていた。そして、救急車を呼ぶのも忘れていたことを詫《わ》びた。「ばかなこと、いわないで」わたしはいった。「救急車なんか呼ぶ必要はないわ。離陸に失敗したんだもの。また、もどってきちゃった」

エヴァが「なにかしなくちゃ」といい立てるので、「空港まで送って」とたのんだ。良識に反する、とエヴァが逡巡《しゅんじゅん》した。「良識なんて地獄に堕《お》ちればいいのよ」わたしは笑いとばした。空港に向かう車のなかで、わたしがあげた贈り物についてたずねてみた。死ぬ人の視点から伝えた離陸の実況報告をどう聞いたかが知りたかったのだ。エヴァは返答に窮したようすだった。わたしがおかしくなり、すでに飛行機に乗ったと錯覚しているのではないかと疑っていたのかもしれない。エヴァに聞こえたのは、「わたし、死ぬわ」と「いくわよ」だけだった。カップや皿が割れる音を除けば、そのあいだは完全な静寂だったらしい。

三日後、わたしはその症状が心臓の軽い細動だったと自己診断した。あるいは別の病名がつけられたかもしれないが、いずれにせよ深刻なものではなかった。勝手に問題なしと宣言した。しかし、問題はあった。一九八八年の夏の干ばつは深刻だった。記録的な熱波がつづくなかで、わたしはヒーリングセンターに使う円形建築のしあげを監督し、またヨーロッパで講演し、六二歳の誕生日に、エイズ感染児を養子にした家族のための盛大なパーティーをひらいた。七月も終わるころに、疲労は極限に達していた。

それも無視して働いた。八月六日、オーストラリアからきていた女医のアンと、ナースで元助手のシャーロットを乗せて、わたしは農場のうえの急な下り坂を運転していた。とつぜん、あたまがぎゅっと縮むような感じがした。針で刺されたような痛みが起こり、電気にふれたようなしびれが右半身に走った。左手であたまをおさえ、強く圧迫した。右半身の力がじょじょにぬけていき、麻痺《まひ》してきた。助手席にいたアンのほうを向いて、わたしは静かな声でいった。「いま、脳出血が起こったわ」

三人とも、一瞬だけ黙りこんだ。しかし、だれひとり狼狽《ろうばい》はしなかった。その三人以上に冷静で有能な女性をみつけるのはむずかしいほどだった。なんとかごまかしながら坂道を運転していき、農場に着いてブレーキを踏んだ。「どんな状態？　エリザベス」ふたりがたずねた。正直なところ、わからなかった。そのころには、すでに発話が困難になっていた。舌がもつれて、唇がぼろ雑巾《ぞうきん》のように垂れさがった感じだった。右腕が自由にならなかった。

「病院にいかなくちゃ」アンがいった。

「たわごとを」もつれる舌で、わたしはかろうじてそういった。「脳卒中にどんな手を打つというの？　連中は手をこまねくだけよ」

といったものの、最低限、基本的な検査が必要だと考えなおし、ヴァージニア大学メディカルセンターに運んでもらった。夕食をつくるつもりが、一転して、救命救急室に寝かされることになった。その部屋でコーヒーと煙草を要求した患者はわたしだけだった。病院がほどこしてくれた最高の配慮は、煙草をやめなければ入院を拒否するという医師をよこすことだった。「やめないわ！」わたしはにべもなくいった。医師は偉そうに腕を組み、自己の正当性を誇示していた。その医師が脳卒中病棟の科長だとは知らなかった。科長だとしても事情は変わらなかった。「わたしの人生よ」そういってやった。

笑いながらふたりの口論を聞いていた若い医師が、「最近、脳卒中病棟にきた大学のお偉方の奥さんがいましてね。コネを使って入った個室で煙草を喫ってるようですよ」といった。「ルームメイトが入ってもいいかどうか、その人に聞いてちょうだい」わたしはいった。大学幹部夫人は仲間がふえてよろこんでいた。知的でとても愉快な七一歳のルームメイトとわたしは、ドアを閉めて煙草に火をつけた。ふたりともいたずら盛りのティーンエイジャーのようだった。廊下に足音が聞こえると、わたしが合図を送り、煙草をもみ消した。

わたしも理想的な患者ではなかったが、受けた治療も理想的とはいえなかった。まともな生活歴や病歴をとった医師はひとりもいなかった。完全な精密検査もしなかった。毎晩、一時間おきにナースがやってきて、わたしの目に懐中電灯の光を直接あて、「眠ってますか？」と聞いた。「眠れやしないわ」わたしは不平がましくいった。退院の前夜、ナースに「どうせ起こすんなら音楽で起こして」とたのんだ。「できません」ナースが答えた。「じゃ、口笛は？　歌を歌ってもいい」そう提案した。「それもできません」

病院で聞いたのはその返事だけだった。「それはできません」

うんざりだった。入院三日目の朝八時、わたしは――ルームメイトをしたがえて――よろよろとナースステーションに向かい、退院を宣言した。「それはできません」ナースたちがいった。

「本気なの？」わたしはいった。

「でも、できないんです」

「わたしは医師ですよ」

「いいえ、あなたは患者さんです」

「患者にも権利があるわ」わたしはいった。「書類にサインします」

農場にもどると、わたしは急速に回復していった。そのペースは入院しているときよりも早いはずだった。夜もぐっすり眠れ、食事もいいものを食べた。自己流のリハビリ計画を立てた。毎朝、着がえるとすぐに農場の裏手にある大きな丘に向かった。巨大な木や岩の陰に熊や蛇が隠れているような、手つかずの野生が残っているところだった。両手と両膝《ひざ》を使い、痛みをこらえながら、ゆっくりと、丘の道を四つん這《ば》いになってのぼった。一週間もたつと、まだ不安定ではあったが、つえを使って立てるようになった。丘の頂にのぼるたびに、大声でヨーデルを歌った。それがいい運動になった。調子っぱずれのヨーデルに恐れをなして野生動物が近づいてこないという利点もあった。

主治医の悲観的な予後を裏切って、一か月後には歩くこともしゃべることもできるようになった。幸いなことに、脳の出血は「軽い」もので、わたしはまた庭仕事、畑仕事、執筆、料理、旅行など、以前と同じような生活をはじめた。減速しろというメッセージは忘れていなかった。だが、人間がまるくなったわけではなさそうだった。一〇月、入院していた病院の医師を対象にした講演で、二か月まえの、自分の判断で退院したときの経験にふれた。「あなたたちが治してくれたんです」わたしは冗談めかしてそう強調した。「わずか二日で、あなたたちは入院を希望するというわたしの病気を治してくれました。入院はほんとうに緊急なときでたくさん！」

一九八九年の夏、わたしははじめての収穫に目を細めていた。六年まえに農場を購入し、五年間、苦労したすえに、重労働の成果として、ようやく果物と野菜を味わうことができたのだ。蒔《ま》いたたねは刈れという聖書のことばはほんとうだった。すべてのものが色づきはじめる初秋、収穫物の缶づめや保存加工という退屈な作業を終え、温室で翌年用のたねの発芽作業をはじめた。土に親しむ時間が長くなると、母なる大地への感謝の気持ちがかつてないほど深まり、同時に、ホピ（北アメリカの先住民）の予言やヨハネの黙示録にたいする関心が深まっていることに気づいた。わたしは世界の未来を憂えていた。新聞やＣＮＮが伝えているように、世界は恐ろしい様相を呈していた。わたしは、まもなく地球に破滅的なことが起こると警告する人たちのことばに耳をかたむけるようになった。そうした悲劇を避けるための思想やアイデアを、毎日、日記に書きつらねた。「もし人間が、**あらゆる**生き物を、よろこびとたのしみのために創造された、神からの贈り物としてみなし、それらを愛し、それらに敬意を払い、つぎの世代のためにそれらをたいせつに保護し、同じ配慮を自分自身にも払うようになれば――未来は**恐れるものではなく、**宝のようなものになるだろう」

残念ながら、何冊もの日記はぜんぶ焼失してしまった。しかし、まだ覚えているものもある。

・今日は昨日したことに、明日は今日することによって左右される。
・今日一日、自分を愛したか？
・花を敬い、花に感謝したか？　小鳥をいつくしんだか？　よろこびをもって山をみあげ、畏怖《いふ》を感じたか？

からだに疼《うず》きを感じる、ますます短気になるなど、自分の年齢を意識せずにはいられなくなるときもあった。だが、ワークショップでいのちの大いなる謎について考えをめぐらせているときなど、わたしは四〇年以上もむかしの、カントリー・ドクターになってはじめての往診に向かったあの日のままの、若さと生命力と希望を感じていた。いちばんすぐれた医学はもっとも単純な医学である。「みんなで自分を愛すること、自分をゆるすこと、いつくしむこと、理解することを身につけましょう」ワークショップの終わりに、わたしはいつもそう訴えた。それはわたしのすべての知識と経験の要約だった。「そうすれば、その贈り物をほかの人たちにあたえることができるようになります。人を癒《いや》すことによって、母なる大地を癒すこともできるのです」

第37章　卒　業

七年の労働と苦闘と涙のすえに、だれに恥じることなく祝賀行事が開催できる幸福をかみしめることになった。一九九〇年七月の晴れわたったある日、わたしは「エリザベス・キューブラー・ロス・センター」のオープニング式典をながめていた。そのセンターはじつは、二〇年もまえに、衝動的に農場をもとうと思った瞬間にはじまっていた。そして、施設の多くがすでにさまざまなワークショップに使われてはいたが、その建設工事のすべてが、ついに完成したのである。

センターの高台に立ち、研修会場や山荘、敷地の隅ではためいているスイスの国旗などをみつめながら、わたしは夢をみているような思いにとらわれていた。夢は離婚の苦しみに耐え、サンディエゴ時代にはじめた「シャンティー・ニラヤ」ではずみをつけ、Bへの信頼の危機と地元住民とのたたかいを奇蹟《きせき》的にかいくぐって、ようやくその日の行事へとたどり着いたのだ。住民の一部は、いまだに「エイズ好きのばあさん」がつぎのバスで町からでていくことを望んでいた。

旧友のムワリム・イマラによる感動的な祝福の祈禱《きとう》が終わり、ゴスペルとカントリー音楽がはじまった。アラスカから、ニュージーランドから、遠路はるばる駆けつけてくれた五〇〇人の友人たちにホームメイドの料理がふるまわれた。わたしの家族も、かつての患者たちも顔を揃えた。運命にたいする信仰を新たにしてくれた、すばらしい一日だった。わたしといのちのふれあいをもったすべての人が祝賀会に参加できたわけではなかったが、わたしはその二か月まえに、当日参加できなかった人たちすべての気持ちを代表するような一通の忘れが

ヴァージニア州にあるヒーリング・ウォーターズ・ファームの開所式で歌うエリザベス（中央）と友人たち。（ケネス・ロス撮影）

たい手紙を受けとっていた。わたしにつくづく果報者だと思わせてくれた手紙だった。

親愛なるエリザベス

きょうは母の日です。この四年間で、きょうほど希望にあふれている日はありません！　きのう、ヴァージニアの「生、死、移行」ワークショップから帰ってきたばかりですが、ワークショップの成果のほどをどうしてもお伝えしたくて筆をとりました。

じつは三年半まえに、六歳の娘、ケイティを脳腫瘍《しゅよう》で亡くしました。妹が『ダギーの手紙』の本を送ってくれたのはその直後のことでした。その小冊子に書かれたあなたのことばに深い感動を覚えました。さなぎと蝶《ちょう》のメッセージが、わたしに希望をあたえつづけてくれたのです。そして先週の木曜日、あなたのメッセージを直接聞くという得がたい機会にめぐまれました。あのワークショップをひらき、あなた自身をわたしたちと分かちあってくださったことに感謝しています。

あの一週間に受けた贈り物のすべてについて書けるほど、こころの整理はできていませんが、娘の生と死から得た贈り物についてなら多少書けそうです。娘の

ヴァージニアの農場にて。1991年。
（ケネス・ロス撮影）

生と死について理解を深めることができたのは、すべてあなたのおかげです。娘とは六年間、特別なきずなで結ばれていましたが、そのきずなをいちばんはっきり感じたのは娘の病気と死をつうじてのことでした。娘の死からはほんとうに多くのことを学びました。そしていまでも、娘はわたしの教師なのです。

脳幹に悪性腫瘍がみつかったケイティは、九か月の闘病生活ののち、一九八六年に亡くなりました。発病から五か月後には歩くこともしゃべることもできなくなりました。でも、意思の疎通はできました。半昏睡《こんすい》状態の娘と「話ができる」というと、みんなは「まさか」という反応わたしたちが意思の疎通をつづけていたことはたしかです。わたしたち夫婦は「家で死なせてやりたい」と無理なお願いをして娘を退院させ、亡くなる二週間まえには娘を海にもつれていきました。海での生活は、わたしたち一族にとって、たいせつな一週間になりました。同行した幼い姪《めい》や甥《おい》たちは、その一週間で、生と死にたいして多くのことを学びました。子どもたちはケイティをいたわり、励ましたことを、いつまでも覚えていることでしょう。

海から帰ってきて一週間後に、娘は亡くなりました。その日もいつもと同じように、食事と薬をあたえ、からだを拭《ふ》き、話しかけることからはじまりました。一〇歳になる姉のジェニーが学校にでかけるとき、ケイティがなにか声をだしました(何か月ぶりかのことです)。学校にいってしまうまえに、ジェニーに「さよなら」をいったのだと思います。ケイティがとても疲れているようすだったので、わたしは「きょうはもう動かさないからね」と約束しました。そして、話しかけ、怖がらないようにいいました。わたしがそばにいるからだいじょうぶよ、といったのです。わたしのためにがんばって生きようとしなくてもいいのよ、ともいいました。死んでも怖いことはなにもないし、二年まえに亡くなったおじいちゃんのように、愛してくれていた人たちがみんなむかえにきてくれるということも伝えました。会えなくなるのは寂しいけれど、ママはだいじょうぶだから、ともいいました。

それから、リビングルームに寝かせたケイティのそばに座っていました。午後になって、ジェニーが帰ってきました。ケイティに「ただいま」といって、自分の部屋で宿題をはじめました。なんとなく、からだをきれいにしてやりたいという気がしはじめ、漏れが起こっていた食事用のチューブを清掃しました。ふとみると、ケイティの唇が白くなっていました。二回、息をして、そのまま息がとまりました。声をかけると、まばたきを二回しました。そして逝ったのです。抱いてやることしかできないことはわかっていました。そっと抱いてやりました。悲しみを感じていましたが、こころはとてもおだやかでした。やりかたはわかっていましたが、人工呼吸をしようとは考えませんでした。そう考えなかった理由を教えてくださったあなたに感謝します。娘のいのちは終わるべくして終わったのだということ、娘はわたしのところにきて、学ぶべきことをすべて学び、教えるべきことをすべて教え終わったのだということを、あなたが教えてくださいました。いまわたしは、娘が生きているとき、そして死ぬときに、いかに多くを教えてくれたのか、それを理解しようとしています。

娘が亡くなった直後から、なにかエネルギーの高まりのようなものを感じはじめ、それを書きたいという衝動にかられました。何日間も書きつづけました。そして、書いても書いても疲れない自分のエネルギーの大きさと、受けとったメッセージの内容に驚かされています。自分の人生には使命がある、手を差しのべ、いのちとはなにかを人びとに伝える使命があるというメッセージが、あふれるようにわいてくるのです。「わたしたちみんながそうであるように、ケイティも永遠に生きている。もっとも価値のあるものの本質は、みんなで分かちあわなければならない。愛すること、分かちあうこと、他のいのちを豊かにすること、手をふれ、ふれられること――それ以上に価値あることが存在するだろうか?」

というわけで、ケイティの死後、わたしは新しい生活をはじめました。カウンセリングの勉強をはじめ、一二月に資格をとって、エイズの人たちのカウンセラーになりました。……そして、ケイティとの霊的なきずな、神との霊的なきずなにたいする理解がどんどん深まっています。

ケイティが亡くなって半年ほどたったときにみた夢についてもお伝えしたいと思います。とてもなまなましい夢で、目がさめたとき、とてもたいせつな夢であったことがわかりました。先週の木曜日に聞いたあなたのことばは、その夢にまた新しい意味をあたえてくれました。

歩いていると、川にぶつかって、いきどまりになりました。どうしても向こう岸までいかなくてはならないと思いました。ふとみると、小さな橋がかかっていました。夫がいっしょにいました。夫はわたしのあとについて橋をわたりはじめましたが、とちゅうでわたれなくなり、わたしが抱きあげてわたりました。向こう岸に着くと、山荘がみえました。入っていくと、なかには子どもがたくさんいました。子どもたちは胸に名札と顔写真をつけていました。ケイティがいました。そこにいるのは死んだ子どもばかりだということ、わたしたちは短時間の訪問をゆるされたのだということがわかりました。ケイティのそばにいき、抱いてもいいかとたずねました。ケイティは「いいわ。少しならいっしょに遊べる。でも、いっしょには帰れないの」といいました。わたしは「わかってるわ」と答えました。しばらくいっしょにいて、帰りました。

目がさめたとき、その晩はずっとケイティのそばにいたという、はっきりとした実感がありました。いまでもそう実感しています。

愛をこめて、M・P

第38章　マニーの合図

事実から目をそむけることはできなかった。わたしは殺人者の群れにかこまれていた。人間にたいする、もっとも重い罪を犯した人たちである。いまさら逃げだす出口もなかった。わたしたちはスコットランドのエディンバラにある、もっとも警備の厳しい刑務所のなかにいた。そしてわたしは、受刑者たちに告白を迫っていた。――どんなに残虐な罪を犯した人たちであれ、罪の告白を迫っていたわけではなかった。そうではなく、告白してほしかったのは、罪よりもっと不幸な、もっと苦しいなにかだった。わたしは受刑者たちに殺人を犯す原因となった、内なる痛みの存在をみとめてほしかったのだ。

たしかに、それは刑務所の改善法としては風変わりなものだった。しかし、凶悪な犯罪にいたる動機を形成したトラウマがことばなどの表現によって外面化されないかぎり、たとえ終身刑を宣告しても殺人者を変える助けにはならないと、わたしは信じていた。それがわたしのワークショップを支える原理だった。一九九一年、わたしは欧米の各刑務所にたいして、獄中でのワークショップ開催を提案した。その提案に付帯する風変わりな条件に同意したのは、スコットランドの刑務所ただ一か所だった。受刑者と刑務所スタッフの両方が参加すること、というのがその条件だった。

うまくいくか？　経験からいえば、成功を疑う余地はなかった。一週間、わたしたちは刑務所のなかで暮らした。受刑者と同じ食事を食べ、同じ冷水でシャワーを浴び（シャワーだけは、わたしは敬遠した。寒い小部屋で凍えながら冷水を浴びるぐらいなら死んだほうがましだった）、同じ鉄格子のなかの、同じ堅いベッドで眠った。一日目、ほとんどの男たちが投獄されるにいたった悪行を語り終えたころには、もっとも狷介《けんかい》な男の目にも涙が浮かんでいた。一週間をつうじて、受刑者の大半が性的、情緒的な虐待によって傷ついた幼児期の物語を披瀝《ひれき》した。

だが、心情を吐露したのは受刑者だけではなかった。受刑者と看守のまえで、やせぎすな女性刑務所長が秘密にしていた幼少時の体験を告白すると、とつぜん、グループ全体のなかに親密なきずなが生まれた。立場のちがいを乗りこえて、たがいにたいする真のいつくしみ、共感、愛が生まれたのである。一週間が終わるころ、かれらはわたしがずっとまえに発見したこと――ほんものの兄弟姉妹のように、だれもが苦しみによって結ばれ、辛苦に耐えて成長するためだけに存在しているのだということに気づいていた。

受刑者たちが鉄格子のなかでも十全な人生を送れるのだということに気づき、やすらぎのひとときを得ていたころ、わたしはスイス以外ではじめて味わったすばらしいスイス料理でもてなされ、スコットランド伝統のバグパイプ演奏による別れの曲に感動していた。受刑者が獄中でそんな音楽を聞いたのは、そのときがはじめてだったらしい。こうしたワークショップは信じられないほど実り多いものだったが、残念ながらその機会はめったにおとずれなかった。癒《いや》しにたいしてまったく関心が払われていない超満員のアメリカの刑務所でも、同じようなプログラムがおこなわれるようになることを、わたしは痛切に願った。

人びとはそのような目標をあざ笑い、非現実的だというだろう。だが、もっと非現実的にみえた目標が実現した例はほかにいくらでもあった。現実を変えることに身を挺《てい》した人たちがそれを実現したのである。そのもっともいい例は南アフリカだ。そこでは多民族共存をかかげる民主主義が、いまや、アパルトヘイトという旧弊な抑圧体制にとって代わろうとしている。

わたしは長年、南アフリカでのワークショップ開催要請を丁重に断ってきた。黒人と白人の両方が参加することという条件が保証されなかったからだ。ところが、アフリカ国民会議の指導者、ネルソン・マンデラが刑務所から釈放されて二年後の一九九二年、ひとつ屋根のしたでの人種混合を保証するという約束がとりつけられ、南アではじめてのワークショップをおこなうことになった。五五年まえ、その人にあこがれて医者になる決意をしたアルベルト・シュヴァイツァーのような僻地《へきち》診療ではなかったが、それでもわたしは長年の夢をようやくかなえようとしていた。

相違ではなく相似にもとづく人間性の理解をもたらすことに成功したそのワークショップは、大きな功績として語り継がれることになった。わたしは六六歳にして、世界の全大陸でワークショップを開催したことになった。ワークショップのあと、多民族共存政府への平和的移行を訴えるデモ行進に参加した。しかし、ヨハネスブルクにいようとシカゴにいようと、わたしには大したちがいに思えなかった。なぜならば、すべての運命はけっきょくのところ、成長、愛、奉仕という、同じひとつの道につうじているからだった。南アフリカでの経験は、すでに到達していた認識を強化してく

キューブラー・ロス一家。1988年頃。左からケネス、マニー、バーバラ、エリザベス。(ケネス・ロス撮影)

れただけにすぎない。

しかし、また別れという悲しいできごとがやってきた。その年の秋、すでに心臓のバイパス手術を三度おこなっていたマニーがまた発作を起こし、急激な衰弱を呈していた。もっとも楽天的な予後が「不確実」という状態のままシカゴで厳しい冬をすごす危険を避けて、マニーは気候のいいアリゾナ州に転地することにきめ、一〇月、スコッツデールの友人の家に移った。マニーはそこでの暮らしが気に入っていた。離婚にまつわるこだわりもとうに消えていたわたしは、時間がゆるすかぎりそこに立ち寄り、料理をつくっては冷蔵庫をいっぱいにして帰った。マニーはわたしのスイス料理には目がなかった。わたしは最高のナースだった。

腎《じん》機能が低下しはじめ、入院を余儀なくされた数週間は予想外のできごとだった。ひどく衰弱はしていたが、子どもたちといっしょにシカゴの家につれて帰ると、マニーの気分はかなりよくなった。マニーが亡くなるほんの数日まえ、わたしはロサンゼルスで開催されるホスピス協議会への出席をひかえていた。死に瀕《ひん》した患者には残された時間を正確に把握する洞察力があることを知っていたわたしは、出席をとりやめようと思った。だがマニーは、別の家族との私的な時間をもちたいといった。「わかったわ。それじゃ、いってくる」わたしはいった。「終わったらすぐ帰りますから」

空港に向かって出発する三〇分まえ、わたしがカリフォルニアにいるあいだに万一のことがあった場合にそなえて、マニーと約束しておきたいと思った。死後の生にかんするわたしの研究結果が正しかったと判断したら、死んだあとにマニーから合図をしてほしいとたのんだ。正しくなかったと判断したら、なにもしなくていい。わたしは自分の研究をつづけるだけだ。マニーは当惑して、「どんな合図をすればいいいんだ」といった。「なにか型破りの合図よ」わたしはいった。「よくわからないけど、あなたからしかくるはずがないとわかるような、なんらかの合図だわ」マニーは疲労が激しく、気分もよくないようだった。「同意の握手をしてくれるまでは、ここを離れないわよ」わたしはせきたてた。マニーは少し考えてから同意し、わたしは意気揚々と出発した。マニーとはそれが今生の別れとなった。

その日の午後、ケネスがマニーを食料品店につれていった。退院してから三週間ぶりの外出だった。その帰り道、マニーは花屋に寄って茎の長い赤い薔薇《ばら》を一二本買うと、翌日に誕生日をむかえるバーバラあてに配送をたのんだ。それからケネスはマニーを家まで送りとどけた。ケネスが食料品を冷蔵庫に入れているとき、マニーはベッドに横になった。そのあと、ケネスは自分の家にひき返した。

一時間後、ケネスが夕食の準備のためにもどってきた。マニーがベッドのうえで死んでいた。午睡のさなかに息をひきとったのである。

その日の夜遅く、ホテルの部屋にもどったわたしは、メッセージがあることを知らせる電話機の赤いランプの点滅に気がついた。ケネスは何度もわたしにメッセージを残していたが、ようやく連絡がとれたのは夜中になってからだった。ケネスはシアト

バーバラとマニー。1991年。
（ケネス・ロス撮影）

ルにいるバーバラにも連絡をした。仕事から帰って知らせを受けたバーバラは、夜どおしケネスと電話で話をした。

翌朝、親族への連絡をすませたバーバラは犬の散歩にでた。家にもどると、戸口のあがり段に、マニーから贈られた一二本の赤い薔薇が配達されていた。その薔薇に、早朝から降っていた雪が積もっていた。

シカゴでおこなわれたマニーの葬儀のときまで、わたしはその薔薇のことを知らなかった。マニーとの和解もすませ、マニーが苦しみから解放されたことも知っていたわたしは、おだやかな心境だった。参列者が墓地に集まったとき、雪がいちだんと激しく降りだした。ふとみると、墓石のまわりの地面に一二本の薔薇が散らばっていた。薔薇がこのまま雪に埋もれていくのはみるにしのびなかった。そこで、その大輪の薔薇をひろいあげ、すっかりとり乱しているマニーの友人たちに差しだした。ひとりに一本ずつわたした。最後の一本はバーバラにわたした。バーバラはパパのお気に入りだった。ふと、バーバラが一〇歳ぐらいのときにマニーと交わした会話を思いだした。わたしの死後のいのちにかんする学説をめぐって議論をしていたときだった。議論のとちゅうでバーバラのほうをふり向くと、マニーはこういったのだ。「わかった。もしママの考えがほんとうだというのなら、パパが死んだあとに最初に降る雪の日に、雪のなかから赤い薔薇の花を咲かせてみせると誓ってもいい」長いあいだ、その誓約は家族だけにつうじるジョークになっていたが、いまや、それがほんとうになったのだ。

わたしはよろこびでいっぱいになった。思わず笑みがこぼれた。空をみあげた。灰色の空からは大粒の雪が渦を巻きながら降りそそいでいた。それが祝福の紙吹雪のようにみえた。マニーがその向こうにいた。あぁ、マニーとバーバラ。わたしの偉大なふたりの懐疑論者たち。ふたりはともに笑いあっていた。そして、わたしも笑った。

「ありがとう」マニーをみあげながら、わたしはいった。「確認してくれて、ありがとう」

第39章　よみがえる蝶《ちょう》

　喪失の対処法にかんする専門家として、わたしはなにかを喪失した人が経験する心理状態の変化を研究し、それぞれの段階を定義していた。怒り、否定、取引、抑うつ、受容の五段階論である。一九九四年一〇月、あの底冷えのする夜に、ボルティモアから帰ってきて愛するわが家が炎につつまれているのを目撃したわたしも、その五つの段階を順次、経験した。そして、自分でも驚くほどすばやく受容の段階に到達した。

「つぎはどうすればいいのかしら」わたしは息子のケネスにたずねた。

　家は火事の発生から一二時間たっても、前夜、「ヒーリング・ウォーターズ」の道標があるあたりから、漆黒の闇に不気味なオレンジ色の炎があがっているのを最初にみたときと変わらないいきおいで燃え盛っていた。そのころ、わたしは自分の祝福を数えていた。まず思ったのは、二〇人のエイズ感染児をこの家につれてこなくてよかったということだった。なんと運がいいのだろう、とわたしは思った。自分自身もけがややけどをしなかった。家財の焼失はこたえたが、これはいってみても詮《せん》ないことだった。父が保管してくれていたアルバムと日記帳の束が焼失した。家具も什器《じゅうき》も衣類も焼失した。それに、人生を変えるほどの衝撃を受けたポーランド旅行のあいだに書きつけていた日誌。マイダネックで撮った写真。セイレムやペドロとの会話のすべてを細かく記録した、二五冊にのぼるノートもなくした。何千、何万ページにのぼる研究記録、ノート、メモも消えた。霊たちを撮った写真もふくめ、すべての写真、書籍、書簡類が灰燼《かいじん》に帰した。

その日は、災厄に打ちのめされ、一種のショック状態にあった。座って、煙草を喫うこと以外になにもできないまま、一日が終わった。二日目の朝にはショックから立ち直っていた。前夜よりはずっと落ちつき、現実的になっていた。これからどうする? あきらめるか? ノー。「これは成長の機会なんだよ」わたしは自分にいい聞かせた。「すべてが完璧《かんぺき》だったら、成長なんかできっこない。苦しみは、人が成長するために天があたえた贈り物であり、ちゃんと目的があるんだ」

では、その目的とは? 再建の可能性は? 損害の程度をしらべてから、ケネスに計画を打ちあけた。わたしは再建するつもりだった。灰のなかから立ちあがる気になっていた。「これは祝福よ」わたしは宣言した。「もう荷づくりをする必要もない。わたしは自由だわ。再建が終わったら、一年の半分をアフリカで、半分をここですごすことにする」

ケネスがわたしの精神状態を疑っていたことはたしかだった。

「再建はさせない」断固とした口調でケネスがいった。「つぎは撃ち殺されるよ」

「たぶん、そうね」わたしはいった。「でも、それはあの人たちの問題だわ」

息子は自分の問題でもあると考えていた。それから三日間、農場の作業小屋に寝泊まりしながら、わたしはケネスに夢を語りつづけた。ある日の午後、ケネスは車で町にでかけた。わたしの下着、靴下、ジーンズなど、当座必要なものを買ってくるといっていた。帰ってきたとき、車には火災報知器、煙検知器、消火器など、考えられるかぎりの非常事態にそなえる機器類が積まれていた。しかし、それでケネスの懸念が解消したわけではなかった。ケネスの意向ははっきりしていた。「ママがここでひとりで住むのは反対。以上」である。

ロブスター料理を食べにいこうと誘われて町につれていかれたとき、ケネスがなにをたくらんでいるのかは読めなかった。誘われたらまず断れない、わたしの数少ない弱点のひとつがロブスターだった。だが、車はレストランを通過して空港に向かい、けっきょくフェニックス行きの飛行機に乗るはめになった。ケネスは父親のあとを追うようにして、すでにスコッツデールに移っていた。こんどはわたしを呼び寄せようという魂胆だった。「ママの家をみつけてあげるから」とケネスがいった。わたしはあまり抵抗しなかった。荷物はなにもなかった。衣類も家具も本も写真も、なにもないのだ。おまけに家もない。実際、ヴァージニアにわたしをひきとめるものはなにもなかった。よそに移ってなにが悪い?

わたしは苦しみを愚直に肯定した。すると苦しみが消えた。

涙の河のなかで、時間を友とするのだ。

数か月後、モンタレーの酒場の男が「エイズばあさんを追い払ってやった」と告白した。にもかかわらず、当局は告訴に踏みきらなかった。ハイランド郡警察はわたしに、証拠がないと伝えてきた。たたかう気はなかった。では、農場はどうする? 資金と汗をつぎこんだ農場だったが、わたしはそのワークショップ室つきのセンターを、虐待によって傷ついたティーンエイジャーの援助をしている団体に寄贈した。

資産とはありがたいものである。わたしはそこですばらしい経験をした。こんどはだれかが、その土地を有効に使えばいい。

スコッツデールに移り、砂漠の真ん中に日干し煉瓦《れんが》づくりの家をみつけた。周囲にはなにもなかった。夜になると、ホットタブのなかでコヨーテの遠吠《とおぼ》えを聞き、頭上を流れる銀河の輝く星々をながめた。そこではだれもが無限を感じることができた。朝も同じ感覚――現実だとは思えないほどの深い静寂――につつまれた。岩陰に蛇が隠れ、野兎が走り、巨大なサボテンに鳥が巣をつくっていた。砂漠には静寂と危険が同居していた。

一九九五年五月一三日、母の日の前日の夜更け、わたしは自著のドイツ語版を担当している編集者の客人を相手に、砂漠がいかに思索に適した環境であるかを語っていた。翌朝、電話が鳴る音で目がさめた。片目をあけて時計をみると、七時だった。知人なら、そんな時間に電話をかけてくるはずがなかった。客人あての、ヨーロッパからの国際電話かもしれない。受話器をとろうとしたとき、おかしなことに気がついた。からだが動かないのだ。どうしても動かない。電話は鳴りつづけていた。動けという脳の命令に、からだがついてこなかった。

やっと問題に気がついた。「また脳卒中だよ」わたしはつぶやいた。「こんどは大量出血だ」

電話が鳴りやんだ。編集者はのんびりと散歩にでたにちがいない、と思った。ということは、自分ひとりだ。脳卒中による麻痺《まひ》がきたにちがいないが、麻痺はほとんど左半身に限局しているように思われた。それにしても、まったく力が入らなかった。右腕と右脚が少し動くだけだった。ベッドから起きて玄関までいき、助けを呼ぶことにした。床までたどりつくのに一時間近くかかった。からだが溶けたチーズのようにへなへなだった。転ばないようにと、それだけを考えていた。股関節《こかんせつ》はわたしの弱点だった。卒中のうえに脱臼《だっきゅう》か骨折でもしたら、たまったものではない。

床に降りてから玄関まで這《は》っていくのに、また一時間かかった。ドアにたどり着いたが、ノブまで手がとどかずに、あけられなかった。鼻とあごを使ってようやくあけるまでに、また時間がかかった。玄関から顔をだすと、編集者が庭にいる気配がした。しかし、遠すぎて、か細い声をだしても聞こえなかった。救助をもとめるわたしの声を客人が聞いたのは、それからまた三〇分後のことだった。ケネスの家に運ばれた。そこで、病院へいくかいかないかで、また息子とひと悶着《もんちゃく》した。わたしはいきたくなかった。「退院したら、また煙草が喫えるようになるさ」息子がいった。

なにがあっても二四時間以内に退院させるという条件を承諾させて、近くの病院に運ばせる許可をだした。左半身は不随になっていたが、病院に着いてもまだ、わたしはぐずぐずと文句をいい、煙草をほしがっていた。理想的な患者とはいえなかった。医師はCTスキャン、MRIなどで基礎的な検査をしたが、それは脳幹卒中というわたしの自己診断を確定しただけだった。

わたしにかんするかぎり、脳幹卒中の苦痛など、現代の医療がもたらす苦痛にくらべればものの数ではなかった。薄情なナースの態度からはじまったその苦痛は悪化の一途をたどっていった。入院してすぐ、ナースがわたしの左腕をまっすぐにのばそうとした。左腕は屈曲したままで硬直し、息を吹きかけても飛びあがるほどに痛かった。その腕をつかまれたとき、わたしはまだ使える右手でナースに空手チョップを食らわせた。ナースは応援を呼びにいき、ふたりのナースにわたしを押さえつけさせた。

「気をつけて。この人、闘争的だから」最初のナースが応援部隊にいった。

だが、ナースはわたしの闘争心を甘くみていた。というのも、わたしが翌日に退院したからである。その手の治療に唯々諾々としてしたがうつもりは毛頭なかった。ところが不幸なことに、その一週間後、わたしは尿管感染で病院に舞いもどることになった。安静にしていて水分をとらなかったのが原因だった。三〇分ごとに排尿しなければならなかったので、やむなくナースの手を借りて室内便器を使うはめになった。二日目の夜、病室のドアは閉じられたままだった。ナースコール用のボタンは床に落ち、ナースは完全にわたしの存在を忘れていた。

暑い夜だったが、冷房装置は故障していた。膀胱《ぼうこう》が破裂しそうだった。快適な夜とはいえなかった。ナイトテーブルのうえにあるカップに目がとまった。天からの贈り物のようにみえた。それを使って急場をしのいだ。

翌朝、ひな菊のようにはつらつとしたナースが笑顔を浮かべながらやってきた。「ごきげんはいかが?」ナースがたずねた。わたしは錆《さ》び釘《くぎ》のような笑顔で応《こた》えた。「これ、なに?」カップをみながら、ナースがいった。「おしっこよ」わたしは答えた。「一晩中、巡回にこなかったから」

「そう」悪びれることもなくそういうと、ナースはでていった。

自宅介護は多少ましだった。生まれてはじめて政府の医療保障である「メディケア」の世話になって多くのことを学んだ。ろくでもない制度であるということがよくわかった。向こうの都合で選んだ知らない医師を指定された。たまたま有名な神経学者だった。ケネスに車椅子を押してもらって、その医師の診察室に入った。

「どんな具合ですか」医師がたずねた。

「麻痺」と答えた。

その医師は血圧測定も機能検査もせずに、処女作以降どんな本を書いたのか、とわたしにたずねた。そして、最近作を一冊、できればサイン入りでほしいという意向をほのめかした。医師を変えたいと申しでたが、メディケアはみとめてくれなかった。しかし、一か月後、わたしは呼吸困難を起こし、往診をたのまなければならなくなった。世話になっている腕のいい理学療法士が三度、その医師に電話をしてくれたが、三度とも応答がなかった。最後にわたしが電話をすると、秘書がでてきて、先生は手があけられません、と気の毒そうにいった。「でも、なにかご質問があれば、わたしに聞いてください」秘書は甲高い声で、愛想よくそういった。

「受付が必要なら、あなたにたのむけど」わたしはいった。「必要なのは医者なの」

その医師とはそれが最後だった。つぎに指定された医師は、わたしの友人のグラディス・マクギャリーだった。グラディスはほんとうによくしてくれた。週末でも往診をしてくれた。町を離れて留守にするときは、あらかじめ通知をくれた。話をよく聞いてくれた。わたしが期待する医師像そのままだった。

医療体制の官僚主義はわたしの期待などおかまいなしだった。指定されたソーシャルワーカーがやってきたが、ワークをする気など毛頭ない連中だった。自分の保険の適用範囲について質問したわたしを無視して、担当の女は「息子さんにまかせなさい」としかいわなかった。どうでもいいようなクッション事件もあった。ナースがわたしの尾骨保護用にと、メディケアにクッションを注文した。一日一五時間も座ったままなので、尾骨に痛みを感じるようになっていたからだ。クッションが配達されてきた。メディケアの請求書は四〇〇ドルになっていた。二〇ドルもしないしろものである。わたしはすぐに郵便で送り返した。

二、三日後、電話があり、郵便での返品はみとめられないといってきた。宅配便の係員に直接手わたさなければならないというのだ。メディケアはそのぼろクッションをまた送ってくるという。「いいわよ。送りなさい」信じられないという思いで、わたしはいった。「尻《しり》に敷いてやるわ」

医療体制の不備は笑いごとではない。脳卒中の発作から二か月後、まだ痛みと麻痺がつづいているというのに、親切な理学療法士はわたしの保険会社から治療打ち切りの指示を受けた。「ロス先生。申しわけありませんが、もうこられないんです」療法士はいった。「支払い期間終了ですって」

患者の健康という点からいえば、それ以上に恐ろしいことばがあるだろうか？　わたしの医師としての感受性は致命的に傷つけられた。あれこれいってみても、わたしは医学の世界に呼ばれた人間だった。戦争の犠牲者たちを治療することに名誉を感じた。絶望的といわれた患者たちのケアをしてきた。医師やナースにケアと慈悲のこころをもってもらうための教育に、生涯の大半を捧《ささ》げてきた。三五年間、ひとりの患者からも治療費を受けとったことはなかった。

そのわたしがいま、「支払い期間終了」を告げられていた。

これが現代の医療なのか？　意思決定はその患者を診たこともないだれかによってなされていた。患者への関心はいつのまに事務処理にとって代わられたのか？

わたしにいわせれば、価値観が完全に狂っている。

現代の医学は複雑で、研究にお金がかかるのはたしかだが、その一方で、保険会社やＨＭＯ（健康維持組織）の首脳たちが年収何百万ドルも稼いでいるのはなぜなのか？　また一方では、エイズ患者が必要な薬を買うお金に困っている。がん患者は「実験用だから」という理由で新しい治療法が受けられない。救命救急室はどんどん閉鎖されている。なぜそんなことが黙認されているのか？　希望を否定する権利がどこにある？　ケアを否定する権利が？

そのむかし、医療は管理ではなく、癒《いや》しにかかわるものであった。医療はもういちど、その使命を負わなければならない。医師、ナース、研究者は、聖職者が人間性のたましいであるように、自分が人間性の心臓であることに気づかなければならない。かれらは、同胞——貧富を問わず、肌の色を問わず——への援助を最優先しなければならない。診療報酬として「ポーランドの祝福された土」をもらったことのある、このわたしのことばを信じてほしい。世の中にそれ以上の報酬などないのだ。

死後の生の入り口では、だれもが同じ問いに直面する。**どれほど奉仕してきたか？　助けるためになにをしたか？**

そのときに答えればいいと思っていたら、手遅れになる。

死そのものはすばらしい、肯定的な経験だが、わたしのようにそれがひきのばされた場合、死にいたる過程は悪夢になる。それは人間のあらゆる能力、とくに耐える能力や平静でいる能力をしぼりとる。一九九六年の一年間、わたしはたえまない痛みと麻痺《まひ》による運動制限に苦しめられた。二四時間、だれかの看護に依存するようになった。玄関のベルが鳴っても、応答ができなかった。そして、プライバシーは？　それは過去のものだった。五〇年間、だれにも依存せずにやってきた者にとって、依存は学ぶことの困難な教訓である。人がきては去っていく。わが家はときに、ニューヨークのグランドセントラル駅のような混雑を呈する。かと思えば、だれひとりいなくなる。

いったいどんな人生なのか？　惨めな人生。

一九九七年一月、この本を書いている時点で、正直なところ、もう卒業したいと痛切に願っている。体力はすっかりおとろえ、たえず痛みがあり、すべてを人にたよっている。「宇宙意識」の教えによって、辛辣《しんらつ》で、怒りっぽく、病気を愚痴る態度を捨てて、この「いのちの終わり」にただ「イエス」といいさえすれば、からだを離れ、もっとましな世界で、もっとましな暮らしができるようになることはわかっている。しかし、あまりにも頑固で反抗的なわたしは、まだこのような最後の教訓を学ばなければばならない。すべての人と同じように。

しかし、そのような苦しみのなかにあってもなお、わたしは安楽死装置を使うキヴォキアン医師のやりかたには反対である。キヴォキアンは、苦痛だから、不快だからという理由だけで、安易に患者を安楽死にみちびいている。患者が卒業するまえに最後の教訓を学ぶ機会を、自分が患者から奪っていることに気づいていないのだ。わたしはいま、辛抱すること、従順になることを学んでいる。どんなにむずかしい教訓であろうと、創造主には計画があることを、わたしは知っている。蝶《ちょう》がさなぎから飛翔《ひしょう》していくように、わたしがからだから離れるときをきめるのは創造主であることを、わたしは知っている。

いのちの唯一の目的は成長することにある。偶然というものはないのだ。

第40章　生とその過程について

わたしには未来のことをすでに起こったことのように思い描くくせがある。家族や友人たちが世界の各地からやってくる。たくさんの車がゆっくりと砂漠をすすんでくる。やがて、かれらは未舗装の道路脇に、「エリザベス」と小さく書かれた白い道標をみつける。そして、こちらに近づいてくる。先住民のティーピーのまえをとおりすぎ、屋根のうえにスイスの国旗がはためく、スコッツデールのわたしの家に到着する。悲嘆にくれている人もいる。やっと苦しみから解放されてよかったと安堵《あんど》している人もいる。みんなで食べ、語りあい、笑い、泣き、時間がくるとE・T・のかたちをした無数の風船をいっせいに青空に放つ。むろん、わたしは死んでいる。

だが、出発パーティーを用意して不都合な理由があるだろうか？　祝ってはならない理由でも？　七一歳になったいま、わたしは自分がほんとうに生きたということができるようになった。とても生きられないと思われた「九〇グラムのちび」からはじまって、人生のほとんどを無知と恐れという圧倒的な力とのたたかいに費やしてきた。わたしの仕事につうじている人ならだれでも、わたしが死を人生最大の経験のひとつだと信じていることを知っている。わたしを直接知っている人なら、この世の苦からまったき愛の存在への移行を、わたしがいかに熱烈に待ち望んでいるかを証言することができる。

辛抱というこの最後の学びはなかなか身につかない。もう二年近くも——ありがたき脳卒中の連続発作のおかげで——、完全に人に依存する生活を送っている。毎日、ベッドから椅子へ、椅子からトイレへ、またベッドへと、苦闘がつづいている。蝶がさなぎから飛び立つように、からだをぬぎ捨てて、ついに大いなる光と溶けあうことだけを望みつづけてきた。わたしの亡霊たちはくり返し、時間を友とすることのたいせつさを説いてくれた。そのような受容を身につけたときはじめて、この肉体でのいのちが終わることはわかっている。

人生の最後の旅にこうしてゆっくりと近づいていくことの唯一の利点は、黙想する時間にこと欠かないというところにある。死に瀕《ひん》したあまたの患者のカウンセリングをしてきたわたしが自己の死に直面したときに、熟考する時間があたえられるというのも、たぶん意味のあることなのだろう。法廷ドラマで、被告に告白のチャンスがあたえられたときにおとずれる、あの長い間のように、そこには詩情があり、わずかな緊張がある。ありがたいことに、わたしにはいまさら新たに白状することはなにもない。わたしの死は、あたたかい抱擁のようにやってくるだろう。ずっとまえからいってきたように、肉体にいのちを宿している期間は、その人の全存在のなかではごく短い期間でしかないのだ。

学ぶために地球に送られてきたわたしたちが、学びのテストに合格したとき、卒業がゆるされる。未来の蝶をつつんでいるさなぎのように、たましいを閉じこめている肉体をぬぎ捨てることがゆるされ、ときがくると、わたしたちはたましいを解き放つ。そうなったら、痛みも、恐れも、心配もなくなり……美しい蝶のように自由に飛翔して、神の家に帰っていく……そこではけっしてひとりになることはなく、わたしたちは成長をつづけ、歌い、踊る。愛した人たちのそばにいつもいて、想像を絶するほどの大きな愛につつまれて暮らす。

幸運にめぐまれれば、わたしはもう地球にもどってきて学びなおす必要のないレベルに到達するかもしれないが、悲しいことに、とわの別れを告げようとしているこの世界にたいしてだけは不安を感じている。地球全体が苦しみにあえいでいる。地球が生まれてからこのかた、いまほど衰弱した時期はない。あまりにも無思慮な搾取によって、地球は長いあいだ虐待されてきた。神の庭園のめぐみをむさぼる人類が庭園を荒らしつくしてきた。兵器、貪欲《どんよく》、唯物論、破壊衝動。それらがいのちを支配するルールになっている。恐ろしいことに、いのちの意味について瞑想《めいそう》する人たちによって世代をこえて受けつがれてきたマントラ（真言）は力を失ってしまった。

まもなく地球がこの悪行を正す時期がくると、わたしは信じている。人類の所業に報いる大地震、洪水、火山の噴火など、かつてない規模の自然災害が起こるだろう。わたしにはそれがみえる。わが亡霊たちからも、聖書に描かれているような規模の大異変が起こると聞いている。それ以外に、人びとが目ざめる方法はないのか？　自然をうやまうことを説き、霊性の必要性を説くためにとはいえ、ほかに道はないのか？

目には未来の光景が映っているが、わたしのこころはあとに残していく人たちに向けられている。どうか、恐れないでほしい。死が存在しないことを想起さえすれば、恐れる理由はなにもない。恐れることなく自己をみつめ、自己について知ってほしい。そして、いのちを、やりがいのある課題だとみなしてほしい。もっとも困難な選択が最高の選択であり、正義と共鳴し、力と神への洞察をもたらす選択なのだ。**神が人間にあたえた最高の贈り物は自由選択だ。**偶然はない。人生で起こるすべてのことには肯定的な理由がある。**峡谷を暴風からまもるために峡谷をおおってしまえば、自然が刻んだ美をみることはできなくなる。**

この世からつぎの世への移行を目前にしているわたしには、天国か地獄かをきめるのはその人の現在の生きかたであることがよくわかる。**いのちの唯一の目的は成長することにある。究極の学びは、無条件に愛し、愛される方法を身につけることにある。**

地球には食べるものがない人たちが無数にいる。住む家がない人たちが無数にいる。無数の人たちがエイズで苦しんでいる。無数の人たちが虐待されている。精神や身体の障害とたたかっている人たちが無数にいる。毎日、理解と慈悲を必要とする人たちがふえている。その人たちの声に耳をかたむけてほしい。美しい音楽を聞くようにその声を聞いてほしい。請けあってもいい。人生最高の報酬は、助けを必要としている人たちにたいしてこころをひらくことから得られるのだ。最大の祝福はつねに助けることから生まれる。

その真理は――宗教、経済体制、人種の差をこえて――、すべての人の日常経験に共通するものだと、わたしは確信している。

あらゆる人はひとつの同じ本源からやってきて、その同じ本源に帰っていく。

わたしたちはひとしく、無条件に愛し、愛されることを学ばなければならない。

人生に起こるすべての苦難、すべての悪夢、神がくだした罰のようにみえるすべての試練は、実際には神からの贈り物である。それらは成長の機会であり、成長こそがいのちのただひとつの目的なのだ。

まず自分を癒《いや》さなければ世界を癒すことはできない。

準備がととのい、それを恐れさえしなければ、その人は自力で霊的体験をすることができる。グルやババに教わる必要はない。

わたしが神と呼ぶ、その同じ本源から生まれたわたしたちはだれでも、すでに神性を賦与されている。自己の不死性にたいする知識は、その神性から生まれる。

自然に死ぬまで生きなければならない。

ひとりで死んでいく人はいない。

だれもが想像をこえるほど大きなものに愛されている。

だれもが祝福され、みちびかれている。

人は自分がしたいと思うことしかしない。それを知ることが重要だ。たとえ貧しくても、飢えていても、粗末な家に住んでいても、十全に生きることはできる。地球に生まれてきた者の使命さえはたしていれば、この世で最後の日にも、自己の人生を祝福することができる。

いちばんむずかしいのは無条件の愛を身につけることだ。

死は怖くない。死は人生でもっともすばらしい経験にもなりうる。そうなるかどうかは、その人がどう生きたかにかかっている。

死はこの形態のいのちからの、痛みも悩みもない別の存在形態への移行にすぎない。

愛があれば、どんなことにも耐えられる。

どうかもっと多くの人に、もっと多くの愛をあたえようとこころがけてほしい。それがわたしの願いだ。

永遠に生きるのは愛だけなのだから。

訳者あとがき

本書はエリザベス・キューブラー・ロス博士による初の自伝であり、博士ご自身、冒頭の部分で「これが絶筆になる」と書いておられるように、恐らくは最後の著作になると思われる"The Wheel of life：A Memory of Living and Dying" Scribner, N. Y., 1997の全訳である。

あまりにも有名な博士の生涯については、すでにジャーナリストのデレク・ギルによる伝記"Quest：The Life of Elisabeth Kübler-Ross", by Derek Gill, Harper & Row, 1980（邦訳は『「死ぬ瞬間」の誕生』、貴島操子訳、読売新聞社）があるが、この伝記の記述は一九六九年一一月二一日で終わっている。博士はそのことについて、同書の添え書きの部分で「この日付は、わたしの人生の第一部が終わり、新しい第二部がはじまったことを示している」と記している。

一九六九年末といえば、医学界で孤立無援の状態にあった博士の仕事がマスコミの注目するところとなり、『ライフ』誌の特集号と処女作『死ぬ瞬間』をつうじて、一躍、世界の耳目を集めはじめた時期にあたる。本書でいえば、全40章のうちの第23章に相当する時期である。したがって、本書は七〇余年の博士の人生の「第一部」を、伝記作家の目をとおしてではなく、ご自身の目をとおしてふり返ったうえで、秘密のベールにつつまれていた「第二部」の人生を、はじめて赤裸々に公開したものであるということができる。「秘密のベール」といわれるゆえんは、その間に、博士が離婚や詐欺被害、殺人未遂被害、放火被害といった、もっともプライベートな経験をされ、さらに、幽霊との遭遇、降霊体験、チャネリング、体外離脱体験、見神体験、宇宙意識体験など、もっともデリケートな神秘体験を、これでもかといわんばかりに集中的に体験されているところにある。

博士はこれまで、その神秘体験をごく断片的にしか語ってこられなかった。ただでさえことばで伝達することの困難な神秘体験を、すでに確固とした社会的地位を築いている医師であり科学者である博士のような人が、しかも一度、二度ならず、長期にわたって連続的に経験された場合、その事実を軽々しく語る決心がつかなかったのは当然のことであろう。しかし、博士の著書の愛読者ならだれしも、博士が口をぬぐい、良識家ぶってその体験を口外せず、墓場までもっていくような人ではないことを知っていた。愛読者たちは、いつか博士がそれらの体験を一挙に公開する時期がくることを、ひそかに待ち望んでいたのである。そして、はたせるかな、本書の第24章以降は、そうした愛読者の期待に応《こた》えた、恐らくは期待以上のスリリングな筆致でみごとに応えた、圧巻ともいえる記述となっている。

死をふくむ喪失体験の心理的五段階説、臨死体験における意識変容の五段階説をはじめ、キューブラー・ロス博士が発見した人間心理の深層にまつわる新事実は数多いが、本書を通読してあらためて胸に迫るのは、博士がその深遠な経験をつうじて体得され、情熱的に説いておられる「偶然はない」「死は存在しない」というメッセージのもつ凄《すさ》まじい説得力である。このふたつのメッセージは、表層的にみれば、従来から一部の宗教家によって説かれていたものと変わらないようにみえるが、その深層に横溢《おういつ》する、あくなき探究心によるデータの蓄積と献身的な愛の実践による知恵の受贈のもつ説得力は、たんなる口移しの教義の伝授とはあきらかに一線を画するものがあるように思われる（サンタバーバラの著名な建築家を媒介としたチャネリングの「宗教家や神学者ではなく医師か科学者でなければならぬ。男ではなく女でなければならぬ。

それも強靭《きょうじん》な女でなければならぬ」というメッセージは、その意味で、妙に納得させられるものがある)。

現代文明は、じつはその根底において「偶然」を究極の根拠とする、あやふやな文明である。まず宇宙の発生自体が「偶然」の産物であるとされている。第一原因が設定できないために、「偶然の量子的ゆらぎ」に端を発する「ビッグバン」から「偶然」にはじまったことにならざるをえないのだ。生命の起源にしても、無機物質が化学進化によって「偶然」に複雑化して有機物質となり、生化学進化によって有機物質から「偶然」に生まれたのが代謝と増殖をおこなう生命だとされている。その生命の進化にしても、自然選択という必然だけでは説明できず、「突然変異」という「偶然」の結合を強調せざるをえないという事情がある。

物質も生命も「偶然」の産物であるとする思想からでてくるものは、当然のことながら、一種のニヒリズムである。みずからの出自をたずね、本源を探っていこうとしても、最後にぶつかるものが「偶然」でしかなければ、そこに意味や価値をみいだすことがむずかしくなるからだ。キューブラー・ロス博士が生涯を捧《ささ》げた医学の世界においても、そのニヒリズムは徹底している。からだは物質である分子の集合体であり、死んだら無になるだけであり、脳が不可逆的に損傷すれば生きた臓器をとりだしても罪にはならない。

しかし「偶然」はじつは、二〇世紀に特徴的な概念のひとつである。『コンサイス二〇世紀思想事典』（丸山圭三郎他編、三省堂）によると、偶然は「予測、説明、理解をこえていること（とくに注目すべき事象や一致・符合）の生起を形容するために用いられる。行為者が意図しなかった事象に出あうことを形容するのに用いられることもある」。予測、説明、理解ができるようになれば、同じ事象も「偶然」ではなく「必然」になる可能性がつねにあるといってもよさそうだ。

そう考えると、肝心なことをすべて「偶然」のせいにしようとする現代文明は、じつは現象界の背後に存在する（はずの）つながりの糸をみる目をもたない、未熟で無《む》明《みょう》の文明であることがわかってくる。「いのちの唯一の目的は成長することにある」というキューブラー・ロス博士が一貫して提唱してきたのは、その無明から脱して成長しようということであった。それも、文明自体の未熟を糾弾するのではなく、個人の目ざめと成長をつうじて文明の成長をうながそうという提案である。個人が目ざめ、成長をとげる過程をさまたげているもの、それが死にたいする恐れである。臨床的にその死をみつめつづけた結果、博士がついに手中におさめたのは「死は存在しない」という、足元をすくわれるような結論だった。肉体の死はもちろん存在する。しかし、蝶《ちょう》がさなぎから羽化するように、役目を終えた肉体からなにかがぬけだし、さらに長い長いいのちの旅をつづける。存在するのは物質としての肉体の死だけであり、いのちの終焉《しゅうえん》としての死は存在しない。そう気づいたとき、人は大いなる安心の境地にいたり、つぎの段階へと成長をとげる。蝶の羽化のように……。

本書を訳出中、アメリカを旅行する機会にめぐまれた。できることならスコッツデールまで足をのばし、キューブラー・ロス博士にお目にかかりたいと願ったのだが、博士のエージェントからきた返事は"Kübler-Ross is dying"というショッキングなものであった。三度お願いして、三度拒絶された。電話にもでられない状態だということだった。

博士がみじんも死を恐れておられないことは、いや、やさしい死の抱擁を待ち望んでおられることはじゅうぶん心得ていたにもかかわらず、かつて博士が「わたしは二〇〇三年に死ぬことがきまっている」という、謎めいた発言をされていることを知っていた訳者は、せめてその予言の年まで生きてほしいと祈らないではいられなかった。

本書はキューブラー・ロスというたぐいまれな女性が二〇世紀を生きた希有《けう》な愛の記録であると同時に、著者がもつさまざまな側面が刻んだ希有なたたかいの記録である。すなわち、財力とテクノロジーさえあれば死を克服できると考え、臓器移植、遺伝子治療、肉体の再生をもくろむ死体や脳の冷凍保存など、ひたすら「神への挑戦」に邁進《まいしん》する「人間の傲慢《ごうまん》と愚劣の極み、無知と尊大の極み」とたたかいつづけた闘士の記録であり、侵略戦争、ナチズム、偏見、差別による犠牲者に身を挺《てい》して援助の手をさしのべた国際的ボランティアの記録であり、超一流の精神科医（「絶望的」な統合失調症患者の九四パーセントを退院にまでもっていく医師は希有である）の臨床記録であり、科学技術と物質文明の時代から霊性の時代への移行期に生きた科学者の観察記録であり、神秘家の修行の記録でもある。たえず脱皮し、変態をくり返して、また成長をつづける著者のエネルギーに感嘆のため息をもらすのは訳者ひとりではあるまい。

最後になったが、翻訳家冥利《みょうり》につきるようなすばらしい本書の訳者に指名してくださった角川書店の郡司聡さん、終始冷静に翻訳作業を管理してくださった同社の菅原哲也さん、そしてキューブラー・ロス博士と直接会われ、訳出にあたって的確なアドバイスをくださったセラピストの菅原はるみさん、英語の指南をしてくださったC＋Fワークショップのティム・マクリーンさんにお礼を申しのべたい。

一九九七年九月

上野　圭一

文庫版あとがき

本書の原書が上梓《じょうし》された一九九七年の夏（邦訳単行本発行は九八年一月）から数えて六年が経過しました。「訳者あとがき」にもふれたように、キューブラー・ロス博士はかなり以前から講演や私的な会話で「わたしは二〇〇三年に死ぬ」という意味の謎めいた発言をされていました。たとえば一九九〇年一二月三日付の朝日新聞「こころ」の欄にも、博士が精神科医の卜部《うらべ》文麿《ふみまろ》氏に語った、こんなことばが記録されています。「わたしは二〇〇三年まで生きます（七十七歳になる）。あなたもそれまでは生きてください。でも（わたしは）その年に死ぬことが決まっています。なぜって、昔からそう思っていたから」

その二〇〇三年に邦訳が文庫化される時期を迎えたことも、「偶然はない」とすれば、なにかの意味があるのかもしれません。残念ながらその意味の読解力をもたない訳者は、せめて九七年から現在にいたる博士の近況をお伝えすることで読者へのつとめを果たしたいと考え、情報を探りはじめました。

確実な情報源が二つ、みつかりました。本書の上梓以来、世界中から博士のもとに「何トン」もの激励や相談の手紙が押し寄せるようになり、返信がわりに博士が九八年から不定期で発行しはじめたニューズレターと、それにともなって開設された博士のホームページ（www.elisabethkublerross.com）がその一つです。もう一つは、二〇〇一年に開設された「エリザベス・キューブラー・ロス・センター・ジャパン・チャプター」（日本支部）の主宰者である堂園涼子《どうぞのりようこ》医師（インターナショナル・メディカル・クロッシング・オフィス院長、medcross13@aol.com）から提供していただいた、博士にかんする最新情報です。そこで得た情報を綜合《そうごう》して、想像以上にお元気な博士の近況がお伝えできる運びとなったことは訳者の大いなる喜びとするところです。

九五年に一連の深刻な脳卒中発作に見舞われ、一時、再起不能と思われる重体におちいった博士が、その後、驚異的な回復力をみせ、「健康状態が薄紙をはがすように改善しつつある」ということは、博士の最新作『ライフ・レッスン』（二〇〇一年、拙訳、角川書店）の「訳者あとがき」でも紹介しました。どうやら本書上梓以降の博士の生活は、リハビリに専念しながら新たな活動の地平を切りひらく、意欲的な日々として要約できそうです。

自宅にプールをつくって毎日水中歩行の訓練をする（ニューズレターには「『水中』では歩けても、まだ『水上』は歩けません。ハハハ……。それは待ち望んでいる『羽化』のときまで待たなければならないようです」とある）。近所の砂漠に住んでいる「約二〇〇羽の野鳥と一四頭のコヨーテ」に毎日餌をやる。週に一度、スピリチュアルヒーラーの往診をうける。週に一、二度は車椅子で街まで外出し、「大好きな買い物」をする。「大嫌いなコンピュータ」にむかってメールを打つ。そんなリハビリをこなしながら、博士はなんと車椅子マラソンに参加し、スイスまでの旅行を二度も敢行するという快挙をなしとげていたのです。

最初のスイス旅行は二〇〇一年夏、三つ子の姉妹がめでたく七五歳の誕生日を迎えた祝賀パーティに出席するためでした。長男のケネス、長女のバーバラ、初孫のシルビアとともに故郷のスイスで二人の姉と再会した博士は、パーティのあと、生まれた家や育った家をたずねてマイレンまで足をのばし、マイレン市長から名誉市民の称号をうけました。二度目のセンチメンタルジャーニーは悲しい旅になりました。翌二〇〇二年の春に姉のエリカが亡くなり、その葬儀に出席するための旅だったのです。同年の秋にはまた一〇年ぶりでニューヨーク市を訪問しています。超有名人である博士は騎乗警官隊の警護をうけながらワールドトレードセンタービル跡地をおとずれて、同時多発テロの犠牲者に哀悼の意を捧《ささ》げ、世界平和を祈念されたそうです。

それからまもなく、自宅で睡眠中にベッドから落下したことを契機に病状が悪化し、一時はまた危機的な状態になりました。一人暮らしに限界を感じられた博士は今春から、ケネスの自宅のそばにあるグループホームに生活の場を移されました。博士が好きなウサギやさまざまな野鳥が集う、花にかこまれた美しいケアセンターだそうです。

そのケアセンターを訪問した堂園医師が博士にユーモアをこめて「日本ではあなたが末期状態にあるとか、すでに亡くなったと思い込んでいる人もいますよ」と伝えると、車椅子の博士は笑って「そんなあわて者は蹴飛《けと》ばしてやる」といって、動くほうの脚を振りあげたそうです。意気軒昂《けんこう》といったところですね。もちろん、好物のタバコとスイスチョコレートも手放す気はないそうです。

以上で博士の近況報告を終わります。最後になりましたが、文庫版の編集を担当された角川書店の松永真哉さんをはじめ、ゲラを丹念にチェックして数多くの問題点を指摘してくださった同社校正担当の皆さんにお礼を申しあげます。本書の初版刊行時から今日までの数年間に、医療関連用語だけでも「看護婦」が「看護師」に、「精神分裂病」が「統合失調症」にと、その呼称が変わりました。また、本書の記述の一部、とくに長男、長女の誕生前後の記述に時系列的な矛盾が発見されました。おそらくは博士の記憶ちがいによるものと思われます。あきらかな計算ちがいは多少修正しましたが、基本的にはあえて時系列的な整合性よりも原書の記述を優先する方針で臨みました。一、二年の記憶ちがいもふくめての自伝という、その味わいをたいせつにしたかったからです。

二〇〇三年初夏

上野圭一

本書は、一九九八年一月に小社より刊行された単行本を文庫化したものです。

人生《じんせい》は廻《まわ》る輪《わ》のように

エリザベス・キューブラー・ロス　上野《うえの》圭一《けいいち》＝訳

平成15年 6月25日　初版発行
令和7年 11月5日　29版発行

発行者●山下直久

発行●株式会社KADOKAWA
〒102-8177　東京都千代田区富士見2-13-3
電話　0570-002-301（ナビダイヤル）

角川文庫 12986

印刷所●株式会社KADOKAWA
製本所●株式会社KADOKAWA

表紙画●和田三造

Printed in Japan
ISBN 978-4-04-292001-4　C0198

角川文庫発刊に際して

角川源義

第二次世界大戦の敗北は、軍事力の敗北であった以上に、私たちの若い文化力の敗退であった。私たちの文化が戦争に対して如何に無力であり、単なるあだ花に過ぎなかったかを、私たちは身を以て体験し痛感した。西洋近代文化の摂取にとって、明治以後八十年の歳月は決して短かすぎたとは言えない。にもかかわらず、近代文化の伝統を確立し、自由な批判と柔軟な良識に富む文化層として自らを形成することに私たちは失敗して来た。そしてこれは、各層への文化の普及滲透を任務とする出版人の責任でもあった。

一九四五年以来、私たちは再び振出しに戻り、第一歩から踏み出すことを余儀なくされた。これは大きな不幸ではあるが、反面、これまでの混沌・未熟・歪曲の中にあった我が国の文化に秩序と確たる基礎を齎らすためには絶好の機会でもある。角川書店は、このような祖国の文化的危機にあたり、微力をも顧みず再建の礎石たるべき抱負と決意とをもって出発したが、ここに創立以来の念願を果すべく角川文庫を発刊する。これまで刊行されたあらゆる全集叢書文庫類の長所と短所とを検討し、古今東西の不朽の典籍を、良心的編集のもとに、廉価に、そして書架にふさわしい美本として、多くのひとびとに提供しようとする。しかし私たちは徒らに百科全書的な知識のジレッタントを作ることを目的とせず、あくまで祖国の文化に秩序と再建への道を示し、この文庫を角川書店の栄ある事業として、今後永久に継続発展せしめ、学芸と教養との殿堂として大成せんことを期したい。多くの読書子の愛情ある忠言と支持とによって、この希望と抱負とを完遂せしめられんことを願う。

一九四九年五月三日